中國學術思想 研究輯刊

二十編

林慶彰 主編

第8冊

宋代《詩經》學與理學（下）

陳戰峰 著

花木蘭文化出版社

國家圖書館出版品預行編目資料

宋代《詩經》學與理學（下）／陳戰峰 著 — 初版 — 新北市：
花木蘭文化出版社，2015〔民104〕
目 6+216 面；19×26 公分
（中國學術思想研究輯刊 二十編；第 8 冊）
ISBN 978-986-322-997-1（精裝）
1. 詩經 2. 研究考訂 3. 宋代
030.8   103026836

ISBN-978-986-322-997-1

中國學術思想研究輯刊
二十編 第 八 冊   ISBN：978-986-322-997-1

宋代《詩經》學與理學（下）

作　　者　陳戰峰
主　　編　林慶彰
總 編 輯　杜潔祥
副總編輯　楊嘉樂
編　　輯　許郁翎
出　　版　花木蘭文化出版社
社　　長　高小娟
聯絡地址　235 新北市中和區中安街七二號十三樓
　　　　　電話：02-2923-1455／傳眞：02-2923-1452
網　　址　http://www.huamulan.tw 信箱 hml 810518@gmail.com
印　　刷　普羅文化出版廣告事業
封面設計　劉開工作室
初　　版　2015 年 3 月
定　　價　二十編 21 冊（精裝）台幣 38,000 元

宋代《詩經》學與理學（下）

陳戰峰　著

目

次

圖表目次

第六章 以心性義理解《詩》方法 的逐步確立和理學

　　朱熹《詩經集傳》注《小雅‧鶴鳴》第二章：「鶴鳴于九皋，聲聞于天。魚在于渚，或潛在淵。樂彼之園，爰有樹檀，其下維穀〔註1〕。他山之石，可以攻玉」，引「程子曰：『玉之溫潤，天下之至美也。石之粗厲，天下之至惡也。然兩玉相磨，不可以成器，以石磨之，然後玉之爲器得以成焉。猶君子之與小人處也，橫逆侵加，然後修省畏避，動心忍性，增益預防，而義理生焉，道德成焉，吾聞諸邵子云。』」〔註2〕此條可以作爲補充邵雍《詩經》學見解的資料，可窺其《詩》解一斑，而比較系統的則是王安石。

第一節 王安石的《詩經》學與其學術思想—— 漢宋《詩經》學的過渡和樞紐

　　王安石是北宋著名的政治家，曾被列寧譽爲中國十一世紀的改革家。同時也是著名的學者，曾親著和主持「三經新義」，即《周官新義》、《詩經新義》、《尚書新義》，還有《字說》、《老子解》等。「大概到明朝後期，這些著作就全部遺佚了」〔註3〕。王安石應也有《易》學著作，程頤就認爲理解和詮釋《周易》「只看王弼、胡先生、王介甫三家文字，令通貫，餘人《易》說，無取枉

〔註1〕木名。《毛傳》：「穀，惡木也。」這裡與「檀」相對，喻小人。
〔註2〕〔宋〕朱熹：《詩經集傳》卷五《小雅二‧鶴鳴》，《四庫全書（文淵閣本）》（第72冊），第825頁。
〔註3〕邱漢生《詩義鉤沉‧序》，第1頁。按：是否包括《周官新義》？待考。

費功」〔註4〕，陳振孫《直齋書錄解題》在胡瑗《周易口義》十三卷條下注「新安王炎晦叔嘗問南軒曰：『伊川令學者先看王輔嗣、胡翼之、王介甫三家，何也？』南軒曰：『三家不論互體，故云爾。然雜物撰德，具於中爻，互體未可廢也。』南軒之說雖如此，要之，程氏專治文義，不論象數。三家者，文義皆坦明，象數殆於掃除略盡，非特互體也」〔註5〕，可見王安石的《易》學也是義理之學。

王安石的《詩經》學著作，《宋史‧藝文志》作「王安石《新經毛詩義》二十卷，《舒王詩義外傳》十二卷」，此外還有「《三十家毛詩會解》，一百卷，吳純編，王安石解義」〔註6〕。《經義考》已標「佚」，《舒王詩義外傳》，《經義考》載《宋史‧藝文志》作二十卷〔註7〕，疑誤。

「晁公武曰：『熙寧中，置經義局，撰《三經義》，皆本王安石說。《毛詩》，先命王雱訓其辭，復命安石訓其義。書成，以賜太學，布之天下，以取士云。』」〔註8〕楊時《楊龜山先生集》卷一《上欽宗皇帝書七》「其〔註9〕釋《鳬鷖》守成之詩，於末章則謂：以道守成之詩，役使群眾，泰而不爲驕；宰制萬物，費而不爲侈，孰敢敝敝然以愛爲事？」〔註10〕可見，宋代學者已經將王安石解《詩經》的見解作爲他本人的思想加以批評了，足以發現在《詩經》闡釋中的確承載著闡釋者豐富的思想觀念和學術見解。

一、王安石《詩經新義》及其漢宋學術過渡特徵

宋神宗熙寧元年（1068 年），王安石以翰林學士身份侍講《尙書》，次年爲參知政事。熙寧五年（1072 年），「神宗謂安石，今經術人人乖異，何以一道德？卿有所著，可以頒行，令學者定於一。安石曰：《詩》，已令陸佃、沈

〔註4〕 程頤：《與金堂謝君書》，載程顥、程頤：《二程集‧河南程氏文集卷第九》，王孝魚點校本，中華書局，1981 年，第 613 頁。

〔註5〕 〔宋〕陳振孫：《直齋書錄解題》卷一。

〔註6〕 《宋史》卷二百零二《志第一百五十五‧藝文一》，第 5046、5047 頁。

〔註7〕 〔清〕朱彝尊編，朱昆田校：《經義考》卷一百零四，乾隆四十二年（1777 年）本，第 6 頁。

〔註8〕 〔清〕朱彝尊編，朱昆田校：《經義考》卷一百零四，乾隆四十二年（1777 年）本，第 6 頁。

〔註9〕 點校者按：「指王安石。」

〔註10〕 《詩義鈎沉》卷十七《生民之什義第二十四》，第 246 頁。按：類似的材料也可見於楊時本傳。

季長作」〔註11〕，「舉人對策，多欲朝廷早修經，使義理歸一」〔註12〕，這裡
有兩點特別突出，一是北宋修撰《新義》的初衷是統一義理，進而達到「一
道德」的目的；一是《詩經新義》並非王安石親撰。據宋人筆記載，《周官新
義》為荊公親著，《詩經新義》為其子王雱等著〔註13〕。但《詩經新義》是王
雱「訓其辭」，王安石等「訓其義」〔註14〕，因此，陳鍾凡先生說「《三經新
義》作於王安石」〔註15〕，邱漢生先生認為「宋朝人公認《三經義》是王安
石的著作。我們今天也應該這樣給予肯定」〔註16〕。既然這樣，從包括《三
經義》等的筆記、逸文的輯佚中尋覓王安石的學術思想，便不僅是可能的，
而且是可行的。

　　由第一章蔡卞的評價可以看出「道德性命之學」肇端於荊公新學，但這
種「道德性命之學」的內涵到底是什麼，與後世有怎樣的關係？據漆俠先生
的考察，王安石的「性命之理，道德之意」就在於辯證法思想，認為王安石
「大量地吸收消化了《老子》哲學中的樸素辯證法，用來觀察自然界及一些
社會現象，給儒家學說注射了新的血液，使之產生了新的昇華」〔註17〕，我
們對《詩經新義》的思想學術考察結論與此在有些方面比較接近，說明《詩
經新義》的確能反映王安石的思想學術面貌。

　　《詩經新義》早佚，但宋人的《詩經》學著作和筆記中有些許記錄，復
出的可資校勘。今人較完整的輯佚著作（輯本）有邱漢生先生的《詩義鈎沉》、
程元敏先生的《詩經新義》。這裡以《詩義鈎沉》為主，凡所輯出的條目有重

〔註11〕《續資治通鑒長編》卷二百二十九。

〔註12〕《續資治通鑒長編》卷二百四十三。

〔註13〕「王元澤（筆者注：即王雱）奉詔修《三經義》，時王丞相介甫為之提舉，蓋
　　　　以相臣之重，所以假命於其子也。（點校者按：「別本『子』並誤作『手』。」）
　　　　吾後見魯公（筆者注：即蔡京）與文正公（筆者注：即蔡卞）二父，相與談
　　　　往事，則每云：『《詩》、《書》蓋多出元澤暨諸門弟子手，至若《周禮新義》，
　　　　實丞相親為之筆削者。』及政和時，有司上言天府所籍吳氏資居檢校庫，而
　　　　吳氏者王丞相之姻家也，且多有王丞相文書，於是朝廷悉命藏諸秘閣。用是
　　　　吾得見之，《周禮新義》筆跡，猶斜風細雨，誠介甫親書，而後知二父之談信。」
　　　　（〔宋〕蔡絛撰，《鐵圍山叢談》，馮惠民、沈錫麟點校本，中華書局，1983
　　　　年，第58頁）

〔註14〕王安石《詩序》：「上既使臣雱訓其辭，又命臣某等訓其義。書成，以賜太
　　　　學，布之天下。」（《臨川先生文集》卷第八十四）

〔註15〕陳鍾凡：《兩宋思想述評》，商務印書館，1933年，第9頁。

〔註16〕《詩義鈎沉·序》，第3頁。

〔註17〕漆俠：《宋學的發展和演變》，河北人民出版社，2002年，第19頁。

合者，不再特別出注，只選輯校者認爲較完備的例證（一般在首條）。

王安石解《詩》發揮義理的方法，《讀詩記》「《樛木》，滎陽公曰：『南有樛木，葛藟累之』，但取其下曲則葛藟得累之，而不取其木亦得以自蔽也。『呦呦鹿鳴，食野之蘋』，但取其食則相呼，非取其群居則環其角外向也。兩說皆王氏義。」《李黃集解》「王氏則曰：南，明方。木，仁美者。蓋南方者喻后妃之明也。王氏又曰：樛木，則葛藟得以附麗。葛藟盛，則木亦得以自蔽也」〔註18〕，兩則材料略有出入，但可證王安石附會取義的方法。

王安石《三經義》的特點，主要像邱先生論述的「不拘拘於章句名數」，「批判當時的『離章絕句、釋名釋數』的繁瑣學風，明白提倡爲天下國家的『安危治亂』而治經的新學風，是王安石經學的特徵，也是王安石治經的原則」〔註19〕，這也體現在他的《詩經》學上。學術界認爲王安石以《三經義》爲變法尋找思想武器，或造輿論聲勢，或培養人才都不能說沒有道理和依據〔註20〕。王安石宣傳變法，解《三經》以「一道德」、自覺地爲變法確立依據。如果只從其以「《詩》《禮》足以相解」的解《詩》表面看，恰給那些主張「祖宗之法不可變」者以口實。如解《召南・采蘋》就認爲美「大夫妻能循法度」，她（們）備辦祭祀的物品、來源、器皿，祭祀的地點「皆有常而不敢變，此所謂『能循法度』」〔註21〕。法度也可稱爲「先王之澤」，《鄘風・載馳》「王介甫曰：宗國顛覆，變之大者，人情之至痛也。夫人致其思如此，然後盡於人心。夫人致其思，大夫致其義，非先王之澤，孰能使人如此」〔註22〕。表述形式和司馬光等人接近，但內容亦有很大的變化，重點在事物和行爲皆有法度，針對北宋法度不行、積危積弱的現實，所以並非要因循舊法，而是依法度整治現實政治中的弊端，使無法度的現象歸於法度，而這種解釋正是從義理角度以微言大義的方式形成的，是體會和引申（有時是附會）的產物〔註23〕。當然，王安石的變法主張多根源於《周禮》（見陳

〔註18〕《詩義鉤沉》卷一《周南關雎義第一》，第14頁。

〔註19〕《詩義鉤沉・序》，第3頁。

〔註20〕「王安石訓釋《三經義》的目的，就是爲他的變法革新服務，就是要使他推行的新法在聖經賢傳的合法外衣下能夠『塞異議者之口』，就是要用《三經義》這個思想武器宣傳新法的普遍妥當性，從理論上打擊反對派。」（邱漢生《詩義鉤沉・序》，第3頁）

〔註21〕《詩義鉤沉》卷一《召南鵲巢義第二》「《讀詩記》」條，第21頁。

〔註22〕《詩義鉤沉》卷三《鄘柏舟義第四》「《詩傳通釋》」條，第50頁。

〔註23〕如《召南・采蘩》「王氏之說，以爲：荇之爲物，其下出乎水，其上出乎水，

鍾凡先生《兩宋思想述評》），但並無泥古氣息，現實針對性很強。

　　對於王安石所說的法度，宋代學者也不無批評。《召南・羔羊》「王氏云：所謂『文王之政』者，非獨躬行之教，則亦有慶賞刑威存焉」，李樗對此將「躬行之教」與「慶賞刑威」之措並列的觀點大爲不滿，認爲「王氏之說，以《周南》爲聖人之風，《召南》爲諸侯之風。故其說經，與《周南》，而下《召南》。觀孔子之言曰：『政者正也。子率以正，孰敢不正。』則其所謂政者，不務躬行之教，不可也。又嘗曰：『爲政以德。』爲政必本以德，則政專在慶賞刑威不可也」〔註24〕，實際上，王氏也並未否定「躬行之教」，而李樗認爲「專在慶賞刑威」，程頤批評王安石行與論不一，都可能針對某些具體社會現實和問題，但這種看法也有助於理解從程頤到朱熹逐漸鮮明地將文王之政集中在躬行上，具體體現了「八條目」的主要內容，心性闡釋也因此而日漸增強。

　　《小雅・車攻》，《詩序》作「宣王復古也。宣王能內修政事，外攘夷狄，復文武之竟（境）土，修車馬，備器械，復會諸侯於東都，因田獵而選車徒焉」，將內修政事與外攘夷狄作爲兩個並立的方面談論，在王安石的解釋中則發生了變化，「王氏曰：『我車既攻，我馬既同，四牡龐龐』，三者，非修政事不能致也。致此三者，然後能攘夷狄，覆文武之境土，會諸侯於東都」〔註25〕，王安石將這種並列關係變爲條件關係，明顯和闡釋者所處的時代背景有關，北宋屢遭遼、西夏侵犯，邊患嚴重，王安石認爲政事爲本，當務之急是修內政，這裡有爲變法立論的影子，但表達的是宋人對時政的認識。解《車攻》第七章「蕭蕭馬鳴，悠悠旆旌。徒御不驚，大庖不盈」，「王氏曰：武久不講，士氣惰怯，則有事而善驚，故於是言『徒御不驚』」〔註26〕，「驚」假借爲「警」，《孔疏》作「相警戒也」，王安石捨此不用，改爲「驚嚇」或「驚動」，同樣也有現實的因素。

由法度之中，而法度之所不能制，以喻后妃也。蘋之爲物，能出乎水上，而不能出乎水下。藻之爲物，能出乎水下，而不能出乎水上，制於法度，而不該其本末，以喻大夫之妻也。至於蘋，則非制乎水，而有制節之道，以喻夫人也。『于沼于沚』，『于澗之中』，則可以爲河洲之類，而皆未及乎河洲之大」（《詩義鉤沉》卷一《召南鵲巢義第二》「《李黃集解》（李）」條，第 19～20 頁）。

〔註24〕　《詩義鉤沉》卷一《召南鵲巢義第二》「《李黃集解》（李）」條，第 23 頁。

〔註25〕　《詩義鉤沉》卷十《南有嘉魚之什義第十七》「《李黃集解》（李）」條，第 147 頁。

〔註26〕　《詩義鉤沉》卷十《南有嘉魚之什義第十七》「《讀詩記》」條，第 149 頁。

　　《豳風・七月》,「王氏曰:仰觀星日霜露之變,俯察昆蟲草木之化,以知天時,以授民事。女服事乎內,男服事乎外。上以誠愛下,下以忠利上。父父子子,夫夫婦婦,養老而慈幼,食力而助弱。其祭祀也時,其燕饗也節。此《七月》之義也」〔註27〕,展示了一幅帶有濃鬱想像和闡釋意味的理想社會圖景,各有分工,各守綱常,敬老愛幼,社會活動有規律、有節制(節儉),因此解「女心傷悲」句也與眾不同,「惟王氏謂:女子傷悲,則以將嫁,思離親也」,「王曰:公子歸其時,而國人之女亦以時而嫁,以見先公幼吾幼,以及人之幼」〔註28〕;「王介甫曰:不作無益也,預備乎田桑之事而已。不貴異物也,致美乎田器而已。人無遺力矣,故事不足治也。地無遺利矣,故物不可勝用也。女不淫而仁也,又有禮焉。士不惰而武也,又有義也。非『道之以政,齊之以刑』所能致也,風化而已」〔註29〕,引用《論語・學而》「道之以政,齊之以刑」的說法,描述了一種和諧而有秩序的社會生活方式,「女子傷悲」也多含有親情倫常及時的成份,與今人霸佔掠奪等解不同。

　　但不僅僅是這樣。從能看到的《詩經新義》或王安石其他場合論《詩》的見解,可以覺察宋代《詩經》學研究實質性的轉折正是從這裡開始的,「自漢儒至於慶曆間,談經者守故訓而不鑿。《七經小傳》出而稍尚新奇矣。至《三經新義》行,視漢儒之學若土梗」〔註30〕,劉敞和王安石「各憑胸臆,蔑棄傳注,猶未至於疑經議經也」〔註31〕。特別是他方法上引進《周官》、《周易》(主要是《易大傳》)、《老子》的思想解《詩》,突出了一定的思想性,對此後《詩經》學的解釋方法有啓發。如:

　　引《周官》、《周易》解《詩》,《大雅・綿》「王氏曰:『質厥成』者,質其爭訟也。『成』,與《周官》所謂『書其刑殺之成』同」,「『文王蹶厥生』,王氏曰:『生』,與《易》所謂『觀我生』同義」〔註32〕;《大雅・崧高》,王安石解《詩序》「能建國親諸侯」時引用《周易》,「王氏曰……《易》曰:『地

〔註27〕 《詩義鉤沉》卷八《豳七月義第十五》「《讀詩記》」條,第111頁。標點略作改動。

〔註28〕 《詩義鉤沉》卷八《豳七月義第十五》「《李黃集解》(李)」條,「《段氏集解》」條,第113頁。

〔註29〕 《詩義鉤沉》卷八《豳七月義第十五》「《詩傳通釋》」條,第111頁。

〔註30〕 〔宋〕王應麟:《困學紀聞》卷八《經說中》。

〔註31〕 陳鍾凡:《兩宋思想述評》,第9頁。

〔註32〕 《詩義鉤沉》卷十六《文王之什義第二十三》「《讀詩記》」條,第230頁。標點略作改動。

上有水，《比》，先王以建萬國，親諸侯。』」〔註33〕在解《小雅・我行其野》時運用的「六行」和「六刑」〔註34〕的具體名稱出於《周禮・地官司徒第二》。

引《老子》解《詩》，《小雅・天保》「神之弔矣，詒爾多福。民之質矣，日用飲食。群黎百姓，遍爲爾德」，「質，毛氏以爲成，程氏以爲實〔註35〕。皆不如王氏之說。王氏曰：神無所出其靈響也，『詒爾多福』而已。民無所施其智巧，『日用飲食』而已。以見民之和平無有詐欺矣」〔註36〕，《老子・第八十章》「小國寡民，使有什伯之器而不用；使民重死而不遠徙。雖有舟輿，無所乘之，雖有甲兵，無所陳之。使民復結繩而用之。甘其食，美其服，安其居，樂其俗。鄰國相望，雞犬之聲相聞，民至老死，不相往來」；又說「逆暑、迎寒、祈年，皆以本始。民事息，老物則息，使復本反（返）始」〔註37〕，王氏解釋也多受《老子》影響，《老子・第五十五章》「物壯則老，謂之不道，不道早已」；《小雅・無將大車》第三章「無將大車，維塵雝兮。無思百憂，祇自重兮」，《讀詩記》作「王氏曰：凡物之行，不爲物所累，則輕而速，爲物所累，則重而遲」，《田間詩學》作「王氏云：凡物之行，不爲物所累，則輕而速，爲物所累，則重而遲。此言不思則已，一思則百端交集，徒自覺重累耳」〔註38〕，不爲物所累。王安石作過《老子解》，一定受到了《老子》的影響。也有引用《尚書》的情況，《泮水》「王氏曰：『載色載笑』，則《洪範》所謂『而康而色』者也，夫然後能教也」〔註39〕，這是《周書》中的內容。旨趣上突出《詩經》的義理性和經世性，風格上更加平易簡約，不注重考辨，多臆斷懷疑傾向。

作爲從漢唐《詩經》學向宋代《詩經》學的過渡，王安石雖不迷信《詩序》爲子夏所作，但也並不否定和懷疑《詩序》：

　　　　序《詩》者不知何人，然非達先王之法言者，不能爲也。故其

〔註33〕《詩義鉤沉》卷十八《蕩之什義第二十五》「《李黃集解》（李）」條，第264頁。
〔註34〕《詩義鉤沉》卷十一《鴻雁之什義第十八》「《讀詩記》」條，第156～157頁。
〔註35〕程頤《詩解》解《天保》第「五章言其所獲。神之至，謂降鑒則錫（賜）爾多福。民所實有，則日用飲食，謂享其豐樂質實也，群眾百族，皆化上德」（〔宋〕程頤：《詩解》，載《二程集》，第1073頁）。
〔註36〕《詩義鉤沉》卷九《鹿鳴之什義第十六》「《李黃集解》（李）」條，第130頁。
〔註37〕《詩義鉤沉》卷九《鹿鳴之什義第十六》「《周官新義・籥章》」條，第123頁。
〔註38〕《詩義鉤沉》卷十三《谷風之什義第二十》，第192頁。
〔註39〕《詩義鉤沉》卷二十《駉義第二十九》「《讀詩記》」條，第298頁。

言約而明，肆而深，要當精思而熟讀之爾，不當疑其有失也。〔註40〕

　　王氏則以爲：世傳以爲言其義者子夏也。觀其文辭，自秦漢以
來諸儒，蓋莫能與於此。然傳以爲子夏，臣竊疑之。詩上及於文王、
高宗、成湯，如《江有汜》之爲美媵，《那》之爲祀成湯，《殷武》
之爲祀高宗。方其作時，無義以示後世，則雖孔子亦不得而知，況
於子夏乎？〔註41〕

　　王氏曰：世傳以爲言其義者子夏也。詩上及於文王、高宗、成
湯，如《江有汜》之爲美媵，《那》之爲祀成湯，《殷武》之爲祀高
宗。方其作時，無義以示後世，則雖孔子亦不可得而知，況於子夏
乎哉？〔註42〕

《段氏集解》同《讀詩記》。可見王安石已經懸置起《詩序》作者，不作爭論，
但充分肯定《詩序》文本的價值，所以他疑的只是子夏作《詩序》這件事，
而並未懷疑《詩序》本身。因此，他基本上是在尊從闡發《詩序》的基礎上
表述自己的看法，對其未有激烈的抨擊和大膽的懷疑，力主「《詩》《禮》相
解」〔註43〕，如《小雅·菁菁者莪》：

　　王氏曰：君子之長育人也有道。其可以接耳目者，禮樂而已。
禮，履此者也。履此，故動容周旋中禮。樂，樂此者也。樂此，故
不知手之舞之，足之蹈之也。舞之蹈之，所謂樂也。動容周旋中禮，
所謂有儀也。故曰：「既見君子，樂且有儀。」〔註44〕

又如《小雅·桑扈》：

　　「不戢不難，受福不那」，王氏曰：戢則不肆，難則不易。肆則
放逸，易則傲慢，動不以禮，非所以受福。故戢而難，然後受福多
也。〔註45〕

承襲漢代學術思想的痕迹依然很明顯。如果聯繫自荀子以來的「隆禮重法」

〔註40〕　《臨川先生文集》卷七十二《答韓求仁書》。
〔註41〕　《詩義鉤沉》卷一《周南關雎義第一》「《李黃集解》（李）」條，第11頁。
〔註42〕　《詩義鉤沉》卷一《周南關雎義第一》「《讀詩記》」條，第11頁。
〔註43〕　「某之學，則惟《詩》《禮》足以相解，以其理同故也。」（《臨川先生文集》
　　　　　卷七十四《答吳孝宗書》）
〔註44〕　《詩義鉤沉》卷十《南有嘉魚之什義第十七》「《李黃集解》（李）」條，第141
　　　　　頁。
〔註45〕　《詩義鉤沉》卷十四《甫田之什義第二十一》「《讀詩記》」條，第205頁。

的傳統，禮法相伴，禮法合流，作爲變法的主持者不得不首先考慮這個問題，這種以《禮》解《詩》、用《詩》解《禮》的現象便很容易理解，但它還未完全擺脫漢代說《詩》的禮學傳統而獨立成爲具有宋代特色的思想學術，儘管其中已經開始出現比較豐富的思辨性理學主題。

二、王安石《詩經》學的學術思想

（一）陰陽之論

王安石繼承了以陰陽相分相生相推的觀點分析事物的思想：

> 王氏曰：女，陰物也，而晦時。月出之皎也，則非時之晦矣。而又佼僚者，不得相悅。〔註46〕（《陳風‧月出》）

> 王曰：陽生矣則言日，陰生矣則言月，與《易》《臨》「至於八月有凶」復同意。然而正陽也，「秀葽」言月何也？「秀葽」以言陰生也。陰始於四月，生於五月而於四月言陰生者，氣之先至者也。〔註47〕（《豳風‧七月》）

> 王介甫曰：蠶生於陽氣之淑時，故以倉庚爲候。麻成於陰氣之愿時，故以鵙爲候。〔註48〕（《豳風‧七月》）

> 王曰：陰陽往來不窮，而與之出入作息者，天地萬物性命之理，非特人事也。〔註49〕（《豳風‧七月》）

> 「其始播百穀」，王氏曰：如《易》所謂「終則有始」者也。〔註50〕（《豳風‧七月》）

這裡，陰陽二氣皆指物質形態的自然之氣，正是它們的往來、始終構成了與之相伴的人與自然萬事萬物的運動規律。他在《小星》中也這樣觀察天象和人事，「『嘒』，王氏以謂小明。『小星』，無名之小星也。王氏之說，則謂：『三五』，陽星也。『夙夜在公』，陽事也，故以陽星況之。『參』、『昴』，陰星也。

〔註46〕《詩義鉤沉》卷七《陳宛丘義第十二》「《李黃集解》（李）」條，第103頁。

〔註47〕《詩義鉤沉》卷八《豳七月義第十五》「《段氏集解》」條，第114頁。按：《詩傳通釋》、《詩傳大全》、錢飲光《田間詩學》與此基本相同，只是多出「葽感陰氣而先秀，蜩感陰氣而先鳴」。

〔註48〕《詩義鉤沉》卷八《豳七月義第十五》「《詩傳通釋》」條，第113頁。

〔註49〕《詩義鉤沉》卷八《豳七月義第十五》「《段氏集解》」條，第115頁。

〔註50〕《詩義鉤沉》卷八《豳七月義第十五》「《讀詩記》」條，第117頁。

『抱衾與禍』，陰事也，故以陰星況之」〔註51〕。他以陰陽思想論《詩經》中的星象，爲「比」「興」（王安石主要視爲「比」）尋找思想上的合理依據，然後反過來成爲論證人事守常知禮的「天道」根源，即「人道」效法「天道」，這是王安石循環論證的邏輯實質，而其起點和基礎則是陰陽二分的思想。

由陰陽二分的思想而分蘖出天地、剛柔、常變、屈伸等觀念。《周頌·載芟》「王氏以爲：『率時農夫』，『播厥百穀』，爲造始而先之也。此詩『實函斯活』，爲作成而繼之也。凡此詩，一一以天地配之，如言成象者天道也，成形者地道也」〔註52〕，顯然也受《周易》的影響。《小雅·節南山》「王氏於『維石岩岩』曰，南山之高，草木無不生之，而『維石岩岩』，此剛節也」，於「有實其猗」「則言：南山之卑，有草木生之，以實其傍之畝穀，此柔節也」〔註53〕。柔與剛是陰和陽的品性，所以也是以陰陽來論的。《小雅·十月之交》，「王氏曰：月有盈虧，虧則微矣。『彼月而微』，則固其所。『此日而微』，則非其常」，「王氏曰：『日月告凶，不用其行』，則以『四國無政，不用其良』故也。月食，非其常也，然比日食，則以陽侵陰，猶爲常也。『此日而食』，則爲變大矣」〔註54〕，以陰陽常變論自然現象，但將其與人事聯繫起來，與王安石主張的「天地陰陽流通，以同類而至」相符，也是古人天人合一觀念的產物。所以王安石繼承了天人相分的思想，但具體論述人事的時候，這一點卻並不徹底，原因是將自然與社會視爲一體，在觀察社會時以自然爲鏡子，也以其爲依據。《小雅·谷風》第三章「習習谷風，維山崔嵬。無草不死，無木不萎。忘我大德，思我小怨」，「王氏曰：風之於草木，長養成就之，則風之德亦大矣。然不能不終以萎死，則風有所不能免也，孰爲此者乎？天地也。天地尚然，而況人乎？」〔註55〕《小雅·四月》「王氏以爲：『四月維夏』，而『六月徂暑』，則陽運而往矣。往者屈也，來者伸也，陽屈而陰信（伸），則是由小人之道長，此其所以亂也」〔註56〕，解《小雅·四

〔註51〕 《詩義鉤沉》卷一《召南鵲巢義第二》「《李黃集解》（李）」條，第25頁。

〔註52〕 《詩義鉤沉》卷十九《閔予小子之什義第二十八》「《李黃集解》（李）」條，第291頁。

〔註53〕 《詩義鉤沉》卷十二《節南山之什義第十九》「《李黃集解》（李）」條，第164頁。

〔註54〕 《詩義鉤沉》卷十二《節南山之什義第十九》「《讀詩記》」條，第170頁。

〔註55〕 《詩義鉤沉》卷十三《谷風之什義第二十》「《李黃集解》（李）」條，第186頁。

〔註56〕 《詩義鉤沉》卷十三《谷風之什義第二十》「《李黃集解》（李）」條，第189

月》「亂離瘼矣，爰其適歸」句，「《新經義》云：亂出乎上，而受患常在下。及其極也，爲適歸乎其所出矣」〔註57〕，可謂總結歷史經驗的明智之論。

當然也有以陰陽論祭祀、解夢境的情況。《小雅·楚茨》「祝祭于祊，祀事孔明」，「王氏曰：凡祭，裸鬯求諸陰，焫蕭求諸陽；索祭祀於祊，求於陰陽之間。夫遊魂爲變，無不之，無不在，求之不可一所，故『祝祭于祊』，而祀事所以孔明也」〔註58〕。《小雅·斯干》「王氏曰：熊羆，強力壯毅，故爲『男子之祥』。虺蛇，柔弱隱伏，故爲女子之祥」，「王氏曰：人之精神，與天地陰陽流通，故夢各以其類至。先王置官，觀天地之會，辨陰陽之氣，以日月星辰，占六夢之吉凶，獻吉夢，贈惡夢〔註59〕，知此則可以言性命之理矣」〔註60〕。「性命之理」是宋代理學的一大典型問題，一般地，不將「新學」歸入「理學」，但他引入《周禮》、《周易》、《老子》解《詩經》，不少地方已經涉及這個問題，又如天道、人性、治國、禮義等，如果從學術史角度來看，關注的問題與理學有一定的聯繫，也預示著理學的發展是學術規律的表現。另外，也使人進一步洞察到王安石所說的「性命之理」是和陰陽觀念相連的。

（二）性命之理

王安石對「性」的理解，大致有兩種情況：一是指萬物之性，即自然性；一是指性善之性，即倫理性。《小雅·白華》第七章「鴛鴦在梁，戢其左翼。之子無良，二三其德」，「王氏曰：鴛鴦能好其匹，於止得其所止，雄雌相從，不失其性也。『之子無良，二三其德』者，幽王無良，不一其德，鴛鴦之不如也」〔註61〕，這裡將二者進行對比，儘管揭示出道德貶抑的意圖，但畢竟「不類」。《大雅·皇矣》，「王氏曰：『因心則友』者，言其有天性，因心則然，非學而能也」〔註62〕，指出這種「性」也是先天本有的，而不是後天習得的。

《鄘風·蝃蝀》第三章「乃如之人也，懷昏（婚）姻也。大無信也，不

頁。
〔註57〕《詩義鈎沉》卷十三《谷風之什義第二十》「王應麟《困學紀聞》」條，第190頁。
〔註58〕《詩義鈎沉》卷十三《谷風之什義第二十》「《讀詩記》」條，第195頁。
〔註59〕「先王置官」至「贈惡夢」語出於《周禮·春官宗伯第三》。
〔註60〕《詩義鈎沉》卷十一《鴻雁之什義第十八》「《讀詩記》」條，第160頁。
〔註61〕《詩義鈎沉》卷十五《魚藻之什義第二十二》「《讀詩記》」條，第219頁。
〔註62〕《詩義鈎沉》卷十六《文王之什義第二十三》「《讀詩記》」條，第234頁。

知命也」，各家所載略有出入，茲並錄如下〔註63〕：

> 王氏曰：男女之欲，性也；有命焉，君子不謂之性也。今也，
> 從欲而不知命有所制，此之謂「不知命」也。(《讀詩記》)

> 王氏以為：女不知命。據詩，人以為「不知命」，王氏曰：男女
> 之欲，性也；有命焉，君子不謂之性也。今也從性所欲，而不知命
> 有所制，此之謂「不知命」。(《李黃集解》)

> 王曰：男女之欲，性也；有命焉，君子不謂性也。今縱慾而不
> 知命有所制，此之謂「不知命也」。(《段氏集解》)

> 王介甫曰：男女之欲，性也；有命焉，君子不謂性也。今也從
> 欲，而不知命有所制，此之謂「不知命也」。(《詩傳通釋》)

> 臨川王氏曰：男女之欲，性也；有命焉，君子不謂性也。(《詩
> 傳大全》)

此處涉及「性」和「命」的區別問題，關於「性」的理解前文已指出了，在此主要指自然之性；至於「命」，似不是生命和命運的「命」，而是「命於物」的「命」。如果人的性（也即「欲」）受命於禮，則不能稱為「性」，已有所制，將合乎道德，即「知命」，也就不至於「失性」了；反之則是「不知命」而「失性」了。《鄭風‧溱洧》，「王氏曰：羞惡之心，莫不有之。而其為至於如此者，豈其人性之固然哉。兵革不息，男女相棄，而無所從歸也，是以至於如此。然則民之失性也，為可哀；君之失道也，為可刺」〔註64〕，因襲《詩序》「刺亂也。兵革不息，男女相棄，淫風大行，莫之能救焉」，但藉以闡發「失性」「失道」的義理，儘管人性本善，有羞惡之心，之所以會迷失本性，則源於外在的因素，王氏更加強調這種外因，與程朱學者注重內在的養心〔註65〕養性不同。《大雅‧皇矣》第五章「帝謂文王，無然畔援，無然歆羨」句，「王氏曰：人心未嘗不正也。有所『畔援』，則不得其正。有所『歆羨』，則不得其正。無『畔援』『歆羨』，則使之正其心也」，「王介甫曰：有所『畔援』『歆羨』，不得其欲而怒，則其怒也，私而已。文王之怒，是乃與民同怒，而異乎人之私怒也」〔註66〕，則主張「正」，人心未嘗不正，只是因為「畔援」和「歆羨」，受了外物

〔註63〕 均見《詩義鉤沉》卷三《鄘柏舟義第四》，第47頁。

〔註64〕 《詩義鉤沉》卷四《鄭緇衣義第七》「《讀詩記》」條，第74頁。

〔註65〕 程頤就說「學以養心」(《河南程氏粹言》卷一，載《二程集》，第1187頁)。

〔註66〕 《詩義鉤沉》卷十六《文王之什義第二十三》「《詩傳通釋》」條，第234頁。

的誘惑而失卻「正」，也即失卻「常」，則「不得其正」。

　　《小雅·瞻彼洛矣》第一章「瞻彼洛矣，維水泱泱」句，「泱泱」，《毛傳》作「深廣貌」，「王氏則曰：泱泱，適中之水也。水善利萬物，然非適中，則或為害」〔註67〕，主張「中」，正是禮的品性。「命」與「中」又有一定內在聯繫。《大雅·蕩》第一章「靡不有初，鮮克有終」，「王氏曰：民受天地之中以生，所謂命也。能者養之以福，不能者敗以取禍。受天地之中一也，則『靡不有初』。敗以取禍者眾，則『鮮克有終』。『鮮克有終』，則命靡諶矣」〔註68〕，此語在朱熹《詩經集傳》中出現的頻率很高，也見其對朱熹的影響之深。

　　《小雅·小弁》第六章「相彼投兔，尚或先之。行有死人，尚或墐之。君子秉心，維其忍之。心之憂矣，涕既隕之」，「王氏曰：兔見迫逐而投人，人宜利而取之也，乃或先之使得闕（避）逃。行路之死人，人宜惡而違之，乃或墐之，使免暴露者，惻隱之心，人所宜有故也」〔註69〕。《小雅·角弓》第四章「民之無良，相怨一方」，「王氏曰：民喪其良心，不參彼己之曲直，躬自薄而厚責於人也，則各相怨於一方」〔註70〕。《大雅·卷阿》第二章『豈（愷）弟（悌）君子，俾爾彌爾性』，王氏曰：彌者，充而成之，使無間之謂也」〔註71〕。皆是本著擴充善性的孟學主張。王安石提倡孟學於此也可以看出。

　　《大雅·抑》第一章「抑抑威儀，維德之隅。人亦有言，靡哲不愚。庶人之愚，亦職維疾。哲人之愚，亦維斯戾」，「『維德之隅』，王氏曰：德，譬則宮城也。儀，譬則隅也。視其隅，則宮城之中可知矣。有諸中必形於外故也。王氏曰：『庶人之愚，亦職維疾』者，則天性之疾也。孔子曰：古者民有三疾」〔註72〕，認為「德」與「儀」是內外相副稱的，「有諸中必形於外」；同時又認為「庶人之愚」為「天性之疾」，與孔子「唯上知（智）與下愚不移」如出一轍，朱熹認為「人之氣質相近之中，又有美惡一定，而非習之所能移者」〔註73〕，並引程子將「性」與「才」二分的觀點，指出人性本善，因「才」

〔註67〕《詩義鈎沉》卷十四《甫田之什義第二十一》「《李黃集解》（李）」條，第203頁。
〔註68〕《詩義鈎沉》卷十八《蕩之什義第二十五》「《讀詩記》」條，第254頁。
〔註69〕《詩義鈎沉》卷十二《節南山之什義第十九》「《讀詩記》」條，第179頁。
〔註70〕《詩義鈎沉》卷十五《魚藻之什義第二十二》「《讀詩記》」條，第214頁。
〔註71〕《詩義鈎沉》卷十七《生民之什義第二十四》「《讀詩記》」條，第249頁。
〔註72〕《詩義鈎沉》卷十八《蕩之什義第二十五》「《讀詩記》」條，第256頁。
〔註73〕《論語集注》卷九《陽貨第十七》，載《四書章句集注》，第176頁。

的偏頗而使一些人的善性難以彰顯出來〔註74〕，在理論上調和了二者之間的
矛盾，但這個問題王安石已經注意到了，可以發現它們之間有一定的內在聯
繫。另外，孔子說的「三疾」〔註75〕，至朱熹也認爲是「氣稟之偏者」，指有
美惡區別的「氣質之性」〔註76〕，在這個問題的解決上王安石與程朱比較相
似，說明二者之間的共通性，程朱認爲「性」可兼有「氣質之性」，但如果是
純粹的「性」，就與「理」合（或同）一了〔註77〕，從而將這個命題鎔鑄於理
學的系統中。

王安石也涉及到「情」的問題。《小雅‧采薇》「王氏云：人情所患，莫
切於行役之勞，飢渴之害。故中心傷悲而莫有知其哀者，則幾於不得其所而
無所告訴。今歌詩遣之，述其勤苦，則人不知其哀，上知之。此君子能盡人
之情，故人忘其死也」〔註78〕，《杕杜》「王氏云，上之人能知其下中心委曲
之情，而形於歌詠，則下悅之，《出車》、《杕杜》》是也。上之人不能知，而
其下自陳勞苦之狀，悲傷之情，則怨也，《揚之水》、《鴇羽》是也」〔註79〕，

〔註74〕程子曰：「人性本善，有不可移者何也？語其性則皆善也，語其才則有下愚之
不移。所謂下愚有二焉：自暴自棄也。人苟以善自治，則無不可移，雖昏愚
之至，皆可漸磨而進也。惟自暴者拒之以不信，自棄者絕之以不爲，雖聖人
與居，不能化而入也，仲尼之所謂下愚也。然其質非必昏且愚也，往往強戾
而才力有過人者，商辛是也。聖人以其自絕於善，謂之下愚」（《論語集注》
卷九《陽貨第十七》，載《四書章句集注》，第 176 頁）。

〔註75〕子曰：「古者民有三疾，今也或是之亡也。古之狂也肆，今之狂也蕩：古之矜
也廉，今之矜也忿戾：古之愚也直，今之愚也詐而已矣。」（《論語集注》卷
九《陽貨第十七》，載《四書章句集注》第 179 頁）

〔註76〕朱熹曰：「氣失其平則爲疾，故氣稟之偏者亦謂之疾。昔所謂疾，今亦無之，
傷俗之益衰也」，「狂者，志願太高。肆，謂不拘小節。蕩則踰大閑矣。矜者，
持守太嚴。廉，謂棱角陗厲。忿戾則至於爭矣。愚者，暗昧不明。直，謂徑行
自遂。詐則挾私妄作矣。范氏曰：『末世滋僞。豈惟賢者不如古哉？民性之蔽，
亦與古人異矣。』」（《論語集注》卷九《陽貨第十七》，載《四書章句集注》
第 179～180 頁）

〔註77〕朱熹曰：「子曰：『性相近也，習相遠也。』此所謂性，兼氣質而言者也。氣
質之性，固有美惡之不同矣。然以其初而言，則皆不甚相遠也。但習於善則
善，習於惡則惡，於是始相遠耳。程子曰：『此言氣質之性。非言性之本也。
若言其本，則性即是理，理無不善，孟子之言性善是也。何相近之有哉？』」
（《論語集注》卷九《陽貨第十七》，載《四書章句集注》，第 175～176 頁）

〔註78〕《詩義鉤沉》卷九《鹿鳴之什義第十六》「《詩傳通釋》」條，第 132 頁。

〔註79〕《詩義鉤沉》卷九《鹿鳴之什義第十六》「《詩傳通釋》」條，第 134 頁。按：
《詩傳大全》、《田間詩學》皆同《詩傳通釋》，《田間詩學》「陳」下有「其」
字。

對情的態度是情需盡、不可遏，與程朱大異其趣。

（三）天人之辨

王安石所理解的「天」基本是自然意義上的天。《大雅‧桑柔》「『以念穹蒼』，王氏曰：穹蒼，天也。穹言形，蒼言色也」〔註80〕；《大雅‧雲漢》「王曰：旱能致饑饉，而曰『天降喪亂』者，天欲平治天下，則時和歲豐以應之」〔註81〕，儘管有一擬人化的「欲」字，但並非是有意志的「天」，而是和天象結合在一起的自然的天。

《秦風‧蒹葭》「白露爲霜」：

> 王氏乃曰：仁，「露」；義，「霜」也；而禮節斯二者。襄公爲國
> 而不能用禮，將無以成物。故刺之曰：「蒹葭蒼蒼，白露爲霜。」又
> 謂：降而爲水，升而爲露，凝而爲霜，其本一也。其升也、降也、
> 凝也，有度數存焉，謂之時。此天道也。蓄而爲德，散而爲仁，斂
> 而爲義，其本一也。其蓄也、斂也、散也，有度數存焉，謂之禮。
> 此人道也。〔註82〕

整體上王安石將天道和人道分而爲二，像邱先生所認爲的繼承了柳宗元、劉禹錫等的天人相分思想〔註83〕，但蘊含著天人之間的某種相似和共通，即人道效法天道的理論預設，儘管還沒有程朱等人的渾融。另外，對於自然界，認爲水、露、霜是天道的升、降、凝不同運行方式的不同形態，而調節它們的是「時」；對於人類社會，認爲德、仁、義是人道的蓄、散、斂不同運行方式的不同形態，而調節它們的是「禮」，由此看來在王安石眼中，禮的地位更加崇高一些，可以貫穿於人道的各種形態，這樣的定位也容易模糊禮和法之間的界限，從而使它們更加相近，也就不難理解他將「禮」、「常」、「法」並列的現象了。

王安石根據「天道」和「人道」之間的關係論證人倫道德的合理性，《小雅‧常棣》「王氏曰：華鄂之相恃，不可須臾離者，以天屬故也。兄弟，天屬也，其相承覆相恃而不可離如此」〔註84〕，認爲兄弟的倫理關係是自然而然的。

〔註80〕　《詩義鈎沉》卷十八《蕩之什義第二十五》「《讀詩記》」條，第260頁。
〔註81〕　《詩義鈎沉》卷十八《蕩之什義第二十五》「《段氏集解》」條，第261頁。
〔註82〕　《詩義鈎沉》卷六《秦車鄰義第十一》「《李黃集解》（李）」條，第95頁。按：「襄公」指秦襄公。
〔註83〕　邱漢生：《詩義鈎沉‧序》，第25頁。
〔註84〕　《詩義鈎沉》卷九《鹿鳴之什義第十六》「《讀詩記》」條，第126頁。

（四）德仁之見

王安石對「君子」、「德」有較明晰的界定。《小雅・魚藻》「王氏曰：憂在天下，不爲小己之得失，故謂之君子」〔註85〕。《大雅・文王》「『聿求厥德』，『自求多福』，王氏曰：足乎己，無待於外之謂德。以德求多福，則非有待於外也」〔註86〕。《鄭風・大叔于田》「王氏曰：人君明義以正眾，使眾知義而孰敢爲不義。爲不義則眾之所棄也，安能得眾哉？」〔註87〕《鄭風・羔裘》，「王氏曰：群而不黨則宜直，致恭而有禮則宜侯，侯以順王命爲善故也。君能直己以順王命，則其臣化之，『捨命不渝』矣」〔註88〕，重視「直己」。《周頌・烈文》「王氏曰」「蓋所謂德者，以至誠出於仁義也。未有仁而遺其親，未有義而後其君」〔註89〕，前者側重德內在的自足，後者側重德外顯的等差。《大雅・棫樸》「『追琢其章，金玉其相』，王氏則曰：文王作人，外則使有備成之文，內則使其有可貴之質」〔註90〕，如後文程頤所說依然將內、外視作兩截。

《秦風・黃鳥》「王氏曰：黃鳥聲音顏色之美，可愛而又有仁心，故以況三良」，「又：始曰『止於棘』，中曰『止於桑』，終曰『止於楚』，則與『出自幽谷，遷於喬木』者異矣，以哀三良所止，不能進趨高義，而終於死非其所也」〔註91〕，《詩序》作「刺穆公以人從死」，而王安石由棘、桑、楚的變化而指出三良處境日差，不能追求高義，自然也以這種判斷來讚賞「出自幽谷，遷於喬木」的陞進，與《孟子》解說一致，以德義說《詩》。《陳風・月出》「王氏曰：詩所言者，說（悅）美色而已。然序知其不好德者，子夏曰：『賢賢易色。』蓋說（悅）色如此，喪其志矣，未有能好德者也」〔註92〕。

〔註85〕　《詩義鈎沉》卷十五《魚藻之什義第二十二》「《讀詩記》」條，第212頁。
〔註86〕　《詩義鈎沉》卷十六《文王之什義第二十三》「《讀詩記》」條，第224頁。
〔註87〕　《詩義鈎沉》卷四《鄭緇衣義第七》「《李黃集解》（李）」條，第66頁。按：針對《詩序》「刺莊公也。叔多才而好勇，不義而得眾也」。
〔註88〕　《詩義鈎沉》卷四《鄭緇衣義第七》「《李黃集解》（李）」條，第68頁。按：「致恭而有禮則宜侯」的「侯」即「洵直且侯」的「侯」，「君也」（《毛傳》）、「美也」（《經典釋文》引《韓詩》），即好、美。
〔註89〕　《詩義鈎沉》卷十九《清廟之什義第二十六》「《讀詩記》」條，第279頁。
〔註90〕　《詩義鈎沉》卷十六《文王之什義第二十三》「《李黃集解》（李）」條，第230～231頁。
〔註91〕　《詩義鈎沉》卷六《秦車鄰義第十一》「《李黃集解》（李）」條，第96頁。
〔註92〕　《詩義鈎沉》卷七《陳宛丘義第十二》「《讀詩記》」條，第102頁。按：「序知其不好德者」指《詩序》「刺好色也。在位不好德，而說（悅）美色焉」。此外，「賢賢易色」，歷來解釋不同，比較流行的是王安石用的這種解釋，尊

　　《豳風・伐柯》「王氏則以謂：以仁致剛者，柯也。以順致其正者，媒也。周公之事，如此而已。致其仁而後柯可伐，通其志而後妻可取」，「『伐柯伐柯，其則不遠』，……王氏則謂：由恕及人」〔註93〕。《小雅・鹿鳴》「王氏謂：周，爲忠信之周。行，道也。言示之忠信之道。王氏之意，謂序云『得盡其心』，故爲此說」〔註94〕。

　　德、仁、道、義、忠、順、友、信相伴而生，在王安石的《詩經》學中皆有反映。《六月》，《詩傳通釋》「王介甫曰：忠也者，移孝以爲之者也。順也者，移友而爲之者也。故言忠順之臣，必及孝友之友」〔註95〕，將忠孝、順友視爲同構關係，符合「齊家治國」的理念。《齊風・著》「毛氏以爲：首章言士親迎，二章言卿大夫親迎，三章言人君親迎。詩中本無此意，故鄭氏王氏皆不從其說。鄭氏謂三章具述人臣親迎之禮。王氏又謂：仁以親之，義以帥之，信以成之，夫道也。以充耳之素配義，以充耳之青配仁，以充耳之黃配信」〔註96〕，以素、青、黃配義、仁、信，明顯受五行學說的影響，但是卻表達了自己對仁、義、信的功能和特性的認識。王安石論朋友之道，崇尚「義」〔註97〕。

　　《衛風・淇奧》「王氏則……其曰『充耳琇瑩』，以言武公有其德而稱此服。『如金如錫，如圭如璧』，言其成德之貌。夫盛德之至，有剛有柔，而其化無方。或銳或圓，而其成不易。其化無方，則所以爲道也。其成不易，則所以爲義也」〔註98〕，《鄭風・東門之墠》「王氏則以謂：『東門之墠』，言以禮則平易，『茹藘在阪』，言以道則阪險」〔註99〕，《齊風・雞鳴》「王介甫曰：『甘與子同夢』，情也，『會且歸矣，無庶予子憎』，義也」〔註100〕，這裡將「道」

　　　　重賢者，輕易美色：但程頤有一解釋，人內恭敬而外變色，內心的變化會在容顏上顯露出來，「見賢改色，有敬賢之誠也」（〔宋〕程頤《論語解》，載《二程集》，第1134頁）。
〔註93〕《詩義鈎沉》卷八《豳七月義第十五》「《李黃集解》（李）」條，第121～122頁。
〔註94〕《詩義鈎沉》卷九《鹿鳴之什義第十六》「《李黃集解》（李）」條，第124頁。
〔註95〕《詩義鈎沉》卷十《南有嘉魚之什義第十七》，第144頁。
〔註96〕《詩義鈎沉》卷五《齊雞鳴義第八》「《李黃集解》（李）」條，第77頁。
〔註97〕《詩義鈎沉》卷九《鹿鳴之什義第十六・常棣》「《讀詩記》」條，第126～127頁。
〔註98〕《詩義鈎沉》卷三《衛淇奧義第五》「《李黃集解》（李）」條，第52頁。
〔註99〕《詩義鈎沉》卷四《鄭緇衣義第七》「《李黃集解》（李）」條，第72頁。
〔註100〕《詩義鈎沉》卷五《齊雞鳴義第八》「《詩傳通釋》」條，第75頁。按：《讀詩

和「義」、「禮」與「道」、「情」與「義」分成兩個方面加以陳述,所以遭到程頤的批評:「子曰:『言乎一事,必分爲二,介甫之學也。』」〔註101〕

　　前文幾組概念表面兩兩相對,但都根源於王安石對陰陽的認識,他也概括爲「形而下」與「形而上」的問題。這是理解王安石思想學術的關鍵所在,以此爲線索可以將陰陽、性命、天人、德仁、常變等統攝起來,從而成爲一個概念系統。《思齊》第二章「刑于寡妻,至于兄弟,以御于家邦」,「王氏以『刑于寡妻』爲形而上者,則有道存焉;以『御于家邦』爲形而下者,則有度數存焉,是故謂之御也」〔註102〕,這裡涉及到王安石所認爲的「形而上」與「形而下」、「道」與「度數」的關係問題,「御」爲「駕馭」、「控制」的意思。因此這裡的「形而上」與「形而下」反映的還是陰陽二分的思想,程頤批評王安石割裂了道,正是有見於此,一語中的。如:

　　　　或問:「介甫有言,盡人道謂之仁,盡天道謂之聖。」子曰:「言乎一事,必分爲二,介甫之學也。道一也,未有盡人而不盡天者也。以天人爲二,非道也。子云謂通天地而不通人曰伎,亦猶是也。或曰:乾天道也,坤地道也,論其體則天尊地卑,其道則無二也。豈有通天地而不通人?如止云通天文地理,雖不能之,何害爲儒?」〔註103〕

　　　　子曰:「介甫之言道,以文焉耳矣。言道如此,己則不能然,是己與道二也。夫有道者不矜於文學之門,啓口容聲,皆至德也。」〔註104〕

　　　　或問:「變與化何別?王氏謂因形移易謂之變,離形頓革謂之化,疑其說之善也。」子曰:「非也。變,未離其體也。化,則舊迹盡亡,自然而已矣。故曰動則變,變則化,惟天下至誠爲能化。」

記》作「毛氏曰」,邱漢生先生結合《段氏集解》、《詩傳通釋》等判斷「《讀詩記》當係錯刻」。
〔註101〕〔宋〕楊時訂定,〔宋〕張栻編次:《河南程氏粹言》卷一,載《二程集》(第四冊),第1170頁。
〔註102〕《詩義鈎沉》卷十六《文王之什義第二十三》「《李黃集解》(李)」條,第232頁。
〔註103〕〔宋〕楊時訂定,〔宋〕張栻編次:《河南程氏粹言》卷一,載《二程集》,第1170頁。
〔註104〕〔宋〕楊時訂定,〔宋〕張栻編次:《河南程氏粹言》卷一,載《二程集》,第1176頁。

〔註105〕
程子（頤？）認爲王安石將「天道」與「人道」分裂開來，沒有上昇到「道一」的高度。甚至認爲王安石不僅論道裂道爲二，不能貫通，而且在自己個人的踐行方面也是己與道隔而不一。後來朱熹將這裡所謂的「道」與「度數」統一到「理」上，「形而上」與「形而下」的隔閡才被打通了。至於「理」，王安石有時也使用，但和程朱等的用法不同，《大雅‧抑》「『彼童而角，實虹小子』，王氏曰：童無角理，譬我施惡，無報我以善之理。謂『童而角』，實惑小子耳，非其理也」〔註106〕，「理」作爲「道理」、「事理」解，還不是理學所謂的萬物之本體的範疇。

王安石的學術思想對其門客多有影響。僅就《詩經》學言，沈季長《詩講義》（十卷），就被人視爲絕少自己發明之作〔註107〕。季長爲王安石的妹婿，據《續資治通鑑》卷六十八熙寧四年所載，其學說及擔任學官多與荊公有關。《詩講義》已佚，難窺其貌。而王安石女婿蔡卞《毛詩名物解》則昭然可辨。

三、蔡卞《毛詩名物解》——荊公《詩經》學的名物學注腳

蔡卞（1058～1117），字元度，興化仙遊人。所著《毛詩名物解》共二十卷。

「自王安石《新義》及《字說》行而宋之士風一變，其爲名物訓詁之學者，僅卞與陸佃二家。佃，安石客；卞，安石壻（婿）也。故佃作《埤雅》，卞作此書，大旨皆以《字說》爲宗。」〔註108〕蔡陸二人與王安石有密切的關係，皆出其門下，蔡卞爲王安石女婿，陸佃爲王安石門客，在學術觀點上也多輔翼、重申王氏之語。蔡卞人品不足論，但《四庫》編者認爲不能「以人廢言」，況且《毛詩名物解》網羅群書，徵引豐富，所錄不少文獻已散佚不可見，重出者可資校勘，有較強的文獻學價值。正因爲這樣，「陳振孫稱卞書議論穿鑿，徵引瑣碎，無裨於經義」〔註109〕，不能說這種批評沒有道理，但這

〔註105〕〔宋〕楊時訂定，〔宋〕張栻編次：《河南程氏粹言》卷一，載《二程集》，第1181頁。
〔註106〕《詩義鈎沉》卷十八《蕩之什義第二十五》「《讀詩記》」條，第257頁。
〔註107〕劉毓慶：《歷代詩經著述考（先秦——元代）》，中華書局，2002年，第152頁。
〔註108〕《毛詩名物解‧提要》，《四庫全書（文淵閣本）》（第70冊），第535頁。
〔註109〕《毛詩名物解‧提要》，《四庫全書（文淵閣本）》（第70冊），第535頁。

只是一個方面，說明《毛詩名物解》不是一部嚴格意義上的訓詁學著作。連蔡卞自己也說「聖人言《詩》而終於鳥獸草木之名，蓋學《詩》者始乎此而由於此，以深求之，莫非性命之理、道德之意也」〔註110〕，表明通過博物研究來揭示《詩經》義理所在的研究態度和研究宗旨。王應麟在《詩地理考敘》中亦有類似的認識。胡樸安將宋代《詩經》學分爲三派，第三派是「名物訓詁派」，以蔡卞和王應麟爲代表，並認爲「在宋儒之中，其學頗爲徵實」〔註111〕，如果不是判斷錯誤，也只能是大體而言。

《毛詩名物解》運用比附的辦法，賦詩句以義理，或借《詩經》文句來佐證所謂的義理，即通過訓釋名物談論禮法、陰陽、君臣等思想，與王安石相近，當時學風之變由此也可以看出。如以陰陽二氣相激蕩解釋諸天象，陽爲虹，陰爲霓，陽爲雷，陰爲電，陽爲漢，陰爲月，星精，月魄，雲魂，然後以天人相比附的辦法解《詩》。貫穿始終的就是「天道」與「人道」的相分相合，在思想上大體未超出王安石，或者說是通過博物研究爲王安石《詩經》學作了一個獨特的注腳。但也有少數精微的個人體會，較王安石更加細密。

《釋草·菅》解《白華》「白華菅兮，白茅束兮」作「白華漚而爲菅，則菅者〔註112〕，使然之，致用而爲絢，則卑且勞矣，故以譬孽妾。茅，自然之正體，藉地以祭，則靜且安矣，故以譬宗嫡。不以賤妨貴，不以貴廢賤者，人道也。不以茅棄菅，不以菅害茅者，天道也」〔註113〕，基本承襲王安石《詩義》的天道、人道思想。「龜蛇合體謂之玄武。《易》曰『一陰一陽之謂道』，而玄朔者，道之所在，陰陽之理具焉」〔註114〕，認爲陰陽具於一物，正是道的所在，事物的發展變化才有可能，與王安石也相同。「兄弟之道，天性也」〔註115〕，「兄弟相友，亦天性也」〔註116〕。「天道，玄者，天

〔註110〕《毛詩名物解》卷十七《雜解·草木總解》，《四庫全書（文淵閣本）》（第70冊），第596頁。

〔註111〕胡樸安：《詩經學》，上海：商務印書館1928年初版，1933年第1版，第100頁。

〔註112〕《四庫》編者按：「闕。」

〔註113〕〔宋〕蔡卞：《毛詩名物解》卷四《釋草·菅》，《四庫全書（文淵閣本）》（第70冊），第548頁。

〔註114〕〔宋〕蔡卞：《毛詩名物解》卷十一《釋蟲·蛇》，《四庫全書（文淵閣本）》（第70冊），第580頁。

〔註115〕〔宋〕蔡卞：《毛詩名物解》卷六《釋鳥·鶺鴒》，《四庫全書（文淵閣本）》（第70冊），第558頁。

〔註116〕《毛詩名物解》卷十七《雜解·草木總解》，《四庫全書（文淵閣本）》（第70

之成象也」〔註117〕。基於天人合一、人效法天的思想，揭示不同地域同一題材的作品所指，獨得義理，「天之道不能常和，而欲責人之常和、盡人之歡、竭人之忠，此夫婦之所以道絕也。故《谷風》有以言夫婦，有以言朋友」〔註118〕，「聖人，天道之與物交者也。神人，天道之與物辨者也。大人，人道之與物交者也。至人，人道之與物辨者也。親天屬也，據以內恃者也。賢人屬也，依於內輔者也」〔註119〕，儘管這段文字還有不少地方難以具體索解，但以天道與人道劃分四類人〔註120〕則是顯而易見的。

> 《詩》言天言帝言天命言帝命，何也？無爲而在上、一而大者，天；有爲以應下、動而諦者，帝也。言天則尊而與人道辨，言帝則近而與人道交。帝之於天，如聖之於神，名其功用於天地之間，故曰帝也易。自震言之曰帝，蓋帝也者，萬物之主也。自物而言之，則帝出乎萬物者也。自人而言之，則帝親乎人者也。故《詩》凡言「天命靡常」、「天難諶斯」、「天作之合」、「天立厥配」、「三后在天」、「對越在天」、「克配彼天」，以其藏於不可知之間而遠也；凡言「帝命不時」、「帝度其心」、「帝謂文王」、「帝省其山」、「帝遷明德」、「帝作邦作對」者，以其顯於所可見之際而近者也。《詩》言「天命玄鳥」，則出於理之不可知，故言天也。古帝命武湯則明其德於所可見，故言帝也。此對而言之也。合而言之，則天者帝之體，帝者天之用。《酌》言皇天親有德、享有道。「民之父母」，「民之攸歸」，親有德也，德有形，故言親；「民之攸墍」，享有道也，道無形，故言享。蓋天聰明自我民聰明，而民所受則天所親也，民所仰則天所享也。皇天言其道，蒼天言其色，昊天言其象，旻天言其情，上天言其位。〔註121〕

冊），第594頁。

〔註117〕〔宋〕蔡卞：《毛詩名物解》卷六《釋鳥·燕》，《四庫全書（文淵閣本）》（第70冊），第558頁。

〔註118〕〔宋〕蔡卞：《毛詩名物解》卷十五《雜釋·風》，《四庫全書（文淵閣本）》（第70冊），第587頁。

〔註119〕〔宋〕蔡卞：《毛詩名物解》卷十五《雜釋·雜解上》，《四庫全書（文淵閣本）》（第70冊），第589頁。

〔註120〕其中有三類源於「至人無己，神人無功，聖人無名」（《莊子·內篇·逍遙遊第一》）。

〔註121〕《毛詩名物解》卷十六《雜解·天命帝命解》，《四庫全書（文淵閣本）》（第70冊），第590～591頁。

這是一段繁瑣但卻具有較強思辨性的解釋，先分析，後綜合，先分別，後聯繫，比較辯證，以體用言「天」與「帝」，辨析精微，義理氣息已濃。簡明的則爲「凡莫之爲而爲者，天也；莫之致而致者，命也」〔註122〕。因爲側重義理，蔡卞時常多有附會，如解珮玉形制，也以天道、地道論〔註123〕，儘管其中還滲透有道家的思想，但在整體學術方法上已具有宋學的基本特徵。從內容角度分析，其中闡發的民本思想，天已客觀地成爲形式，成爲對民所受所仰的佐證和結果，而不是原因，這是西周思想中尤爲可貴的地方，而在蔡氏筆下，其原本的天命氣息也已變得極其稀薄，幾乎要以民來論了，至少在思想理論上說，這種看法有可貴的因素。

《詩序統解》有比較系統和深入的辨析，以「靜」「動」言「性」「情」、「定」「適」言「心」「志」、「晦」「顯」言「道」「言」、「妙」「粗」言「神」「法」，兩兩一組，每組自成體用，而且彼此之間又形成內在的關聯，從而處於一個系統中，可見其貫徹體用的思想與方法很自覺也很明顯：

> 靜而爲性，動而爲情；定而爲心，適而爲志；晦而爲道，顯而爲言；妙而爲神，粗而爲法，此之謂體用之言，此之謂生出之序。情不能無動則有所感，志不能無適則有所言，言麗乎顯則有所寓，法陳乎粗則有所形，此《詩》所由作也。凡順之則喜，逆之則怒，得之則樂，失之則悲，忿有所不已則不能無怨，欲有所不獲則不能無思，事有所不當則不能無嗟，理有所不足則其氣不能無歎，此《詩》之所謂情也。窮之則鬱，達之則舒，或屈或伸，或拘或肆，或遠或近，或小或大，義之所起則不能以辭害之，辭之所止得以意逆之，命之所止則況之而以其言，要其所歸則導焉而以其趨，此《詩》之所謂志也。貴極於王公大人之所作，賤極於羈臣小夫之所爲，抑揚天下之至情，包羅萬物之至理，曲而有所謂端，聚而有所謂升，謫而有所謂正，微而有所謂彰，在所可言也故雖侈而不疑於誇，在所略也則雖約而不疑爲簡，此《詩》之所謂言也。不止於美而有所謂嘉，不止於規而有所謂誨，雖亂而在所可矜也則閔之而不以傷，雖

〔註122〕《毛詩名物解》卷十六《雜解·小星北門解》，《四庫全書（文淵閣本）》（第70冊），第592頁。

〔註123〕〔宋〕蔡卞：《毛詩名物解》卷十六《雜解·珮玉解》，《四庫全書（文淵閣本）》（第70冊），第593頁。

過而在所可怒也則哀之而不刺，方其致嚴也雖天子亦貶之於《風》，
　　方其致美也雖諸侯而進之於《頌》，此《詩》之所謂法也。〔註124〕
蔡卞的解釋已經距離一般所說的程朱理學不遠了，或者說已具有程朱理學的
根苗（如果將新學也視爲理學的話，那這種看法也就是理學本身的看法了），
無論是在方法還是在某些具體的學術觀點上，南宋理學家朱熹也曾就類似的
問題闡發過自己的觀點，可資比較：

　　　　或有問於予曰：《詩》何爲而作也？予應之曰：人生而靜，天之
　　性也，感於物而動，性之欲也。夫既有欲矣，則不能無思，既有思
　　矣，則不能無言，既有言矣，則言之所不能盡而發於咨嗟詠歎之餘
　　者，必有自然之音響節族（奏）而不能已焉，此《詩》之所以作也。
〔註125〕
關注的問題，朱熹儘管更加突出性欲之辨，解說更爲簡約，但基本的框架與
前者並無大的差別，即關注性情體用和生發順序，用以解釋《詩》中詩歌創
作的驅動和原因。

　　正因爲對「《詩》道」的細密體察，蔡卞對《詩經》中的詩歌起源有比
較準確的認識；也正因爲對「《詩》法」的重視，所以他也受到以《禮》解
《詩》的糾葛，「作詩者不知起於何代，然自生民之能言則《詩》之道已具
矣，康成以爲《詩》不起於上皇之世，豈其然乎？作《序》者不知自於何人，
然非深通乎法言莫之能爲也，或以謂子夏衛宏之所爲，則疑其不能及也。《孟
子》曰：『王者之迹熄而《詩》亡，《詩》亡然後《春秋》作。』然則所謂《詩》
亡者，非《詩》亡也，禮義之澤熄焉而已矣，變風變雅之作而知止乎禮義，
當是時，《詩》尚存也，惟其禮義之澤熄，然後《詩》之道亡矣。何也？蓋
《詩》者禮義之所止故也。《詩》亡則美刺之法廢，《春秋》作則褒貶之法興，
使《詩》之道尚存則愚知《春秋》不作矣，蓋美刺之法廢而無褒貶以繼其後，
則亂臣賊子無所忌憚而接迹於後世矣」〔註126〕。在這一點上與王安石也相
同。

〔註124〕〔宋〕蔡卞：《毛詩名物解》卷二十《詩序統解》，《四庫全書（文淵閣本）》
　　　　（第70冊），第608～609頁。
〔註125〕〔宋〕朱熹：《詩經集傳・原序》，《四庫全書（文淵閣本）》（第72冊），第
　　　　748頁。
〔註126〕〔宋〕蔡卞：《毛詩名物解》卷二十《詩序統解》，《四庫全書（文淵閣本）》
　　　　（第70冊），第609頁。

　　蔡卞已涉及心性義理部分，儘管還多是支離的，繁瑣的。「失性以天言，失所以地言。由之者，失其道；居之者，失其理。喜者，禮之樂；樂者，樂之樂」〔註127〕，「君子，義以爲質，仁以爲心，禮以爲體，信以爲身。身之者，信也；假之者，僞也。惠公之驕，僖公之願，所謂無禮以體之也」〔註128〕。

　　程頤對王安石割裂「道」的批評放在蔡卞身上自然也適用。

　　總之，王安石和蔡卞的《詩經》學，在思想上體現了以陰陽二分爲基礎探究儒學經典義理的嘗試和努力，儘管這個過程還帶著較強的重禮重法色彩，但已比較明顯地涉及天道人道、心性體用等問題，體現了漢宋《詩經》學演變的轉折脈絡。儘管他們的思想，尤其是割裂天人、體用、道器等思想受到程朱等人的批評，但同時對理學又不無啓發和促進。理學對宋代《詩經》學的滲透在此已悄然亮相了。

第二節　張載的《詩經》學鈎佚與研究

　　張載的《詩經》學著作《詩說》已不知下落，但張載的《正蒙》、《經學理窟》等著作及宋代的一些集傳集注類《詩經》學著作和筆記等中還保留了不少張氏的學術觀點，有助於鈎稽和研究。

一、張載《詩經》學文獻和心性義理取向

　　《宋史·藝文志》載「張載《詩說》一卷」〔註129〕，直至朱彝尊作《經義考》時還存在，「《張子（載）詩說》，《宋志》一卷，存」〔註130〕。《四庫全書總目》未載。劉毓慶亦云「未見」〔註131〕。據劉毓慶考察，陳文采《兩宋詩經著述考》曾從《張子全書》卷二《正蒙·樂器篇》、卷五《禮樂》，《經學理窟》中共輯得十六條，陳氏並認爲「其言往往基於政教立場說《詩》，當屬

〔註127〕〔宋〕蔡卞：《毛詩名物解》卷十五《雜釋·雜解中》，《四庫全書（文淵閣本）》（第70冊），第590頁。

〔註128〕〔宋〕蔡卞：《毛詩名物解》卷十五《雜釋·雜解下》，《四庫全書（文淵閣本）》（第70冊），第590頁。

〔註129〕《宋史》卷二百二《志第一百五十五·藝文一》。

〔註130〕〔清〕朱彝尊編，朱昆田校：《經義考》卷一百零四，乾隆四十二年（1777年）本，第8頁。

〔註131〕劉毓慶：《歷代詩經著述考（先秦──元代）》，中華書局，2002年，第156頁。

舊說一派」〔註132〕。雖專門的《詩經》學作品《詩說》一卷已不知存亡，但他關於《詩經》的見解保留下來的依然很多，據筆者考察，比較集中地反映在《正蒙·樂器篇第十五》、《經學理窟·詩書》，其他《正蒙·誠明篇第六》、《經學理窟·禮樂》、《文集佚存·雜詩》、《近思錄》及《拾遺》、《張子語錄》、《吹劍三錄》、《詩疑》等也有少數。另外朱熹《詩經集傳》中引用「張子曰」，呂祖謙《呂氏家塾讀詩記》引用「張氏曰」數量也不少，皆可資補充對勘。

　　《宋史》載，兩宋不少學者試圖恢復先秦的詩教傳統，將《詩》與「樂」、「禮」結合起來，承續「聲詩之學」，而不僅僅是釋義，有代表性的就是張載和朱熹：

> 宋朝湖學之興，老師宿儒痛正音之寂寥，嘗擇取《二南》、《小雅》數十篇，寓之塤籥，使學者朝夕詠歌。自爾聲詩之學，爲儒者稍知所尚。張載嘗慨然思欲講明，作之朝廷，被諸郊廟矣。朱熹述爲詩篇，彙於學禮，將使後之學者學焉。〔註133〕

《正蒙·樂器篇第十五》：

> 樂器有相，周召之治與！其有雅，太公之志乎！雅者正也，直己而行正也，故訊疾蹈属者，太公之事耶！《詩》亦有《雅》，亦正言而直歌之，無隱諷譎諫之巧也。〔註134〕

象武，武王初有天下，象文王武功之舞，歌《維清》以奏之。大武，武王沒，嗣王象武王之功之舞，歌《武》以奏之。《酌》，周公沒，嗣王以武功之成由周公，告其成於宗廟之歌也。〔註135〕

　　此處的《武》、《酌》實爲歌名，是歌頌武王伐紂的《大武》組歌的一部分，《大武》有六首，除這兩首外，還有《桓》、《賚》、《般》等，王國維和陳子展先生結合《禮記》和詩歌內容對餘下的一首及它們的次序進行了考證（參見《詩經直解》）。張載注重《詩》與樂的關係，「《詩》亦有《雅》，

〔註132〕劉毓慶：《歷代詩經著述考（先秦——元代）》，中華書局，2002 年，第 156 頁。

〔註133〕《宋史》卷一百四十二《志第九十五》。

〔註134〕《正蒙·樂器篇第十五》，載〔宋〕張載：《張載集》，中華書局，1978 年，第 55 頁。

〔註135〕《正蒙·樂器篇第十五》，載〔宋〕張載：《張載集》，中華書局，1978 年，第 55 頁。按：「歌《維清》以奏之」下張氏原注「成童學之」，「歌《武》以奏之」下張氏原注「冠者舞之」，「告其成於宗廟之歌也」下張氏原注「十三舞焉」；《武》、《酌》兩處的書名號爲筆者所加。

亦正言而直歌之，無隱諷譎諫之巧也」，已是反駁《詩序》的觀點了，「舊
說」之說已受到了挑戰。「雅者正也，直己而行正也」，是他對《詩經》反
映的「修」「齊」功能的體會，和「聲詩之學」結合起來就是所謂的「政教」
吧。

不過，張載對《六經》的確很重視，據他所說每年要巡迴反覆閱讀，「《六
經》循環，年欲一觀」，目的是「治心」，「觀書以靜爲心，但只是物，不入心，
然人豈能長靜，須以制其亂」〔註136〕。因此，他論讀書總是和「維持此心」、
「了悟義理」聯繫在一起，如：

　　蓋書以維持此心，一時放下則一時德性有懈，讀書則此心常在，
　不讀書則終看義理不見。〔註137〕

　　遊心經籍義理之間。〔註138〕

　　人之迷經者，蓋己所守未明，故常爲語言可以移動。己守既定，
　雖孔孟之言有紛錯，亦須不思而改之，復鋤去其繁，使詞簡而意備。
〔註139〕

　　發源端本處既不誤，則義可以自求。〔註140〕

　　觀書解大義，非聞也，必以了悟爲聞。〔註141〕

　　心解則求義自明，不必字字相校。譬之目明者，萬物紛錯於前，
　不足爲害，若目昏者，雖枯木朽株皆足爲梗。〔註142〕

儘管張載指出讀書的目的一是維持「此心」（也即本心），使「此心」常在，

〔註136〕《經學理窟・義理》，載〔宋〕張載：《張載集》，中華書局，1978 年，第 277
　　　　頁。

〔註137〕《經學理窟・義理》，載〔宋〕張載：《張載集》，中華書局，1978 年，第 275
　　　　頁。

〔註138〕《經學理窟・義理》，載〔宋〕張載：《張載集》，中華書局，1978 年，第 276
　　　　頁。

〔註139〕《經學理窟・義理》，載〔宋〕張載：《張載集》，中華書局，1978 年，第 277
　　　　頁。

〔註140〕《經學理窟・義理》，載〔宋〕張載：《張載集》，中華書局，1978 年，第 277
　　　　頁。

〔註141〕《經學理窟・學大原下》，載〔宋〕張載：《張載集》，中華書局，1978 年，
　　　　第 283 頁。

〔註142〕《經學理窟・義理》，載〔宋〕張載：《張載集》，中華書局，1978 年，第 276
　　　　頁。

不使德性有任何鬆懈倦怠；二是用以探求義理，「不讀書則終看義理不見」，「志於道者，能自出義理，則是成器」〔註143〕。但張載更加強調「此心」與「義理」之間的關係，能否探求到義理，關鍵是看「此心」是否自明，「發源端本處既不誤，則義可以自求」，「心解則求義自明」，所以最終讀書便成爲如何「治心」──使這個「發源端本處」「不誤」的過程了，這是比較典型的以「心性義理」爲闡釋經典目標和歸宿的思想，在南宋有集中的體現。朱子重視字斟句校，陸九淵則相反，重心明，實則是張載主張的邏輯展開。

儘管他更加注意《周禮》、《易傳》、《論語》、《孟子》、《中庸》等著作〔註144〕，但也認爲「《詩》《書》無舛雜」〔註145〕。張載表彰《論》《孟》、引《中庸》的地方很多，《大學》較少，二程修改《大學》章句次序，朱熹作《章句集注》首列《大學》，可見《四書》之學的發展次第。這有助於把握張載解讀《詩經》的思想基礎和義理來源。

張載特別重視《詩經》的治身齊家功能，和對《論語》、《孟子》、《中庸》、《大學》的涵泳所得有關。先是號召從家人做起，「『人而不爲《周南》《召南》，其猶正牆面而立』，近使家人爲之。世學泯沒久矣，今試力推行之」〔註146〕，「人不爲《周南》、《召南》，其猶正牆面而立，常深思此言誠是，不從此行，甚隔著事，向前推不去。蓋至親至近莫甚於此，故須從此始」〔註147〕，引文出自《論語・陽貨》「子謂伯魚曰：『女爲《周南》《召南》矣乎？人而不爲《周南》《召南》，其猶正牆面而立也與？』」朱熹注「《周南》《召南》，《詩》首篇名。所言皆修身齊家之事」〔註148〕。張載在《女戒》中引用《斯干》、《何彼

〔註143〕《經學理窟・義理》，載〔宋〕張載：《張載集》，中華書局，1978年，第274頁。

〔註144〕「要見聖人，無如《論》《孟》爲要。《論》《孟》二書於學者大足，只是須涵泳」（《經學理窟・義理》，載《張載集》，第272頁）；「學者信書，且須信《論語》《孟子》」，「《中庸》《大學》出於聖門，無可疑者」（《經學理窟・義理》，載《張載集》，第277頁）。

〔註145〕《經學理窟・義理》，載〔宋〕張載：《張載集》，中華書局，1978年，第277頁。

〔註146〕《經學理窟・自道》，載〔宋〕張載：《張載集》，中華書局，1978年，第291頁。

〔註147〕《拾遺・近思錄拾遺》，載〔宋〕張載：《張載集》，第378頁。按：標有「《詩說》」字樣。

〔註148〕《論語集注》卷九《陽貨第十七》，載〔宋〕朱熹：《四書章句集注》，第178頁。

禮矣》詩，強調女子要遵守婦德，即使貴爲周王之女，也要操持家務，注重德行，「惟非惟儀，女生則戒。王姬肅雍，酒食是議」〔註149〕。張載主張躬行實踐，「惟審己分乾乾」（《鞠歌行》）〔註150〕，通過遵守禮法來體悟學問，「聖心難用淺心求，聖學須專禮法修」（《聖心》）〔註151〕，在禮法倫常中體悟仁民、愛物、制禮、作樂的用意，如：

> 觀書必總其言而求作者之意。〔註152〕

> 盟詛決非周公之意，亦不可以此病周公之法，又不可以此病《周禮》。《詩》云：『侯詛侯咒，靡屆靡究。』不與民究極，則必至於詛咒。〔註153〕

> 張橫渠云，「讀《詩》於『絺兮綌兮，淒其以風』而有得。」又謂「晉人每誦『吉甫作頌，穆如清風』，此皆得於《詩》者淺也。《烝民》一詩，全篇精奧，豈只此兩句可誦而已。如《車攻》云，『之子于征，有問無聲。允矣君子，展也大成。』如《江漢》云，『明明天子，令聞不已，矢其文德，洽此四國。』觀此議論，豈不正大；其句法雄健，豈後人可及。屬王之世亂矣，宣王一出整頓，精彩大異，見之歌詩便有盛時氣象。只宣王一世，隨手壞了，幾至亡國。一興一亡如反覆手，可畏哉！」〔註154〕

所以被王夫之評爲「要以反求大正之中道，此由博反約之實學」〔註155〕。

〔註149〕《文集佚存·女戒》，載《張載集》，第354～355頁。按：「女生則戒」下張氏原注「在《毛詩·斯干篇》」，「酒食是議」下張氏原注「周王之女亦然」。

〔註150〕《文集佚存·雜詩·鞠歌行》，載〔宋〕張載：《張載集》，中華書局，1978年，第367頁。

〔註151〕《文集佚存·雜詩·聖心》，載《張載集》，第368頁。張載對這些詩歌很自信，稱「近作十詩，信知不濟事，然不敢決道不濟事」（《經學理窟·自道》，載《張載集》，第289頁）。

〔註152〕《經學理窟·義理》，載〔宋〕張載：《張載集》，中華書局，1978年，第275頁。

〔註153〕《經學理窟·周禮》，載〔宋〕張載：《張載集》，中華書局，1978年，第248頁。標點略作改動。

〔註154〕〔宋〕王柏：《詩疑》，顧頡剛校點本，景山書社，1930年，第25～26頁。按：「絺兮綌兮，淒其以風」出自《邶風·綠衣》；「之子于征，有問無聲」的「問」疑應爲「聞」字。

〔註155〕〔清〕王夫之：《張子正蒙注》卷五《至當篇》，章錫琛校點本，古籍出版社，1956年，第150頁。

又如解《論語》與《詩大序》涉及的《詩》興、觀、群、怨四種功能，皆落至倫理上，修己守禮，已是心性義理學的闡釋觀念：

興己之善，觀人之志，群而思無邪，怨而止禮義。入可事親，出可事君，但言君父，舉其重者也。〔註156〕

若和《毛傳》、《詩序》、《鄭箋》等感發志意、觀風俗興衰、和睦上下、發泄怨憤的解釋相比較〔註157〕，側重心性的特徵更明顯。

對於「在心為志，發言為詩」的傳統解釋，他充滿哲學思辨地解為「志至詩至，有象必可名，有名斯有體，故禮亦至焉」〔註158〕，其實質是反對《詩大序》割裂心和言、志和詩的做法，運用體用不離的思想論證了它們的統一性，並推斷出與禮的緊密聯繫。無論是在方法上還是思想上已大異於漢唐學者，也克服了王安石陰陽二分思想的割裂傾向。正是在象、名、體三者合一的思想指導下，他解《詩》時往往由詩文的禮儀外部描寫來推斷人物心性，並作為落腳點，如解《周南·卷耳》：

採枲耳，議酒食，女子所以奉賓祭、厚君親者足矣；又思酌使臣之勞，推及求賢審官，王季、文王之心，豈是過歟！〔註159〕

《卷耳》，念臣下小勞則思小飲之，大勞則思大飲之，甚則知其怨苦噓歎。婦人能此，則險詖私謁害政之心知其無也。〔註160〕

又如解《小雅·棠棣》詩：「『鄂不韡韡』，兄弟之見不致文於初，本諸誠也。」〔註161〕「鄂不韡韡」一般作「鄂不韡韡」，雖然還沒有完全擺脫《詩序》的影響，但取向已有明顯不同。其他如《唐風·采苓》「厚之至」、《邶風·簡兮》譏賢者「太簡」「甚則不恭焉」〔註162〕、《豳風·破斧》「愛人之至也」、《豳風·

〔註156〕《正蒙·樂器篇第十五》，載〔宋〕張載：《張載集》，中華書局，1978 年，第 55 頁。

〔註157〕朱熹解為「感發志意」、「考見得失」、「和而不流」、「怨而不怒」（《論語集注》卷九《陽貨第十七》）。

〔註158〕《正蒙·樂器篇第十五》，載〔宋〕張載：《張載集》，中華書局，1978 年，第 55 頁。

〔註159〕《正蒙·樂器篇第十五》，載〔宋〕張載：《張載集》，中華書局，1978 年，第 56 頁。

〔註160〕《正蒙·樂器篇第十五》，載〔宋〕張載：《張載集》，中華書局，1978 年，第 56 頁。

〔註161〕《正蒙·樂器篇第十五》，載〔宋〕張載：《張載集》，中華書局，1978 年，第 56 頁。

〔註162〕《正蒙·樂器篇第十五》，載〔宋〕張載：《張載集》，中華書局，1978 年，

狼跋》「感人心於和平也」〔註163〕等。尤其是他讀書獨得「天地之道」的心性歸宿，「幽贊天地之道，非聖人而能哉！詩人謂『后稷之穡有相之道』，贊化育之一端也」〔註164〕，把這一點抖落得更加淋漓盡致。無怪《宋史》評張載之學「尊禮貴德、樂天安命，以《易》爲宗，以《中庸》爲體，以《孔》《孟》爲法，黜怪妄，辨鬼神」，重視「知禮成性、變化氣質之道」〔註165〕。

二、文質相得、體用不離

張載雖然也未擺脫對「禮」的關注，但是他論禮的方式和體現的思想已經發生了細微的變化。

> 禮矯實求稱，或文或質，居物〔之〕後而不可常也。他人才未美，故（絢）〔宜〕飾之以文，莊姜才甚美，（乃更絢之用質素）〔故宜素以爲絢〕〔註166〕。下文「繪事後素」，素謂其材，字雖同而義施各異。故設色之工，材黃白者必繪以青赤，材赤黑必絢以粉素。
> 〔註167〕

此段材料也見於《張子語錄》，雖略顯繁瑣，但更加明瞭：

> 「巧笑倩兮，美目盼兮，素以爲絢兮。」孔子曰：「繪事後素。」子夏曰：「禮後乎？」禮（物）因物取稱，或〔文或質，居〕物之後而不可常也。他人之才未（善）〔美〕，故宜飾之以文，莊姜才甚美，故宜素以爲絢。〔下文「繪事後素」，〕〔註168〕二素字用不同而義不相害。倩盼者，言其質美也，婦人生而天才有甚美者，若又飾之以文未宜，故復當以素爲絢。禮之用不必只以文爲飾，但各物上各取其稱。文太盛則反素，若衣錦尚褧，禮太盛則尚質，如祭天掃地。繪事以言其飾也，素以言其質也。素不必白，但五色未有文

第 56 頁。

〔註163〕《正蒙・樂器篇第十五》，載〔宋〕張載：《張載集》，中華書局，1978 年，第 57 頁。

〔註164〕《正蒙・樂器篇第十五》，載〔宋〕張載：《張載集》，中華書局，1978 年，第 55 頁。

〔註165〕《宋史》卷四百二十七《列傳第一百八十六・道學一・張載》，第 12724 頁。

〔註166〕點校者按：「以上均依《語錄下》改。」

〔註167〕《正蒙・樂器篇第十五》，載〔宋〕張載：《張載集》，中華書局，1978 年，第 55 頁。

〔註168〕點校者按：「以上依《正蒙・樂器篇》訂正。」

者皆曰素，猶人言素地也，素地所以施繪。子夏便解夫子之意，曰
「禮後乎」，禮所以爲飾者也，素字使處雖別，但害他子夏之意不
得。〔註169〕

前兩則材料相關，點校者採取了互勘的方法予以校訂，各正其宜，很巧
妙。其中的「巧笑倩兮，美目盼兮」出自《衛風·碩人》，在《導論》部分追
溯解《詩》的兩種傳統時，曾作過討論，認爲這是以禮解《詩》的濫觴。「素
以爲絢兮」，宋代直至今天學者多認爲是「逸詩」〔註170〕，而張載並沒有追究
這句到底是詩文本身、逸詩還是詩的釋文，而是作爲一個整體來把握的。觀
點也不是側重禮與質的先後，而是強調禮與質的相得益彰，「禮矯實求稱，或
文或質，居物〔之〕後而不可常」，「禮（物）因物取稱」，「禮之用不必只以
文爲飾，但各物上各取其稱」，有兼濟相得的意思。後來楊時就主要側重質來
談，漸漸地轉到心性路上去了，這是一個信號（參見第七章《兩宋之際〈詩
經〉學管窺》）。

前文提過，張載受《周易》影響也很大。這同樣滲透在他對《詩經》的
認識上，表現爲以乾坤陰陽的思想來把握某些篇章主旨。

首先它將《二南》視爲乾坤，「《周南》《召南》如乾坤」〔註171〕。類似
這樣的話，柳開也曾提過，但不及張載明確簡潔。這實際上是從義理角度把
握《周南》與《召南》之間的關係，較漢唐學者的「后妃之德」與「夫人之
德」的區別更加抽象，強調《二南》在整個《詩三百》中的位置，正如父母
卦在《周易》中的位置一樣，是解讀《詩經》的基礎和起點。後來程頤與朱
熹（尤其是朱熹，在《詩序辨說》與《詩經集傳》中有細微的區別），由后妃
而轉系之於文王，《大學》的「綱領」「條目」解說開始被突顯了。張載早已
注意到這個問題，他說「『上天之載，無聲無臭』，但儀刑文王則可以取信家
邦，言〔當〕〔註172〕學文王者也」〔註173〕。

張載的陰陽是氣的屬性，與氣不離。這和王安石分離體用的陰陽觀不同。

〔註169〕《張子語錄·語錄下》，載〔宋〕張載：《張載集》，中華書局，1978 年，第
　　　　333〜334 頁。
〔註170〕《論語集注》卷二《八佾第三》。
〔註171〕《經學理窟·詩書》，載〔宋〕張載：《張載集》，中華書局，1978 年，第 255
　　　　頁。
〔註172〕點校者按：「『當』字依《抄釋》補。」
〔註173〕《經學理窟·詩書》，載〔宋〕張載：《張載集》，中華書局，1978 年，第 255
　　　　頁。

如解《邶風‧蝃蝀》：

> 陰氣薄而日氣見也。有二者，其全見者是陰氣薄處，不全見者
> 是陰氣厚處。〔註174〕

> 日出而陰升自西，日迎而會之，雨之候也，喻婚姻之得禮者也；
> 日西矣而陰生於東，喻婚姻之失道者也。〔註175〕

後一句雖未有「氣」這個字眼，但實指氣。《生民》「張氏（載）曰：生民之事
不足怪，人固有無種而生。當民生之始，何嘗便有種？固亦因化而有」〔註176〕，
與張載重「化」、虛氣相即的觀點一致。

　　張載並沒有孤立地看「氣」，而是和它的屬性等結合起來，貫徹的還是
文質、體用不即不離的思想。如他比較系統地考察人的氣與環境、人情與人
氣、人情與音樂的關係，從而對「鄭衛之音」作出了近乎地理學的解釋。宋
代多部典籍都曾引用過這番話，足見其影響。比較有代表性的是《經學理窟‧
禮樂》、《詩經集傳‧衛風》、《吹劍三錄》等，文字及順序略有出入，可資比
較。

《經學理窟‧禮樂》：

> 鄭衛之音，自古以為邪淫之樂，何也？蓋鄭衛之地濱大河，沙
> 地土不厚，其間人自然氣輕浮；其地土苦，不費耕耨，物亦能生，
> 故其人偷脫怠惰，弛慢頹靡。其人情如此，其聲音同之，故聞其樂，
> 使人如此懶慢。其地平下，其間人自然意氣柔弱怠惰；其土足以生，
> 古所謂「息土之民不才」者此也。若四夷則皆據高山溪谷，故其氣
> 剛勁，此四夷常勝中國者此也。〔註177〕

《詩經集傳‧衛風》：

> 張子曰：「衛國地濱大河，其地土薄，故其人氣輕浮；其地平下，
> 故其人質柔弱；其地肥饒，不費耕耨，故其人心怠惰。其人情性如

〔註174〕《經學理窟‧詩書》，載〔宋〕張載：《張載集》，中華書局，1978 年，第 255
　　　　頁。

〔註175〕《正蒙‧樂器篇第十五》，載〔宋〕張載：《張載集》，中華書局，1978 年，
　　　　第 57 頁。

〔註176〕〔宋〕呂祖謙：《呂氏家塾讀詩記》卷二十六《生民》，叢書集成初編本，第
　　　　568 頁。

〔註177〕《經學理窟‧禮樂》，載〔宋〕張載：《張載集》，中華書局，1978 年，第 263
　　　　頁。

此，則其聲音亦淫靡，故聞其樂使人懈慢，而有邪僻之心也。」鄭
詩放此。〔註178〕

《吹劍三錄》：

　　橫渠曰：「鄭衛之音，號爲淫樂。蓋地濱大河，沙土不厚，故其
人輕浮；地土平下，故其人柔弱，所以聲音隨之，聞其樂自然解（懈）
慢。其土不甚費耕耨，物亦能生，故其人偷脫怠墮，弛慢頹靡。古
所謂息土之民不才者，此也。若四夷則居高山溪谷，故其氣剛勁，
常能勝中國。」文豹謂：「澤國之人柔弱，山國之人強健，固必然之
理。然亦繫乎方土。自古關隴以西，幽燕以北，人皆剛健，勇於戰
鬥者，以西北嚴凝之氣使然；兩浙與江東西，山最多，其民卻多脆
弱，而亦罕見兵革，蓋居東南溫厚之地也。惟淮甸山水相半，其民
自古常衽金革。……」〔註179〕

　　在文字形式上，《經學理窟・禮樂》所引文字不簡潔，表達順序紊亂不清；
朱熹《詩經集傳・衛風》引時作了節略，只選重要的部分，順序也進行了調
整，從兩個方面分述土地位置與人「氣」「質」、耕種難易與人「心」的關係，
總之以「情性」，再推及音樂，語言簡潔，層次井然；南宋末年俞文豹的《吹
劍三錄》並未顧及朱熹的更改，而是合併了《經學理窟・禮樂》中描寫地理
位置的兩句話，層次較清晰，但不及朱熹改易。在思想內容上，張載對「鄭
衛之音」的看法及原因分析，立足於地理對人氣質、心性的影響，而以「氣」
爲本爲始，即以氣之強弱論風土人情和詩歌風格，與其「氣學」的學術主張
有關，或者可以說是其哲學思想在《詩經》研究中的折射，但未注意到社會
生活和歷史傳統對民風的影響。朱熹未作評價，但改動較大，聯繫《經學理
窟・禮樂》與《吹劍三錄》，《詩經集傳・衛風》在「聞其樂使人懈慢」後增
加了一句「而有邪僻之心也」，並和「鄭詩」並列起來，自然也將「衛之音」
視爲「衛詩」了。而張載將「鄭衛之聲」與「鄭衛之詩」區分了開來，側重
音樂（當然也許和他主張的「聲詩之道」有關）：

　　鄭衛之音悲哀，令人意思留連，又生怠惰之意，從而致驕淫之

〔註178〕〔宋〕朱熹：《詩經集傳》卷二《國風一・衛一之五》，《四庫全書（文淵閣本）》
　　　　（第72冊），第775頁。
〔註179〕〔宋〕俞文豹：《吹劍錄全編・吹劍三錄》，張宗祥校訂本，古典文學出版社，
　　　　1958年，第58～59頁。

心，雖珍玩奇貨，其始感人也亦不如是切，從而生無限嗜好，故孔子曰必放之。亦是聖人經歷過，但聖人能不爲物所移耳。〔註180〕

移人者莫甚於鄭衛，未成性者皆能移之，所以夫子戒顏回也。〔註181〕

可見，這個從音樂角度來斷定「鄭衛之音」的標準是一貫的，認爲所「放」和「移人」者正是這些樂曲。這裡同時滲透著對文（音樂形式）與質（價值功能）的關係分析。至於張載未注意社會生活和歷史傳統對民風的影響，俞文豹的補充文字正彌補了這個不足。

三、萬事只一天理

張載在《詩》與禮、樂中最終要探求的是「理」或「天理」，顯示他自覺的理學學術追求。認爲「聲音之道，與天地同和，與政通」，「律呂有可求之理，德性深厚者必能知之」〔註182〕。既肯定了「聲音」之道具有「理」，又指出知「理」的條件是「德性深厚」，和主體的修養境界聯繫了起來。

因爲張載主張恢復古代的「聲詩之道」，所以這個理論基點是一致的。如何求得《詩》的本義？

古之能知《詩》者，惟孟子爲以意逆志也。夫《詩》之志至平易，不必爲艱險求之，今以艱險求《詩》，則已喪其本心，何由見詩人之志！〔註183〕

張氏（載）曰：「求《詩》者貴平易，不要崎嶇，求合詩人之情，溫厚平易老成。今以崎嶇求之，其心先狹隘，無由可見。詩人之情本樂易，只爲時事拂其樂易之性，故以詩道其志。後千餘年樂府皆淺近，只是流連光景、閨門夫婦之意，無有及民憂思大體者。」〔註184〕

置心平易始通詩，逆志從容自解頤。文害可嗟高叟固，十年聊

〔註180〕《拾遺·近思錄拾遺》，載《張載集》，中華書局，1978年，第378頁。按：爲《禮樂說》。

〔註181〕《經學理窟·禮樂》，載〔宋〕張載：《張載集》，中華書局，1978年，第263頁。

〔註182〕《經學理窟·禮樂》，載〔宋〕張載：《張載集》，中華書局，1978年，第263頁。

〔註183〕《經學理窟·詩書》，載〔宋〕張載：《張載集》，中華書局，1978年，第256頁。

〔註184〕〔宋〕呂祖謙：《呂氏家塾讀詩記》卷一《綱領》，叢書集成初編本，第4頁。

用勉經師。〔註185〕

他繼承歐陽修的看法，認爲本義是「詩人之志」的體現。而要獲悉這個「詩人之志」，必訴諸於孟子的「以意逆志」之法，「逆」又和「本心」相關聯，失掉「本心」便不能更好地「逆」，也就不能獲得「詩人之志」。《題解詩後》表義與上例相同，其中的「逆志從容自解頤」化用《孟子·萬章上》「說詩者，不以文害辭，不以辭害志。以意逆志，是爲得之」〔註186〕，「文害可嗟高叟固」也是化用《孟子·告子下》中的「固哉，高叟之爲詩也」〔註187〕。當然，這裡還反映了張載對「平易」「簡易」學術風格的追求。

張載對《詩》「志」「平易」的認定反映並決定於其學術風格。張載重視《易傳·繫辭》提出的「易簡」，《宋史》認爲張載之學「以《易》爲宗，以《中庸》爲體，以孔孟爲法」（《宋史·道學傳·張載傳》）。「易簡理得則知幾，知幾然後經可正。天下達道五，其生民之大經乎！經正則道前定，事豫立，不疑其所行，利用安身之要莫先焉」〔註188〕，這裡的「經」或「大經」是指五常，「性天經然後仁義行，故曰『有父子、君臣、上下，然後禮義有所措』」〔註189〕，即父子君臣上下的綱常倫理內化爲人的「性」，即「性天經」〔註190〕，王夫之解爲「性天經者，知大倫之秩敍自天，本吾性自然之理，成之爲性，安焉而無所勉強也」〔註191〕。主張「易簡然後能知險阻，易簡理得然後一以貫天下之道。易簡故能悅諸心，知險阻故能研諸慮，知幾爲能以屈爲伸」〔註192〕。可

〔註185〕《文集佚存·雜詩·題解詩後》，載〔宋〕張載：《張載集》，中華書局，1978年，第369頁。

〔註186〕《孟子集注》卷九《萬章章句上》，載〔宋〕朱熹：《四書章句集注》，第306頁。

〔註187〕《孟子集注》卷十二《告子章句下》，載〔宋〕朱熹：《四書章句集注》，第340頁。

〔註188〕《正蒙·至當篇第九》，載〔宋〕張載：《張載集》，中華書局，1978年，第34頁。

〔註189〕《正蒙·至當篇第九》，載〔宋〕張載：《張載集》，中華書局，1978年，第34頁。

〔註190〕按：此處的「天經」與前文的「大經」，語義相同，「天經」側重來源，「大經」側重意義。今多本《正蒙》或《正蒙注》保留了這種語言差異。有無因字形而形成的訛誤，暫難確定。

〔註191〕〔清〕王夫之：《張子正蒙注》卷五《至當篇》，章錫琛校點本，古籍出版社，1956年，第150頁。

〔註192〕《正蒙·至當篇第九》，載〔宋〕張載：《張載集》，中華書局，1978年，第36頁。

見之所以重視易簡，在張載看來，只有如此，才能「易簡理得然後一以貫天下之道」，目的是為了知悉「道」或「理」，張載認為「循天下之理之謂道，得天下之理之謂德」〔註193〕，王夫之解「性，謂理之具於心者」〔註194〕，三個概念皆是以「理」為核心的。又如：

> 德不勝氣，性命於氣；德勝其氣，性命於德。窮理盡性，則性天德，命天理，氣之不可變者，獨死生修夭而已。故論死生則曰「有命」，以言其氣也；語富貴則曰「在天」，以言其理也。此大德所以必受命，易簡理得而成位乎天地之中也。所謂天理也者，能悅諸心，能通天下之志之理也。〔註195〕

這段文字從更廣闊的角度深入論證了這個道理。依據是張載對「德」與「氣」關係的認識，王夫之將其解為「繼善而得其性之所固有曰德。此言氣者，謂偏氣成形，而氣即從偏發用者也」〔註196〕，也可以說「德」即「天地之性」，「氣」即「氣質之性」，而後者可化可變可復歸於中正，通過「窮理盡性」恢復「天地之性」，「善反之，則天地之性存焉」〔註197〕，則以「天德」為性，以「天理」為命〔註198〕，即成聖賢。末一句「所謂天理也者，能悅諸心，能通天下之志之理也」，與前面「易簡故能悅諸心」恰可互相補充，將這種「通天下之志之理」的目的表達得很清楚。

不過，張載解《詩》並非全都落實了這個平易的主張，如《召南・江有汜》、《秦風・晨風》、《小雅・鶴鳴》、《小雅・都人士》、《小雅・漸漸之石》等〔註199〕，因此，朱熹指出「橫渠云：『置心平易始知《詩》。』然橫渠解《詩》

〔註193〕《正蒙・至當篇第九》，載〔宋〕張載：《張載集》，中華書局，1978 年，第32 頁。

〔註194〕〔清〕王夫之：《張子正蒙注》卷五《至當篇》，章錫琛校點本，古籍出版社，1956 年，第 147 頁。

〔註195〕《正蒙・誠明篇第六》，載〔宋〕張載：《張載集》，中華書局，1978 年，第23 頁。

〔註196〕〔清〕王夫之：《張子正蒙注》卷三《誠明篇》，章錫琛校點本，古籍出版社，1956 年，第 94 頁。

〔註197〕《正蒙・誠明篇第六》，載〔宋〕張載：《張載集》，中華書局，1978 年，第23 頁。

〔註198〕王夫之解為「與天同德，則天之化理在我矣」（〔清〕王夫之：《張子正蒙注》卷三《誠明篇》，章錫琛校點本，古籍出版社，1956 年，第 94 頁）。

〔註199〕《召南・江有汜》「江沱之勝以類行而欲喪朋，故無怨；嫡以類行而不能喪其朋，故不以勝備數，卒能自悔，得安貞之吉，乃終有慶而其嘯也歌」，《秦風・

多不平易」〔註200〕，評價不無道理。

　　易簡可以幫助解《詩》者恢復「本心」，張載認為「詩全是人之情性，須先得詩人之心，然後觀玩易入。凡書皆然，大抵聖人語言，盡由德性中出，故須先得其心，則詠其言易以入也」，又認為「詩人之志至平易，故無艱險之言，以平易求之，則思遠以廣，愈艱險則愈淺近矣。大率所言皆自前事，而義理存乎其中矣」〔註201〕。這裡蘊含著等同情、性、志的傾向，較漢唐學者更加深入，未停留在志與情的層面，而是深入性的層次，並將情性並觀。正因為如此，「以意逆志」，才有可能把握到詩文中蘊藏的「詩人之志」（也是本心）和天理。這個方面在《正蒙》和有關《詩》解中論述的比較充分。如：

　　　　「順帝之則」，此不失赤子之心也，冥然無所思慮，順天而已。
　　赤子之心，人皆不可知也，惟以一靜言之。〔註202〕

　　　　文王之於天下，都無所與焉。「文王陟降，在帝左右」，只觀天
　　意如何耳。觀《文王》一篇，便知文王之美，有君人之大德，有事
　　君之小心。〔註203〕

　　這種「赤子之心」、「大德」、「小心」即人的「本心」，也是天理所具之處，是君子「性」的體現。所以：

　　　　「不識不知，順帝之則」，有思慮知識，則喪其天矣。君子所性，
　　與天地同流異行而已焉。〔註204〕

晨風》「『鴥彼晨風，鬱彼北林』，晨風雖摯擊之鳥，猶時得退而依深林而止也」，《小雅·鶴鳴》「鶴鳴而子和，言出之善者與！鶴鳴魚潛，畏聲聞之不藏者與」，《小雅·都人士》「『綢直如髮』，貧者紒縱無餘，順其發而直韜之爾」，《小雅·漸漸之石》「《漸漸之石》言，『有豕白蹢，烝涉波矣』，豕之負塗曳泥，其常性也；今豕足皆白，眾與涉波而去，水患之多為可知也」（這幾例均出自《正蒙·樂器篇第十五》，載《張載集》，第56、57頁）。

〔註200〕《朱子語類》卷八十。按：「置心平易始知《詩》」的「知《詩》」，今本《張載集》作「通詩」，略有出入。

〔註201〕〔宋〕呂祖謙：《呂氏家塾讀詩記》卷一《綱領》，叢書集成初編本，第4頁。

〔註202〕《經學理窟·詩書》，載〔宋〕張載：《張載集》，中華書局，1978年，第255～256頁。

〔註203〕《經學理窟·詩書》，載〔宋〕張載：《張載集》，中華書局，1978年，第256頁。

〔註204〕《正蒙·誠明篇第六》，載《張載集》，第23頁。按：所引詩句出自《大雅·文王之什·皇矣》第七章「帝謂文王，予懷明德，不大聲以色，不長夏以革；不識不知，順帝之則。帝謂文王，詢爾仇方，同爾弟兄；以爾鉤援，與爾臨衝，以伐崇墉」。

「在帝左右」，察天理而左右也，天理者時義而已。君子教人，

舉天理以示之而已；其行己也，述天理而時措之也。〔註205〕

有「思慮知識」是說「欲」有發動，則氣有偏差不正，即「喪其天」，蒙蔽了「天地之性」，這不是君子「所性」。君子與天地同流異行，昭昭然天理無處不在，即「『在帝左右』，察天理而左右也」，王夫之對此句作了發揮，解為「無不在之謂察。左右者，與時偕行而無所執也」〔註206〕，連同下幾句一起詮解了，所以下幾句只是結合實際舉舉例子而已。這種「時中」觀念還表現在幾首詩中，如張載解《周頌‧閔予小子》「『陟降庭止』，上下無常，非為邪也，進德修業，欲及時也」，《大雅‧文王》「『在帝左右』，所謂欲及時者與！」〔註207〕王柏在《大雅‧板》中引張載說「天體物而不遺，此言無一物之非天也。此八句反覆再三，而不若『上帝臨女（汝），無貳爾心』八字之為約也」〔註208〕，「無貳爾心」即誠，即無人為，即無偽，旨趣是一致的，「萬事只一天理」〔註209〕。《大雅‧板》第八章朱子注引「張子曰：『天體物而不遺，猶仁體事而無不在也。禮儀三百，威儀三千，無一事而非仁也。昊天曰明，及爾出王；昊天曰旦，及爾遊衍，無一物之不體也。』」〔註210〕也是同樣的道理。

但是張載所指的「天」決不是自然的「天」，也不是有意志的人格化的「天」，「天無心，心都在人之心。一人私見固不足盡，至於眾人之心同一則卻是義理，總之則卻是天。故曰天曰帝者，皆民之情然也，謳歌訟獄之不之焉，人也而以為天命」〔註211〕，使他的論斷落腳在人心與人事上，所以帶有較強的倫理色彩，「天」也就成了「義理」的共名。但又說「天之知物不以耳目心思，然知之之理過於耳目心思。天視聽以民，明威以民，故《詩》《書》

〔註205〕《正蒙‧誠明篇第六》，載《張載集》，第23～24頁。按：所引詩句出自《大雅‧文王之什‧文王》第一章「文王在上，於昭于天。周雖舊邦，其命維新。有周不顯，帝命不時。文王陟降，在帝左右」。

〔註206〕〔清〕王夫之：《張子正蒙注》卷三《誠明篇》，章錫琛校點本，古籍出版社，1956年，第97頁。

〔註207〕《正蒙‧樂器篇第十五》，載〔宋〕張載：《張載集》，中華書局，1978年，第55頁。

〔註208〕〔宋〕王柏：《詩疑》，顧頡剛校點本，景山書社，1930年，第22頁。

〔註209〕《經學理窟‧詩書》，載〔宋〕張載：《張載集》，中華書局，1978年，第256頁。

〔註210〕〔宋〕朱熹：《詩經集傳》卷六《大雅三‧板》，《四庫全書（文淵閣本）》（第72冊），第876頁。

〔註211〕《經學理窟‧詩書》，載《張載集》，中華書局，1978年，第256頁。

所謂帝天之命，主於民心而已焉」〔註212〕，天通過民的視聽來視聽，因為不受有形的感官所限，所以所體察的理也不受感官所限，表面上與前述衝突，天成為一神秘的主體，而張載最終將其歸為「民心」，也是一個共名，在形式上解決了這個衝突，但在實質上「天無心」「天之知物」都在強調這個主體的類人的特質，矛盾並沒有得到根本解決，成為以後理學反思的學術問題之一。

此外，所輯得的資料中還有一些篇章，反映了張載解《詩》以考證歷史、稅制、治國之法等內容，如：

> 后稷之生當在堯舜之中年，而《詩》云「上帝不寧」，疑在堯時高辛子孫為二王後，而詩人稱帝爾。〔註213〕

> 《甫田》「歲取十千」，一成之田九萬畝，公取十千畝，九一之法也。〔註214〕

> 《七月》之詩，計古人之為天下國家，只是豫而已。〔註215〕

但也只是鳳毛麟角，一鱗半爪而已。

總之，張載的《詩經》學體現出心性義理的價值取向，通過解讀《詩經》來獲得「治心」途徑和「天地之道」。在他的《詩經》學中反映出一定的哲學思想，如文質相得、體用不離等。作為理學家，探討「理」或「天理」的特點，指出「理」或「天理」的普遍性、根本性、倫理性，也是張載《詩經》學思想的鮮明特徵。

第三節 程顥、程頤的《詩經》學研究

程顥、程頤的《詩經》學研究，資料比較少，尤其是二程之間的《詩經》學見解特點雖明顯，但往往資料中未標明，需要仔細辨認。有時門人輯錄的言語很難歸屬，也只能籠統地認作二程共同的《詩經》學觀點。如他們的理學思想一樣，雖各有門徑，風格不同，但典籍中也有混雜在一起而難以辨明

〔註212〕《正蒙・天道篇第三》，載〔宋〕張載：《張載集》，中華書局，1978 年，第 14 頁。

〔註213〕《正蒙・樂器篇第十五》，載〔宋〕張載：《張載集》，中華書局，1978 年，第 57 頁。

〔註214〕《正蒙・樂器篇第十五》，載〔宋〕張載：《張載集》，中華書局，1978 年，第 57 頁。

〔註215〕《經學理窟・詩書》，載〔宋〕張載：《張載集》，中華書局，1978 年，第 258 頁。

的情況。所以寧缺勿濫，選有明確歸屬的資料作證據。

一、二程的《詩經》學文獻和「義理」解《詩》取向

《經義考》載「《程子（頤）伊川詩說》，《通考》二卷，存」，「晁公武曰：伊川門人記其師所談之經也」〔註216〕。今人認為，《伊川詩說》又名《詩解》，即《宋史・藝文志》所標「《詩》」類「《新解》，一卷，程頤門人記其師之說」〔註217〕。今主要依據點校本《二程集・河南程氏經說卷第三》所載伊川《詩解》〔註218〕分析程頤的《詩經》學見解，並參考門人所記語錄以及宋代《詩經》學著作中明標出處的例證。另外，《河南程氏外書》卷一載「朱公掞錄拾遺」，包括了對《詩經》部分詩篇主旨、文字、章法、意蘊的探討，基本是《風》詩類，雖然還難以具體區分這些觀點的歸屬，但可以窺察二程解《詩》的基本傾向。

程顥的《詩經》學卻未有專著留下，也不見於《宋史・藝文志》，除混雜在《語錄》中外，常見於楊時等人的稱述和各家的集傳類著作中，但大多相似，寡而單薄，只能管窺一斑。如：

> 明道先生善言《詩》，佗又渾不曾章解句釋，但優游玩味，吟哦
> 上下，便使人有得處。「瞻彼日月，悠悠我思；道之云遠，曷云能來？」
> 思之切矣。終曰：「百爾君子，不知德行。不忮不求，何用不臧！」
> 歸於正也。〔註219〕

這段材料宋代引用者很多，所解詩句出自《邶風・雄雉》，楊時記錄，還見於《呂氏家塾讀詩記》、《詩疑》等，可用來彌補明道《詩經》學材料難辨和少見的不足。又如：

> 伯淳常談《詩》，並不下一字訓詁，有時只轉卻一兩字，點平聲
> 撥地念過，便教人省悟。〔註220〕

> 明道云：「必有《關雎》、《麟趾》之意，然後可行周公法度。」

〔註216〕〔清〕朱彝尊編，朱昆田校：《經義考》卷一百零四，乾隆四十二年（1777年）本，第8頁。

〔註217〕參見劉毓慶：《歷代詩經著述考（先秦——元代)》，中華書局，2002年，第155頁。

〔註218〕〔宋〕程頤：《詩解》，載《二程集・河南程氏經說卷第三》，第1046～1085頁。

〔註219〕《河南程氏外書》卷十二，載《二程集》，第425頁。

〔註220〕《河南程氏外書》卷十二，載《二程集》，第427頁。

〔註221〕

先生曰：「明道嘗言：學者不可以不看《詩》，看《詩》便使人
長一格價。」〔註222〕

《河南程氏遺書》中也有一些明確指為明道論《詩》的材料，比較可靠，如：

「《詩》曰：『天生蒸民，有物有則，民之秉彝，好是懿德。』
故有物必有則，民之秉彝也，故好是懿德。」萬物皆有理，順之則
易，逆之則難，各循其理，何勞於己力哉？〔註223〕

「文王陟降，在帝左右，不識不知，順帝之則」，不作聰明，順
天理也。〔註224〕

《綠衣》，衛莊姜傷己無德以致之，行有不得者，反求諸己而已
矣。〔註225〕

學之興起，莫先於《詩》。《詩》有美刺，歌誦之以知善惡治亂
廢興。禮者所以立也，「不學禮無以立」。樂者所以成德，樂則生已，
生則惡可已也？惡可已，則不知手之舞之，足之蹈之也。若夫樂則
安，安則久，久則天，天則神，天則不言而信，神則不怒而威。至
於如此，則又非手舞足蹈之事也。〔註226〕

大致看，與其學術傾向相似，不注重繁瑣解釋，而重在意會涵泳，以風格簡
約、指點人心為上，目標依然是義理。特別是將研治《詩》與修養身心聯繫
起來，結合禮、樂進行理解，與宋代學者的「六經」觀念也是相吻合的。

其他又如《宋元學案》，撮舉一二：

《詩》《書》中凡有一個主宰的意思皆言「帝」，有一個包涵遍
覆的意思則言「天」，有一個公共無私的意思則言「王」。上下千百
歲中，若合符契。言天之自然者，謂之天道；言天之賦予萬物者，
謂之天命。〔註227〕

〔註221〕《河南程氏外書》卷十二，載《二程集》，第428頁。
〔註222〕《河南程氏外書》卷十二，載《二程集》，第428頁。
〔註223〕《河南程氏遺書》卷十一，載《二程集》，第123頁。
〔註224〕《河南程氏遺書》卷十一，載《二程集》，第130頁。
〔註225〕《河南程氏遺書》卷十一，載《二程集》，第128頁。
〔註226〕《河南程氏遺書》卷十一，載《二程集》，第128頁。
〔註227〕《宋元學案》卷十三《明道學案上》，商務印書館，1934年，第13頁。

　　　　蓋上天之載，無聲無臭，其體則謂之易，其理則謂之道，其用
　　　則謂之神，其命於人則謂之性，率性則謂之道，修道則謂之教。孟
　　　子在其中又發揮出浩然之氣，可謂盡矣。故說神如在其上，如在其
　　　左右，大小疑事，而只曰誠之不可掩，徹上徹下，不過如此。形而
　　　上爲道，形而下爲器，須著如此說，器亦道，道亦器，但得道在，
　　　不繫今與古，己與人。〔註228〕

此兩段也多解《詩經》意，闡述了對天道性命的理解，尤其是道器不離、道
寓於器而又非器的思想。

　　二程解《詩》重視「致知」和「明理」、「易心」和「見理」〔註229〕。程
頤明確地說「凡解文字，但易其心，自見理。理只是人理，甚分明，如一條
平坦底道路。《詩》曰：『周道如砥，其直如矢。』此之謂也。」〔註230〕有學
者認爲「『義理』乃二程《詩》學的核心範疇」，「『義理』是二程《詩》學的
新創，也是宋代《詩》學理學化的重要表現。『義理』的最高範疇是『天理』」
〔註231〕。至於「義理」是不是二程《詩經》學的新創，本文已在第一章中作
了辨明，茲不贅述。「天理」云云皆必須作具體的考察，但二程《詩經》學的
「義理」特徵是抹煞不掉的，已得到學界的認同〔註232〕。

　　二程畢竟是在心性意義上使用「義理」這一概念。二程學術風格和思想
雖有差異，但在對待《詩經》的這一基本立場、信念和方法上卻並無二致。「孔
子刪《詩》，豈只取合於雅頌之音而已，亦是謂合此義理也。如《皇矣》、《烝
民》、《文王》、《大明》之類，其義理，非人人學至於此，安能及此？作詩者
又非一人，上下數千年若合符節，只爲合這一個理，若不合義理，孔子必不
取也。」〔註233〕

　　至於二程《詩經》學和文學的關係，有人認爲「二程《詩》學對情性的
探討，既充分表露了《詩》學研究思路的內轉，又通過對詩篇情感內涵的深
刻分析，體現出宋代以詩看《詩》的文學思想」〔註234〕，但還值得進一步研

〔註228〕《宋元學案》卷十三《明道學案上》，商務印書館，1934 年，第 14 頁。
〔註229〕《河南程氏遺書》卷十八，載《二程集》，第 188、205 頁。
〔註230〕《河南程氏遺書》卷十八，載《二程集》，第 205 頁。
〔註231〕譚德興：《試論程顥程頤的〈詩〉學思想》，載中國詩經學會編：《詩經研究叢
　　　　刊》（第六輯），第 100 頁。
〔註232〕參見《〈詩經〉研究史概要》、《中國歷代詩經學》、《詩經研究史》、《詩經學史》。
〔註233〕《河南程氏遺書》卷二上，載《二程集》，第 40 頁。
〔註234〕譚德興：《試論程顥程頤的〈詩〉學思想》，載中國詩經學會編《詩經研究叢

究和探討。「『誠意』是二程理學體系中的一個重要範疇，但在二程的《詩論》中，『誠意』無疑又具有十分特殊的內涵，它充分表達了二程對理想君臣關係的極度渴望之情。不過，二程的君臣觀也並不是一種永遠不變的迂腐愚忠論，其中也不乏其靈活性」，「二程在充分表達一個理學家忠君情懷的同時，也維繫著士人起碼的個人尊嚴」〔註235〕。但是該作者所舉《秦風·晨風》所謂的君臣關係只是《詩經》學對詩歌本身所作的解釋，也就是詩的「本義」，而且也不是自程頤才有的解釋，似不能反映程頤自己的思想，因此接下來的引申便不能落到實處。這啟發我們在經傳注疏中清理學術思想的複雜和難度，如同考古，須謹慎行事。

二、《詩解》新解：《詩解》不是「雜論」

《伊川詩說》，多經分合，卷數不同，「乃出於一時雜論，非說《詩》專著。此書論《國風》者凡四十五〔註236〕則，論大、小《雅》者凡十九則，《三頌》闕如。程氏於《詩》，大抵謹守毛、鄭，遵《序》為說」，「侈談比興而於《詩》外求意（義），確為漢人家數」〔註237〕。劉氏「謹守毛、鄭，遵《序》為說」「漢人家數」實本《續修四庫全書總目提要》張壽林《伊川詩解提要》。

程頤在《詩解》中有「侈談比興而於《詩》外求意（義）」的迹象，但是否是「一時雜論」，需要從程頤重視的義理角度作具體深入的分析。

程頤賦《詩》以義理，和他對比興手法的態度有關，即興比相混。這種看法並不是自他開始的。「風、賦、比、興、雅、頌，謂之『六義』。賦、比、興是詩人製作之情，風、雅、頌是詩人所歌之用」〔註238〕。「諸侯稟王政，風化一國謂之為風。王者製法於天下，謂之為雅。頌者，容也。賦者，敷也，指事而陳布之也。然物類相從，善惡殊態，以惡類惡名之為比，《牆有茨》比方是子者也；以美擬美謂之為興，歎詠盡韻，善之深也，聽關雎聲和，知后妃能諧和眾妾，在河洲之闊遠，喻門壼之幽深，鴛鴦于飛，陳萬化得所，此

刊》（第六輯），第 108 頁。

〔註235〕譚德興：《試論程顥程頤的〈詩〉學思想》，載中國詩經學會編《詩經研究叢刊》（第六輯），第 120 頁。

〔註236〕劉毓慶少統計一則。

〔註237〕劉毓慶：《歷代詩經著述考（先秦──元代）》，中華書局，2002 年，第 155 頁。

〔註238〕〔唐〕成伯璵：《毛詩指說·解說第二》，《四庫全書（文淵閣本）》（第 70 冊），第 173 頁。

之類也」〔註239〕，也是將「興」和「比」混在一起，且誤作「比」，程頤在《詩解》中的比附也許肇源於此。程頤解《詩》很注意比興，如《檜風‧匪風》、《曹風‧蜉蝣》、《豳風‧伐柯》、《豳風‧狼跋》、《小雅‧南山有臺》、《小雅‧白駒》、《小雅‧白華》、《大雅‧旱麓》、《大雅‧皇矣》等。程頤往往認興爲比，且側重於比，所以比附說《詩》就很常見了，但也明顯地將《詩》和人情、人心聯繫起來，說明其中更「深藏」〔註240〕的義理。《大雅‧皇矣》「『憎』字與增同，憎，心有所超也，義與增通矣」〔註241〕。但是，他的確沒有將比和興區分開來，多視爲「興即比」或「興中有比」〔註242〕，有時想區分，但事與願違。如《豳風‧狼跋》：

> 周公攝政，居危疑之地，雖成王不知，四國流言，終不能損其聖德者，以其忠誠在於王家，無貪欲之私心也。狼，獸之貪者，猛於求欲，故檻於機穽，羅繁前跋後疐，進退困險，詩人取之以言。夫狼之所以致禍難危困如是者，以其有貪欲故也，若周公者，至公不私，進退以道，無利欲之蔽，以謙退自處，不有其尊，不矜其德，故雖在危疑之地，安步舒泰，赤舄几几然也。碩，大也，謂崇大之位。膚，美也，謂盛美之德。孫者，避而不居也，其謙遜不以崇高聖智自處，所以天下稱聖，處危而安也。几，安義，几之立名取其義也。此大舜所謂「汝惟不矜，天下莫與汝爭能，汝惟不伐，天下莫與汝爭功」也。使周公有貪欲崇高得名之心，其能得天下之與如是乎？唯其處己也夔夔然有恭畏之心，存誠也蕩蕩焉無顧慮之意，所以不失其聖，德音所以不瑕也。先儒以狼跋疐不失其猛，興周公不失其聖。不失其猛，奚若虎豹，胡獨取狼也？古之詩人，比興以

〔註239〕〔唐〕成伯璵：《毛詩指說‧解說第二》，《四庫全書（文淵閣本）》（第 70 冊），第 173 頁。

〔註240〕與其說是文本固有和深藏，還不如說是解讀者的解讀和賦予。

〔註241〕〔宋〕程頤：《詩解‧大雅‧皇矣》，載《二程集‧河南程氏經說卷第三》，第 1082 頁。

〔註242〕「比」「興」是很難區分的，即使朱熹成熟的界定，往往也是將二者結合在一起。「興者，先言他物以引起所詠之辭也」（《詩經集傳》卷一《國風一‧關雎》，《四庫全書（文淵閣本）》（第 72 冊），第 750 頁），而朱熹舉例實以「比」論，突出「若」字，足見「比」、「興」之難分別。「賦者，敷陳其事而直言之者也」（《詩經集傳》卷一《國風一‧葛覃》，第 751 頁），「比者，以彼物比此物也」（《詩經集傳》卷一《國風一‧螽斯》，第 752 頁）。

類也，是以香草譬君子，惡鳥譬小人，豈有以豺狼興聖人乎？且上
二句言跋言疐，實有几几不瑕之義，但此詩體與他詩體不類，故不
通耳。此詩在六義比。〔註243〕

個別文字與朱熹所引略有出入。朱熹注《豳風‧狼跋》第二章：「程子曰：『周
公之處己也，夔夔然存恭畏之心，其存誠也，蕩蕩然無顧慮之意，所以不失其
聖，而德音不瑕也。』」〔註244〕但已作了偏重「處己存誠」的理學節略。這段
釋義也被呂祖謙簡要地收進了《呂氏家塾讀詩記》，但並不以為然，還作了辨析。

　　如果具體考察《詩解》中的 65 首詩，並比較其選取和捨棄的角度和標準，
也許能在一定程度上洞察《詩解》解《詩》的思想依據和學術特色。為便於
列表，這裡試將 65 首詩分別進行統計，它們選自《國風》和大、小《雅》，
詳見表 6 和表 7。

　　由表 6 和表 7 可以看出，程頤在選錄《詩經》詩篇的時候是相當自覺的，
《豳風》因傳有聖人的道德和舉動，全錄無遺，即使《曹風》中連《詩序》
都難以指明時代的四首詩篇，程頤錄了三首。其他風體詩，程氏多選所謂「正
風」，即使多有怨刺之言的詩篇也取其闡發的君臣、上下、友朋、治身、齊家、
治國的義理，所以「正風」並不全錄，如《二南》，而是選合乎這個義理標準
的詩篇。在雅體詩中，同樣也選錄了所謂「正雅」，但這個標準是以一貫之的。
因此，從所選詩篇的來源和組成上來說，程頤堅持了義理的基本取向和裁奪
標準，如他在其他經說中進行的一樣〔註245〕。《詩解》未集中選取頌體詩，他
認為「頌者，稱美其事」。

〔註243〕〔宋〕程頤：《詩解‧國風‧狼跋》，載《二程集‧河南程氏經說卷第三》，第
　　　　1069～1070 頁。
〔註244〕〔宋〕朱熹：《詩經集傳》卷三《國風一‧狼跋》，《四庫全書（文淵閣本）》
　　　　（第 72 冊），第 809 頁。
〔註245〕程頤解釋經書很多，但多帶有選錄性質，突出義理重心，要言不煩，如《書
　　　　解》（包括《堯典》、《舜典》、《改正武成》）、《論語解》、《孟子解》（有存目）、
　　　　《中庸解》（一卷，明道未及作，伊川之《中庸》已焚，「即朱子所辨藍田呂
　　　　氏講堂之初本、改本無疑矣」（《二程集‧河南程氏經說卷第八》，第 1165 頁）。）
　　　　等。

表 6：程頤《詩解》所錄《國風》詩篇統計簡表

	篇　目	小計	總計	備　注
《周南》	《關雎》、《漢廣》、《汝墳》、《麟之趾》	4		《周南》共十一首。
《召南》	《江有汜》	1		《召南》共十四首。
《邶風》	《谷風》、《簡兮》、《北風》	3		《邶風》共十九首。
《鄘風》	《君子偕老》、《定之方中》、《蝃蝀》、《相鼠》、《干旄》	5		《鄘風》共十首，《蝃蝀》雖被視爲「刺淫」之作，也並未在王柏議刪的目錄中，但這些選錄篇目皆有「義理」在內。
《衛風》	《淇奧》、《考槃》、《碩人》	3		《衛風》共十首，只錄前三首，所謂「正風」，第四首爲《氓》，所謂「變風」。
《王風》	《君子陽陽》、《揚之水》、《中谷有蓷》、《丘中有麻》	4		《王風》共十首。《黍離》等詩未錄。《丘中有麻》在王柏議刪的目錄中。
《鄭風》	《緇衣》、《子衿》	2	46	《鄭風》共二十一首。未錄的多是被鄭樵、朱熹、王柏等認爲的「淫詩」，王柏認爲「淫詩」佔十分之六，議刪目錄中有 13 首，其中包括《子衿》。
《齊風》	《東方之日》、《東方未明》、《盧令》	3		《齊風》共十一首。《東方之日》在王柏議刪的目錄中。
《魏風》	《園有桃》	1		《魏風》共七首。
《唐風》	《無衣》、《葛生》、《采苓》	3		《唐風》共十二首。《葛生》在王柏議刪的目錄中。
《秦風》	《蒹葭》、《終南》、《晨風》、《無衣》	4		《秦風》共十首。
《陳風》	《墓門》、《防有鵲巢》	2		《陳風》共十首。《防有鵲巢》在王柏議刪的目錄中。
《檜風》	《匪風》	1		《檜風》共四首。
《曹風》	《蜉蝣》、《候人》、《下泉》	3		《曹風》共四首，未錄《鳲鳩》。
《豳風》	《七月》、《鴟鴞》、《東山》、《破斧》、《伐柯》、《九罭》、《狼跋》	7		《豳風》共七首，已全錄，傳統的看法認爲是周公所作或與周公有關。

「稱美盛德與告其成功，謂之頌」〔註246〕，也許和「風以動之，上之化下，下之風上，凡所刺美皆是也」的「風」、「陳其正理」的「雅」有所不同〔註247〕，相形之下，倒居於次要地位了，或許有些「大其聲色」〔註248〕的意味了，因而爲末而非本。但在已選錄的詩篇釋文中偶而穿插有《頌》的個別引文，以資補充，分量很小，且主要起論證的作用，如程頤解《皇矣》「『上帝耆之，增其式廓』，『耆』，致也，《頌》云『耆定爾功』」〔註249〕，就引用了《周頌・臣工之什・武》中的文字，原文是「於皇武王，無競維烈。允文文王，克開厥後。嗣武受之，勝殷遏劉，耆定爾功」。同時，由其不選的詩篇來看，不僅大多「變風變雅」未錄及，後來學者認爲的「淫詩」（淫者自作或自道）也不錄，如果說放逐「淫詩」，在這裡早已顯露出端倪來了。

表7：程頤《詩解》所錄大、小《雅》詩篇統計簡表

	篇　　目	小計	總計	備　　注
《小雅》	《鹿鳴》、《四牡》、《皇皇者華》、《常棣》、《伐木》、《天保》、《采薇》、《出車》、《魚麗》（以上選自《鹿鳴之什》）、《南山有臺》、《湛露》、《采芑》、《車攻》、《吉日》（以上選自《南有嘉魚之什》）、《庭燎》、《白駒》（以上選自《鴻雁之什》）、《白華》（選自《魚藻之什》）	17	19	《節南山之什》以下詩篇未選。
《大雅》	《旱麓》、《皇矣》（皆選自《文王之什》）	2		《詩解》中只有《皇矣》釋文篇幅最長，約有2700餘字，而其他多爲百餘字、幾百字規模。

至於有些詩篇後來被擴大化而由「刺詩」變爲「淫詩」，則不能用來強加在

〔註246〕〔宋〕程頤：《詩解・國風・關雎》，載《二程集・河南程氏經說卷第三》，第1047頁。

〔註247〕〔宋〕程頤：《詩解・國風・關雎》，載《二程集・河南程氏經說卷第三》，第1047頁。

〔註248〕〔宋〕程頤：《詩解・大雅・皇矣》，載《二程集・河南程氏經說卷第三》，第1084頁。

〔註249〕〔宋〕程頤：《詩解・大雅・皇矣》，載《二程集・河南程氏經說卷第三》，第1082頁。

程頤身上；即使後來被王柏列入擬刪目錄，也不過《丘中有麻》、《子衿》、《東方之日》、《葛生》、《防有鵲巢》五首，較王柏擬刪的 32 首（實際上目錄中只有 31 首）不及六分之一，況且這些詩篇中多數還有爭議（如《子衿》、《葛生》、《防有鵲巢》，甚至包括《丘中有麻》）。即使《齊風‧東方之日》，程頤認爲「齊國政衰，君臣皆失道，故風俗敗壞，男女淫奔」「由在上之人不明，容此奸慝也」〔註250〕，也是視爲刺詩，不視爲淫詩，受《序》影響。程頤解《唐風‧葛生》，不受《序》的限制，按照人情和詩文自出機杼，別得新解，令人耳目一新：

> 此詩思存者，非悼亡者，《序》爲誤矣。好攻戰則多離闊之恨，葛之生託於物，蘞之生依於地，興婦人依君子。「誰與？獨處！」〔註251〕誰與乎？獨處而已。獨旦，獨處至旦也。晝夜之永時，思念之情尤切，故期於死而同穴，乃不相離也。〔註252〕

程頤明確批評《序》的「悼亡詩」的解釋，而指爲「懷人詩」（思存者）。朱熹也以爲是婦人思夫，「婦人以其夫久從征役而不歸」（《詩經集傳》）。這種看法至今依然有影響〔註253〕。

另外，由長篇大論的《皇矣》也可以進一步增強這種判斷，即《詩解》不是隨機作的，而是有意識完成的作品，更不是「雜論」。

這種認識和程頤對《詩》的觀念有關：

> 《詩》〔註254〕者，言之述也。言之不足而長言之，詠歌之，所由興也。其發於誠感之深，至於不知手之舞，足之蹈，故其入於人也亦深，至可以動天地，感鬼神。虞之君臣，迭相賡和，始見於《書》。夏、商之世，雖有作者，其傳鮮矣。至周而世益文，人之怨樂，必形於言；政之善惡，必見美刺。至夫子之時，所傳者多矣。夫子刪之，得三百篇，皆止於禮義，可以垂世立教，故曰「興於《詩》」。〔註255〕

〔註250〕〔宋〕程頤：《詩解‧國風‧東方之日》，載《二程集‧河南程氏經説卷第三》，第 1058 頁。

〔註251〕原注：「是兩句。」

〔註252〕〔宋〕程頤：《詩解‧國風‧葛生》，載《二程集‧河南程氏經説卷第三》，第 1059～1060 頁。

〔註253〕參見陳子展《詩經直解》、程俊英《詩經今注》、《詩經注析》及費振剛等的《詩經詩傳》等。

〔註254〕點校者加以書名號，在此爲泛論，不確指《詩經》，筆者疑不應加書名號。

〔註255〕〔宋〕程頤：《詩解‧國風‧關雎》，載《二程集‧河南程氏經説卷第三》，第

可見這段話並未超出《尚書・夏書・五子之歌》和《詩・大序》的範圍。「學《詩》而不求《序》，猶欲入室而不由戶也。天下之治，正家爲先。天下之家正，則天下治矣。《二南》，正家之道也，陳后妃夫人大夫妻之德，推之士庶人之家，一也。故使邦國至於鄉黨皆用之；自朝廷至於委巷，莫不謳吟諷誦，所以風化天下。」〔註256〕表面看是尊《序》之說，如果察其內容，程頤突出了治家修身的重要。二程都曾改定過《大學章句》〔註257〕，《大學》中注重「三綱領」「八條目」的次第，也可以在此顯示出來。

三、以理學解《詩》，闡發修齊、治學之理。

（一）修齊

「《二南》者，正家之道，王化之所由興也。故《關雎》之義：樂得淑女，以爲后妃，配君子也；其所憂思，在於進賢淑，非說（悅）於色也；哀窈窕，思之切也；切於思賢才，而不在於淫色，無傷善之心也，是則《關雎》之義也」〔註258〕，「《關雎》之化行，則天下之家齊俗厚，婦人皆由禮義，王道成矣。古之人有是道，使天下蒙是化者，文王是也，故以文王之詩附於《周南》之末。又周家風天下，正身齊家之道，貽謀自於文王，故其功皆推本而歸焉。《漢廣》，婦人之能安於禮義也；《汝墳》，則又能勉其君子以正也」〔註259〕，「正身齊家」正是《大學》修齊治平的起點和基礎。

不僅如此，程頤還借助對《詩》的解說層次分明地論述了「八條目」的關係：

> 《關雎》而下，齊家之道備矣，故以《麟趾》言其應。《關雎》之化行，則其應如此，天下無犯非禮也。自「衰世公子」以下，《序》之誤也。以《詩》有公子字，故誤耳。「麟趾之時」，不成辭。麟趾言之時，謬矣。《關雎》始於衽席，及於子孫，至於宗族，以被天下，

1046 頁。

〔註256〕 〔宋〕程頤：《詩解・國風・關雎》，載《二程集・河南程氏經説卷第三》，第1046 頁。

〔註257〕 見《明道先生改正大學》、《伊川先生改正大學》，載《二程集》，第 1126～1129頁、第 1129～1132 頁。

〔註258〕 〔宋〕程頤：《詩解・國風・關雎》，載《二程集・河南程氏經説卷第三》，第1047 頁。

〔註259〕 〔宋〕程頤：《詩解・國風・汝墳》，載《二程集・河南程氏經説卷第三》，第1048 頁。

故自近而言之。〔註260〕

　　程子曰：天下之治，正家爲先。天下之家正，則天下治矣。《二
南》，正家之道也，陳后妃夫人大夫妻之德，推之士庶人之家一也，
故使邦國至於鄉黨皆用之，自朝廷至於委巷，莫不謳吟諷誦，所以
風化天下。〔註261〕

明顯是以「四書」解《詩經》的路子，尤其是以《大學》解《詩》。二程對《大
學》相當熟悉，都作過改定《大學》的文字，所以程頤在解《詩》時，以《二
南》爲首，《二南》中又以《關雎》爲首，認爲《詩經》闡發了修身齊家治國
平天下之道，由近及遠，由家而國而天下，由己而人，這也是理解程頤解讀
《詩經》的關鍵，後來朱熹批評他義理說得多了（《朱子語類》）也是因爲此。
具體到一首詩中，也能看到類似的現象，《小雅·湛露》「先親，次小，後大，
德澤所懷，其序然也」〔註262〕。

（二）治學

　　《衛風·淇奧》是理學家很重視的一首詩，多藉此闡發修身治學的道理。
程頤解釋得很細緻：

　　淇奧之地，潤澤膏沃，而生綠竹。竹，生物之美者，興武公之
美內充，而文章威儀著於外也。「有斐」，斐然文章貌。君子有文章，
由其在學以自修。「如切如磋」，言學也；「如琢如磨」，自修也；以
象治玉，譬人之治學修身。「瑟兮僩兮」，恂謹莊栗貌。「赫兮喧兮」，
成德顯著於外也，故云威儀也。「有斐君子，終不可諼兮」，言文章
君子盛德之至善，人不能忘也。此首章言德美文章，由善學自治而
然。二章言其威儀之美，服飾之盛。三章言其成質之美，如金錫圭
璧然。「寬兮綽兮」，寬宏裕也，綽開豁也。「重較」，大車，言其多
容而任重如大車也。「善戲謔」，言其樂易而以禮自飾，防節不至於
過，是不爲虐也。「猗猗」言竹之態，「青青」言其色，「如簀」言其

〔註260〕　〔宋〕程頤：《詩解·國風·麟之趾》，載《二程集·河南程氏經說卷第三》，
　　　　　第1049頁。
〔註261〕　〔宋〕朱熹：《詩經集傳》卷一《國風一》，《四庫全書（文淵閣本）》（第72
　　　　　冊），第758頁。
〔註262〕　〔宋〕程頤：《詩解·小雅·湛露》，載《二程集·河南程氏經說卷第三》，第
　　　　　1077頁。

盛，密比爲簀。綠竹，竹也，淇奧所有。〔註263〕

關於「綠竹」，古人也有解爲「編草」，似爲長，今究竟爲何物，已難知了。這裡除過表現了程頤將興和比混在一起、以比言興外，更加突出其以理解《詩》的細緻，反映了他對治學修身的必要性、內外副稱、學以自修、修習狀態、中庸爲度的見解和思想。中庸爲度指其解「善戲謔」爲「言其樂易而以禮自飾，防節不至於過」，過猶不及，不及又不過，即「中」。《小雅·庭燎》「天下之事，貴乎得中而可常，是之謂宜。苟以意之所欲而已，靡不勤於始而怠於終，故其進銳者其退速。宣王之於始也，不守法以治，儘其力以勤於事，固可知其不能於終也」〔註264〕，這裡的「宜」即中或正，宣揚了一種中庸之道或常道的思想，以義理說《詩》的特點很明顯。又如《陳風·防有鵲巢》「有叢林之蔽翳，則鵲巢之，興人心有蔽昏，則讒誣者至」「丘原廣平之處，則有苕生之美草，興人心高明平夷，則來善言」〔註265〕。

《鄭風·子衿》是後來一首頗有爭議的詩，朱熹就已定爲「淫詩」，而王柏乾脆歸入擬刪名單。實際上直至今天這個爭議依舊存在。程頤解爲：

> 衿青，學者之服。青青，舉家之辭。世亂，學校不修，學者棄業，賢者念之而悲傷，故曰「悠悠我心」。縱我不可以反求於汝，謂往教強聒也。子寧不思其所學，而繼其音問，遂爾棄絕於善道乎？世治，則庠序之教行，有法以率之，不率教者有至於移屏不齒，又禮義廉讓之風所漸陶，父兄朋友之義所勸督，故人莫不強於進學。及夫亂世，上不復主其教，則無以率之，風俗雜亂浮偷，父兄所教者趨利，朋友所習者從時，故人莫不肆情廢惰，爲自棄之人，雖有賢者，欲強之於學，亦豈能也？故悲傷之而已。佩爲青組綬。挑，輕躍；達，放恣。不事於學，則遨遊城闕而已。賢者念之，一日不見，如三月之久也。蓋士之於學，不可一日忘廢，一日忘之，則其志荒矣，放僻邪侈之心勝之矣。〔註266〕

〔註263〕〔宋〕程頤：《詩解·國風·淇奧》，載《二程集·河南程氏經說卷第三》，第1054～1055頁。按：「寬宏裕也，綽開豁也」，「寬」下似應加一逗號，「綽」字仿此。

〔註264〕〔宋〕程頤：《詩解·小雅·庭燎》，載《二程集·河南程氏經說卷第三》，第1078～1079頁。

〔註265〕〔宋〕程頤：《詩解·國風·防有鵲巢》，載《二程集·河南程氏經說卷第三》，第1062頁。

〔註266〕〔宋〕程頤：《詩解·國風·子衿》，載《二程集·河南程氏經說卷第三》，第

這裡明顯是依據《詩序》「刺學校廢」展開的議論。但在程頤的闡發中，卻滲透了不少他對影響治學的因素的認識，如社會環境和風氣、統治者的政策、父兄朋友的趨好等。指出不加強修養，則是「自棄之人」。尤其是末一句，「士之於學，不可一日忘廢，一日忘之，則其志荒矣，放僻邪侈之心勝之矣」，這種細密的治學功夫和謹敬心理，對朱熹有重要影響。《陳風·墓門》「人情不修治，則邪惡生，猶道路不修治，則荊棘生，故以興焉。墓門，墓道之門也。有荊棘，則當以斧斤開析之。他才不善，宜得賢師良傅以道義輔正之」「雖有良心善性，與不善人處，則惡歸矣」〔註267〕，都是強調人情需要道義整飭，即使「良心善性」也會因環境而有所移易。這種治學思路使程頤與程顥區分了開來，也使南宋的朱陸之學區分了開來。在各自《詩經》學的思想基礎上也是如此。

《大雅·皇矣》「『帝作』謂天道，『邦作』謂人君之為」，「『維此王季，帝度其心』，此章述王季之德。『帝度其心』，謂天鑒其衷誠也。『貊其德音』，貊字之義，疑是大也；『德音』，德聲也。其德聲既大，而其實德克明，非徒能明，又能類，類，肖也。今人能知而弗克踐之者，明及之而行弗類也，是非誠有也」〔註268〕，程頤聯繫當時人們的實際，重視知行相副，不僅要明瞭道理，而且要見諸行動。這與其理學思想一致，不是詩中的本義。

四、以理學解《詩》，闡發情性之理

程頤藉《詩》也闡說情性之理，如《蝃蝀》詩，程頤就解為：

> 言奔則女就男。衛國化文王之道，淫奔人知恥而惡絕之，詩人道是意，以風止其事。蝃蝀，陰陽氣之交，映日而見，故朝西而暮東。在東者，陰方之氣就交於陽也，猶《易》之「自我西郊」。夫陽唱陰和，男行女隨，乃理之正。今陰來交陽，人所醜惡，故莫敢指之。今世俗不以手指者，因詩之言。女子之義，從於人也，必待父母之命，兄弟之議，媒妁之言，男先下之，然後從焉。不由是而奔就於男者，猶蝃蝀之東，故以興焉。人所醜而不敢指視也，奈何女子之行，而違背父母兄弟乎？違謂違背不由其命而奔也。朝隮陞於

　　　　1057～1058頁。

〔註267〕〔宋〕程頤：《詩解·國風·墓門》，載《二程集·河南程氏經說卷第三》，第
　　　　1062頁。

〔註268〕〔宋〕程頤：《詩解·大雅·皇矣》，載《二程集·河南程氏經說卷第三》，第
　　　　1083頁。

西者，乃陽方之氣，來交於陰，則理之順，故和而爲雨。崇朝，不
日之義。奈何女子反遠其父母兄弟乎？如是之人無他也，懷男女之
欲耳。婚姻，男女之交也。人雖有欲，當有信而知義，故言其大無
信，不知命，爲可惡也。苟惟欲之從，則人道廢而入於禽獸矣。女
子以不自失爲信，所謂貞信之教。違背其父母，可謂無信矣。命，
正理也。以道制欲則順命，言此所以風也。〔註269〕

此段材料朱熹也曾引用：「程子曰：『女子以不自失爲信。』」「程子曰：『人雖
不能無欲，然當有以制之。無以制之，而惟欲之從，則人道廢而入於禽獸矣。
以道制欲，則能順命。』」〔註270〕解說中充斥著不少人倫綱常的說教。但如果
僅是厭惡這一點，就容易忽視其解說的特點。程頤分三步說解。首先根據陰
陽之間的關係，指出「奔」（女就男）的現象不正常。陰陽是中國思想文化史
中重要的概念，源遠流長。在宋代《詩經》學中突出的莫過於王安石和蔡卞。
但這只是程頤的一個理論依據。其次是以禮來判斷，的確繼承了漢代的解說
方法和思想，有漢學的影子或鉛華。最後則是突出更深層的問題，借詩闡發
道和欲的關係，這是程頤的特色所在，也是需要在其《詩經》學中清理的理
學因素。他指出「人欲」與「人道」有對立的地方，「苟惟欲之從，則人道廢
而入於禽獸矣」，因此要「以道制欲則順命」，而「命」才是「正理」；但是和
後期理學家不同，程頤還沒有否定「欲」，而是在肯定「欲」的基礎上強調「信」
和「義」等「人道」的重要，即「人雖有欲，當有信而知義」。

《衛風·碩人》則顯示程頤有時比附太多，到了讓人生厭的地步：

「碩人」，大人尊賢之稱。〔註271〕頎頎，容質之偉盛，言其位
尊服飾之美，又陳其家之貴盛，德容之如是。其來也，禮數之備，
至近郊而說止，復整車服而後入如〔註272〕朝，君爲之早退，以與夫
人燕處，見禮之重。「河水洋洋，北流活活」，既盡言夫人之位尊
重，因以河水與人情故縱難制，所以致嬖妾上僭，而薄於夫人。洋
洋，浩蕩；活活，激流貌。河水如是，故施眾不安，強大之魚不能

〔註269〕〔宋〕程頤：《詩解·國風·蝃蝀》，載《二程集·河南程氏經說卷第三》，第
　　　　1053頁。
〔註270〕〔宋〕朱熹：《詩經集傳》卷二《國風一·蝃蝀》，《四庫全書（文淵閣本）》
　　　　（第72冊），第769頁。
〔註271〕原注：「賢一作貴。」
〔註272〕點校者注：「徐本『如』作『於』。」

> 制也。君情放縱，故禮法不能制。「葭菼」興眾多。庶姜眾多，尊尊
>
> 不順，如葭菼然，賢士大夫莫能正，有去而已。〔註273〕

可見，如朱熹所評，的確說理太多。《碩人》一般解作美莊姜，連王柏在《詩疑》中都有所肯定，儘管未許爲莊姜五詩（其他四首爲《綠衣》、《終風》、《燕燕》、《日月》）中最佳的。而程頤無疑是讀爲刺詩，賦予了對「人情難制」的批評，對「禮法不能制」的人情的態度自然很明朗。「覺者約其情使合於中，正其心，養其性，故曰性其情。愚者則不知制之，縱其情而至於邪僻，梏其性而亡之，故曰情其性」〔註274〕，表達雖更抽象一些，但思想一致，「約其情使合於中」即以禮法制之，此處的「正心」「養性」「性其情」「情其性」是以後理學家比較感興趣的學術問題。

《王風‧揚之水》很受理學家重視，如果將他們的解釋比較一下，自能看出其間的沿革變化：

> 周人勞於戍申，而怨思。諸侯有患，天子命保衛之，亦宜也。
>
> 平王獨思其母家耳，非有王者保天下之心也，人怨宜也。況天子當
>
> 使方伯鄰國保助之，豈當獨勞畿內之民？故周人怨諸侯之人不共戍
>
> 申也。「彼其之子」，謂諸侯之人。申、甫、許，皆申之地名。揚之
>
> 水瀾也淺，故激力不足以流薪，興力不足也。楚蒲益輕，言力不足
>
> 愈深。〔註275〕

程頤解這首詩只不過是指責周平王私心保舅家，未進一步展開。至朱熹、楊簡、袁燮等理學家解此詩時闡說義理尤深，斥責倫理綱常敗壞，論證天理人欲之理，反映了理學的成熟和對《詩經》解釋影響的深入，與程頤比較更加明顯。又如《大雅‧旱麓》「『鳶飛戾天』，此章言先祖之德，可以作後人也。『鳶飛戾天』，興上得其道，謂先祖；『魚躍于淵』，興下得其宜，謂後嗣。後嗣之賢，自先世之貽謀，故『愷悌君子，遐不作人』。『作』，興起之於善也，言不遠作人於善乎？」〔註276〕「鳶飛戾天，魚躍于淵」是《中庸》曾

〔註273〕〔宋〕程頤：《詩解‧國風‧碩人》，載《二程集‧河南程氏經說卷第三》，第1055頁。

〔註274〕〔宋〕程頤：《顏子所好何學論》，載《二程集‧河南程氏文集卷第八》，第577頁。

〔註275〕〔宋〕程頤：《詩解‧國風‧揚之水》，載《二程集‧河南程氏經說卷第三》，第1056頁。

〔註276〕〔宋〕程頤：《詩解‧大雅‧旱麓》，載《二程集‧河南程氏經說卷第三》，第1081頁。

引用過的詩句，理學家往往假此闡發精微幽深之理，說明道的無處不在、實在而無形。由程頤樸素僵硬的解釋也許可以感受到，這種心性義理解釋才逐漸開始。

《秦風·蒹葭》：

> 蒹葭，蘆葦眾多而強，草類之強者民之象也。葭待霜而後成，猶民待禮而後治，故以興焉。蒼蒼而成，白露爲霜矣。伊人猶斯人，謂人情所在。人情譬諸在水之中，順而求之則易且近，逆而求之則艱且遠。「淒淒」，青蒼之間也。「未晞」，未凝也，猶禮教之未至。「采采」，茂盛未已，方濃之狀，未有禮教也。禮教未立，則人心不服而俗亂，國何以安乎？〔註277〕

《蒹葭》本爲一首意境優美、主旨縹緲多義的詩篇，歷來難得確解，程頤強比附於禮教〔註278〕，解說枯燥，受漢學的影響多見，但也透露出注重心性的傾向，「人情譬諸在水之中，順而求之則易且近，逆而求之則艱且遠」，正體現了自歐陽修以來以合乎人情爲目標的簡易學術風格，反對違背人情的艱澀繁瑣學風，在程頤的《詩經》學中也表現爲一漢宋過渡的痕迹。《周頌·維天之命》第一章「維天之命，於穆不已。於乎不顯，文王之德之純」，「程子曰：『天道不已，文王純於天道亦不已，純則無二無雜，不已則無間斷先後。』」〔註279〕以「天道」解「天命」。《大雅·皇矣》「『帝謂文王』，予懷爾之明德，不大其聲色而人化。夫聖人之誠，感無不通，故所過者化，所存者神，豈暴著於形迹也哉？是不發見其大聲色也。故聖人曰：『聲色之於化民，末也。』其化之感人，雖不大其聲色，而其應之疾，人之惡不及長大而革也。夏，大也，言不待遲久而化也。民由之而不知，日遷善而不知爲之者，是不識不知，而順夫天理也。此聖人之神化，非文王孰能及之？」〔註280〕此條又見於《程氏外書》，「『文王陟降，在帝左右，不識不知，順帝之則』，不作聰明，順天

〔註277〕〔宋〕程頤：《詩解·國風·蒹葭》，載《二程集·河南程氏經說卷第三》，第1060頁。

〔註278〕又如「白華則漚以爲菅，白茅則用之裹束。物之美惡，其用各有其所，興尊卑上下各有其分」（《詩解·小雅·白華》，載《二程集·河南程氏經說卷第三》，第1080頁）等。

〔註279〕〔宋〕朱熹：《詩經集傳》卷八《頌四·維天之命》，《四庫全書（文淵閣本）》（第72冊），第891頁。

〔註280〕〔宋〕程頤：《詩解·大雅·皇矣》，載《二程集·河南程氏經說卷第三》，第1084～1085頁。

理也」〔註281〕。已是明言「天理」了。

《曹風・下泉》朱熹引：

> 程子曰：「《易》剝之為卦也，諸陽消剝已盡，獨有上九一爻尚
> 存，如碩大之果不見食，將有復生之理，上九一變則純陰矣，然陽
> 無可盡之理，變於上則生於下，無間可容息也。陰道極盛之時，其
> 亂可知，亂極則自當思治，故眾心願戴於君子，君子得輿也，《詩》
> 《匪風》、《下泉》所以居變風之終也。」陳氏曰：「亂極而不治，變
> 極而不正，則天理滅矣，人道絕矣。聖人於變風之極則係之以思治
> 之詩，以示循環之理，以言亂之可治、變之可正也。」〔註282〕

雖是援《周易》解《詩》的編次，受「正變」之說的影響，但和「陳氏曰」
比較起來，以「天理」之說解釋《詩經》的迹象還不十分明顯，也不及南宋
理學家解《詩》時濃烈和系統。

因為受比興和以禮說《詩》的糾纏，程頤的「天理」說向《詩經》闡釋
的滲透是拘泥的、有限的，需要作具體和聯繫的分析，和我們想像的「理學
化」相差甚遠。有學者認為「『義理』乃二程《詩》學的核心範疇」，「『義理』
是二程《詩》學的新創，也是宋代《詩》學理學化的重要表現。『義理』的最
高範疇是『天理』」〔註283〕，如果從二程「自家體貼出來」〔註284〕的「天理」
角度理解，這種「義理」意義上的《詩經》學研究，的確肇端於二程，至南
宋而蔚為大觀，但二程並不明顯。也許張載曾在評述二程學術中委婉地道破
了這一點，「二程從十四歲時便銳然欲學聖人，今盡及四十未能及顏閔之徒。
小程可如顏子，然恐未如顏子之無我」〔註285〕。

總之，二程的《詩經》學在一定程度上體現了各自的學術思想和旨趣。
程頤的《詩解》通過選詩隱藏著獨特的義理標準和價值取向。在解釋《詩經》
詩篇中，程頤不僅強調了修身治學的重要，奠定了以《四書》尤其是《大學》
解《詩》的基礎，而且表現出知行兼重的學術特徵。同時他在《詩經》闡釋

〔註281〕《河南程氏遺書》卷十一，載《二程集》，第 130 頁。

〔註282〕〔宋〕朱熹：《詩經集傳》卷三《國風一・下泉》，《四庫全書（文淵閣本）》
（第 72 冊），第 803 頁。

〔註283〕譚德興：《試論程顥程頤的〈詩〉學思想》，載中國詩經學會編：《詩經研究叢
刊》（第六輯），第 100 頁。

〔註284〕《宋元學案》卷十三《明道學案上》。

〔註285〕《經學理窟・學大原上》，載〔宋〕張載：《張載集》，中華書局，1978 年，
第 280 頁。

中也滲透著對情性天理等問題的看法，雖然一些理學家奢談的問題已經得到關注，但程頤受禮法和《詩序》的影響，重比附，也體現出漢宋《詩經》學學術的過渡特徵，不過，理學色彩已很濃鬱和明顯了。

第七章　兩宋之際《詩經》學管窺

　　這一章題目之所以稱爲「管窺」，是因爲資料缺乏，集中的《詩經》學著作流傳下來的微乎其微，而部分散見於他人的集傳類著作和各類《序》、《跋》中，需要努力鈎稽。代表人物有程學傳人謝良佐、游酢、楊時等，王學亦有傳人，並及鄭樵。同時，對於目前宋代《詩經》學研究自身來說，也是比較薄弱的一個環節。各家也只多提及鄭樵。這裡試作初步整理，其他問題以待日後作進一步研究。

一、兩宋之際的王學

　　兩宋之際，在此不僅指靖康之亂、南北遂隔的民族動蕩，都城變遷、偏安一隅的歷史事實，而且更主要指學術思想的變化。但是不得不首先肯定這種學術變化與歷史時局有內在的關係，即它是高宗趙構朝紹興年間（1131～1135）對王學進行反思，進而在某種程度上轉嫁禍國責任的過程。直至清代，還有人將熙寧變法和靖康之亂聯繫起來，將王安石與秦檜相提並論，甚至認爲王安石的《明妃曲》爲兩宋變遷的讖詩，「王介甫《明妃曲》有云：『家人萬里傳消息，好在氈城莫相憶，君不見咫尺長門閉阿嬌，人生失意無南北。』又云：『漢恩自淺胡自深。』介甫少而名世，長而結主，何所憤激而爲此言？使當高宗之日，介甫其爲秦太師乎？靖康之禍，釀自熙寧，王、秦兩相，實遙應焉，此詩爲之讖矣」〔註 1〕。當然這個反思過程也體現了朝野中不同政治派別和學術流派的傾軋和爭論。對王學的打擊和貶抑本身客觀促進了洛學

〔註 1〕〔清〕周容：《春酒堂詩話》，載郭紹虞編選，富壽蓀校點：《清詩話續編》，
　　　上海古籍出版社，1983 年，第 111 頁。

的進一步發展，當然和洛學學者的不懈努力分不開了。因此，在時間上也可以作大致明確的定位，即徽宗政和三年（1113）王安石、王雱配享孔殿〔註2〕至孝宗隆興、乾道年間（1163～1173）奢談道德性命之學的熱烈〔註3〕。前後六十多年，而據《宋史・道學傳》楊時本傳載，楊時排擊王學也在這個時期〔註4〕，南宋學者多認為王學興盛六十餘年，庶幾可證明這裡的判斷不差。

王安石的新學在當時及南宋時期依然有相當的影響，元祐年間，舊黨執政，欲廢「三經新義」，遭到呂陶的彈劾，據南宋的晁公武、陳振孫等「王學『獨行於世六十年』」「可以充分推斷出王學在當時思想界所佔的地位」〔註5〕。

實際上，在學術上對王學進行深入反思早在張載、二程就已開始了。張載對王安石的評價是：

> 世學不明千五百年，大丞相言之於書，吾輩治之於己，聖人之言庶可期乎！顧所憂謀之太迫則心勞而不虛，質之太煩則泥文而滋弊，此僕所以未置懷於學者也。〔註6〕

> 天人不須強分，《易》言天道，則與人事一滾論之，若分別則〔只〕是薄乎云爾。自然人謀合，蓋一體也，人謀之所經畫，亦莫非天理（耳）。〔註7〕

> 天下之富貴，假外者皆有窮已，蓋人欲無厭而外物有限，惟道義則無爵而貴，取之無窮矣。〔註8〕

二程對王安石頗多批評：

> 然在今日，釋氏卻未消理會，大患者卻是介甫之學。……如今

〔註2〕 《宋史》卷一百零五《志第五十八》。

〔註3〕 「道德性命之學」是在「宋孝宗即位之初期，亦即隆興、乾道年間（1163～1173）」（鄧廣銘《略談宋學》）發展的，參見前文第一章《宋學・理學・義理之學與宋代〈詩經〉學》。

〔註4〕 《宋史》卷四百二十八《列傳第一百八十七・道學二・楊時》，第12739～12742頁。

〔註5〕 〔日〕近藤一成：《王安石的科舉改革》，載劉俊文主編：《日本中青年學者論中國史》，上海古籍出版社，1995年，第158頁。

〔註6〕 《張子語錄・語錄中》，載〔宋〕張載：《張載集》，中華書局，1978年，第323頁。

〔註7〕 《橫渠易說・繫辭下》，《張載集》，第232頁。點校者按：「『只』字依《精義》補，『耳』字依《精義》刪。」

〔註8〕 《經學理窟・學大原下》，載〔宋〕張載：《張載集》，中華書局，1978年，第282頁。

日卻要先整頓介甫之學，壞了後生學者。(《程氏遺書》二上)

　　如介甫之學，……今日靡然而同，無有異者。……其學化革了

人心，爲害最甚，其如之何？(《程氏遺書》二下)

張程都反對天人割裂、追逐功利，認爲「道義」「人心」才是最重要的。後來程門學者繼承了這個傳統並發揚光大，至南宋孝宗朝學風爲之一變，陳亮說：

　　二十年之間，道德性命之說一興，迭相唱和，不知其所從來。

　　後生小子讀書未成句讀，執筆未免手顫者，已能拾其遺說，高自譽

道，非議前輩，以爲不足學矣。〔註9〕

陸九淵評價王安石很公允，除專門寫了《荊國王文公祠堂記》外，多次在書信中論及荊公之學與行：

　　荊公英才蓋世，平日所學，未嘗不以堯舜爲標的。及遭逢神廟，

君臣議論，未嘗不以堯舜相期。獨其學不造本原，而悉精畢力於其

末，故至於敗。去古既遠，雖當世君子，往往不免安常習故之患，

故荊公一切指爲流俗。於是排者蜂起，極詆訾之言，不復折之以至

理，既不足以解荊公之蔽，反堅神廟信用之心。故新法之行，當時

詆排之人當與荊公共分其罪。此學不明，至今吠聲者日以益眾，是

奚足以病荊公哉？〔註10〕

但也指出王安石割裂道、妄分本末的問題及危害，「荊公之學，未得其正，而才宏志篤，適足以敗天下」，「尚同一說，最爲淺陋。天下之理但當論是非，豈當論同異」〔註11〕；「修立法度，乃所以簡易也」，「爲政在人，取人以身，修身以道，修道以仁。仁，人心也。人者，政之本也，身者，人之本也，心者，身之本也。不造其本而從事其末，末不可得而治矣」〔註12〕。

　　當然，這裡是從心學的角度評價的，未必客觀，但以本末論卻是宋人的基本方法，「讀介甫書，見其凡事歸之法度，此是介甫敗壞天下處」〔註13〕。程頤也如是看，儘管落腳點不同。

〔註9〕　《陳亮集》卷十五《送王仲德序》，中華書局，1974年，第178頁。

〔註10〕　〔宋〕陸九淵：《陸九淵集》卷九《書·與錢伯同》，鍾哲點校本，第121～122頁。

〔註11〕　〔宋〕陸九淵：《陸九淵集》卷十三《書·與薛象先》，鍾哲點校本，第177頁。

〔註12〕　〔宋〕陸九淵：《陸九淵集》卷十九《記·荊國王文公祠堂記》，鍾哲點校本，第233頁。

〔註13〕　〔宋〕陸九淵：《陸九淵集》卷三十五《語錄下》，鍾哲點校本，第441頁。

二、楊時排擊王學略述

楊時與謝良佐、游酢、呂大臨學於程門，號稱「四先生」〔註14〕。龜山老壽，影響尤大，於朱學、陸學皆有影響。尤其是在兩宋之際，力排王學，申述洛學，歷經艱辛，終於奠定了洛學在南宋的地位。但這個過程很複雜，起落不定。

王安石「元祐元年，卒，年六十六，贈太傅。紹聖中，諡曰文，配享神宗廟庭。崇寧三年，又配食文宣王廟，列於顏、孟之次，追封舒王。欽宗時，楊時以爲言，詔停之。高宗用趙鼎、呂聰問言，停宗廟配享，削其王封」〔註15〕，可見，王安石去世後，屢受追封，但自欽宗、高宗朝發生了變化，與楊時的努力不無關係。而追奪王爵及封號，學術原因首屈一指，「靖康元年，右諫議大夫楊時言王安石學術之謬，請追奪王爵，明詔中外，毀去配享之像，使邪說淫辭不爲學者之惑。詔降安石從祀廟廷。尚書傅墨卿言：『釋奠禮饌，宜依元豐祀儀陳設，其《五禮新儀》勿復遵用。』」〔註16〕

但這個過程並非一帆風順。因學者久習王學，薰染日深，積重難返，在北宋末年，楊時力詆王學爲邪說，就被御史中丞陳過庭認爲是矯枉過正。諸生並起攻擊楊時，楊時處境狼狽，連擔任的祭酒也被撤掉了。

> 崇寧以來，士子各徇其黨，習經義則詆元祐之非，尚詞賦則誚新經之失，互相排斥，群論紛紛。欽宗即位，臣僚言：「科舉取士，要當質以史學，詢以時政。今之策問，虛無不根，古今治亂，悉所不曉。詩賦設科，所得名臣，不可勝紀，專試經義亦已五紀。救之之術，莫若遵用祖宗成憲。王安石解經，有不背聖人旨意，亦許採用。至於老、莊之書及《字說》，並應禁止。」詔禮部詳議。諫議大夫兼祭酒楊時言：「王安石著爲邪說，以塗學者耳目，使蔡京之徒，得以輕費妄用，極侈靡以奉上，幾危社稷。乞奪安石配饗，使邪說不能爲學者惑。」御史中丞陳過庭言：「《五經》義微，諸家異見，以所是者爲正，所否者爲邪，此一偏之大失也。頃者指蘇軾爲邪學，而加禁甚切；今已弛其禁，許采其長，實爲通論。而祭酒楊時矯枉太過，復詆王氏以爲邪說，此又非也。諸生習用王學，聞時之言，

〔註14〕《宋史》卷四百二十八《列傳第一百八十七・道學二・謝良佐》，第12732頁。

〔註15〕《宋史》卷三百二十七《列傳第八十六・王安石》，第10550頁。與《三朝名臣言行錄》卷六《王安石》文字略有出入，大意相同。

〔註16〕《宋史》卷一百零五《志第五十八・禮八》，第2551頁。

群起而詆訾之，時引避不出，齋生始散。」詔罷時祭酒。而諫議大
夫馮澥、崔鷗等復更相辯論，會國事危，而貢舉不及行矣。〔註17〕
直至南宋初，情況略有好轉。「崇寧以來，禁錮元祐學術，高宗渡江，始召楊
時置從班，召胡安國居給舍，范沖、朱震俱在講席，薦焞甚力。既召，而左
司諫陳公輔上疏攻程氏之學，乞加屏絕」〔註18〕，程氏之學還受到一些人的
攻擊，但程門學者被朝廷重用者頗多，已屬事實。《宋史》載紹興九年陳淵答
對高宗事時說：

> 淵面對，因論程頤、王安石學術同異，上曰：「楊時之學能宗孔、
> 孟，其《三經義辨》甚當理。」淵曰：「楊時始宗安石，後得程顥師
> 之，乃悟其非。」上曰：「以《三經義解》觀之，具見安石穿鑿。」
> 淵曰：「穿鑿之過尚小，至於道之大原，安石無一不差。推行其學，
> 遂為大害。」上曰：「差者何謂？」淵曰：「聖學所傳止有《論》、《孟》、
> 《中庸》，《論語》主仁，《中庸》主誠，《孟子》主性，安石皆暗其
> 原。仁道至大，《論語》隨問隨答，惟樊遲問，始對曰：愛人。愛特
> 仁之一端，而安石遂以愛為仁。其言《中庸》，則謂中庸所以接人，
> 高明所以處己。《孟子》七篇，專發明性善，而安石取揚雄善惡混之
> 言，至於無善無惡，又溺於佛，其失性遠矣。」〔註19〕

高宗和陳淵的對話能反映當時對王安石、楊時以及《四書》的評價。高宗高
度評價楊時《三經義辨》，批評王安石《三經義解》的穿鑿。並且可以看到，
通過北宋范仲淹、歐陽修、張載、二程等學者的努力，《四書》已初步形成，
其中的《論語》、《孟子》、《中庸》已引起學者的重視，即使在辨析王安石學
術中，也是一個極為重要的方面。而《四書》整體被表彰則在理宗寶慶三年
（1227）春己巳。

楊時不僅自己排擊王學，而且重視扶持同道、獎掖後學，培養了大批學
者，為程氏理學在南宋的傳播和振興作出了重要貢獻。如他很賞識王居正，
王居正「其學根據《六經》，楊時器之，出所著《三經義辨》示居正曰：『吾
舉其端，子成吾志。』居正感厲，首尾十載為《書辨學》十三卷，《詩辨學》
二十卷，《周禮辨學》五卷，《辨學外集》一卷。居正既進其書七卷，而楊時

〔註17〕《宋史》卷一百五十七《志第一百一十‧選舉三》，第 3669 頁。
〔註18〕《宋史》卷四百二十八《列傳第一百八十七‧道學二‧尹焞》，第 12735 頁。
〔註19〕《宋史》卷三百七十六《列傳第一百三十五‧陳淵》，第 11629～11630 頁。

《三經義辨》亦列秘府，二書既行，天下遂不復言王氏學」〔註20〕。楊時和王居正相互配合，重挫王學，「天下遂不復言王氏學」。

三、兩宋之際的《詩經》學

這個時期的《詩經》學著作，據《宋史・藝文志》載有游酢《詩二南義》（一卷），范祖禹《詩解》（一卷），楊時《詩辨疑》（一卷），鮮于侁《詩傳》（六十卷），茅知至《周詩義》（二十卷），董逌《廣川詩故》（四十卷）等，而實際上可能遠不止這些。且今多散佚不存，而在一些集傳類著作或學術史類著作中還能找到這些學者的零星學術觀點，如朱熹的《詩經集傳》、呂祖謙《呂氏家塾讀詩記》等以及《經義考》、《經義考補正》、《宋元學案》等，宋人的一些筆記史料也能反映若干。這裡將先於朱熹的鄭樵和王質也吸納進來，一併敘述。粗陳梗概，一些具體問題還有待日後不斷修訂和完善。

董逌的《廣川詩故》（四十卷），卷帙浩大，《經義考》注曰「佚」。劉毓慶據《宋史翼》卷二十七敘述董氏生平，「董逌字彥遠，山東東平人。宋徽宗時官校書郎。靖康中爲國子監祭酒，建炎初率諸生至南京勸進，除宗正少卿。官至徽猷閣待制」〔註21〕。《經義考》介紹《董氏（逌）廣川詩故》：

> 《中興藝文志》：董逌撰。逌謂班固言《魯詩》最近，今徒於他書時得之。《齊詩》所存不全，或疑後人詫爲，然章句間有自立處，此不可易者。《韓詩》雖亡闕，《外傳》及章句猶存。《毛詩訓故》爲備，以最後出，故獨傳。乃據毛氏以考正於三家，且論《詩序》決非子夏所作。建炎中，逌載是書而南，其志公學博，不可以人廢也。〔註22〕

陳振孫也認爲「逌說兼取三家，不專毛鄭」，但是懷疑董逌「《齊詩》尚存」的說法〔註23〕，與《中興藝文志》比較看，陳振孫似有誤解。同時，在鄭樵、朱熹、王柏斥《序》之前，董逌已發其先聲，認爲《詩序》一定不是子夏所作，至於「是書而南」後對鄭、朱有無影響，則暫無從可考；朱熹等人注意到董氏的《詩經》學成果則是無疑的，「《山東通志》卷二一八引《篘園日箚》

〔註20〕《宋史》卷三百八十一《列傳第一百四十・王居正》，第 11736～11737 頁。

〔註21〕劉毓慶：《歷代詩經著述考（先秦——元代）》，中華書局，2002 年，第 176 頁。

〔註22〕〔清〕朱彝尊編，朱昆田校：《經義考》卷一百零五，乾隆四十二年（1777 年）本，第 4 頁。

〔註23〕〔清〕朱彝尊編，朱昆田校：《經義考》卷一百零五，乾隆四十二年（1777 年）本，第 4 頁。

曰：『朱文公作《集傳》，每取董氏說，《商頌・長發》五章云：董氏謂《齊詩》作駿駹。所謂董氏，即迥也。所謂《齊詩》，即《廣川詩故》中所採者也」〔註24〕。朱熹也認爲「董彥遠《詩》解，其論《關雎》之義，自謂暗與程先生合，但其文晦澀難曉」〔註25〕，對其文風艱澀難懂不滿意，則反映了宋代《詩經》學義理化闡釋對平易簡直風格追求的自覺。

　　謝良佐和楊時等程門學者則主要繼承二程衣鉢，並承擔著培養學者的重任。在《詩經》學上發明較少，但追述程顥、程頤的觀點和方法較多。楊時《龜山集》卷八《經解・詩義》論說《將仲子》、《叔于田》、《狡童》共三首詩，大旨圍繞「義」與「不義」問題，強調義理解詩。雖然謝良佐先程頤四年而卒，未及渡江，並在「兩宋之際」的時間範圍之外，但就兩宋《詩經》學史來說，具有承前啓後的作用，所以略作追溯，以資補充。

　　在關於「六義」重要性的認識上，謝良佐繼承了師門的看法，程子始曰「學《詩》而不分『六義』，豈能知詩之體」，謝良佐則曰「學《詩》須先識六義體面而諷味以得之」〔註26〕，都強調了「六義」是解讀《詩經》的門徑。

　　呂祖謙曾介紹謝良佐對程顥解《詩》崇尚吟詠體味的簡便方法佩服至深，「上蔡曰：善乎！明道之言《詩》也，未嘗章解而句釋也，優游吟諷，抑揚舒疾之間，而聽者已渙然心得矣」〔註27〕，即不拘泥於章解句釋，而側重詩歌的精神和義理。並多次重申了這個意思，謝氏（謝良佐）曰「《詩》須諷味以得之，古詩即今之歌曲。今之歌曲，往往能使人感動，至學《詩》卻無感動興起處，只爲泥章句故也。明道先生善言《詩》，未嘗章解句釋，但優游玩味，吟哦上下，使人有得處。『瞻彼日月，悠悠我思。道之云遠，曷云能來？』思之切矣。『百爾君子，不知德行。不忮不求，何用不臧？』歸於正也」〔註28〕。此處所引詩句皆出自《邶風・雄雉》，可見，通過這種對章句的超越，即可在讀古詩時如看今詩，涵泳體味，從而使人有「感動興

〔註24〕劉毓慶：《歷代詩經著述考（先秦──元代）》，中華書局，2002 年，第 176 頁。按：「駹」，音 méng。王先謙《三家詩集疏》載《魯詩》作「駿蒙」，《齊詩》作「恂蒙」，略有出入。

〔註25〕〔清〕朱彝尊編，朱昆田校：《經義考》卷一百零五，乾隆四十二年（1777 年）本，第 4 頁。

〔註26〕〔宋〕王柏：《詩疑》，顧頡剛校點本，景山書社，1930 年，第 62 頁。

〔註27〕〔宋〕呂喬年編：《麗澤論說集錄》卷三《門人所記詩說拾遺》，四庫全書本。

〔註28〕〔宋〕呂祖謙：《呂氏家塾讀詩記》卷一《綱領》，叢書集成初編本，第 4 頁。

起」，這才是讀《詩》的目的。謝氏（謝良佐）又曰「詩吟詠情性，善感發人，使人易直子諒之心易以生，故可以興；得情性之正，無所底滯，則閱理自明，故可以觀；心平氣和，於物無競，故可以群；優游不迫，雖怨而不怒也，無鄙倍心，故可以怨」〔註29〕，解《詩經》的四種功能「興觀群怨」也因解讀目的而與眾不同，注重心氣情性問題，此後不少理學家解《詩》都沿著這條路發展了，尤其是陸學的陸九淵和楊簡等。謝氏曰：「子貢因論學而知《詩》，子夏因論《詩》而知學，故皆可與言《詩》。」〔註30〕在謝良佐看來，解讀《詩經》涉及兩個各有側重而不能完全分離的方面，即「詩」和「學」，雖入手處不同，但最終歸宿則是相同的，即「學」與「詩」的統一，這正是宋代《詩經》學義理解《詩》的特點，南宋尤其明顯。

楊時和謝良佐都很重視體會的讀《詩》方法，但有明顯不同。楊氏（楊時）曰：「詩全要體會。何謂體會？且如《關雎》之詩，詩人以興后妃之德。蓋如此也，須當想像雎鳩為何物。知雎鳩為摯而有別之禽，則又想像關關為何聲；知關關之聲為和，則又想像在河之洲是何所在；知河之洲為幽閒遠人之地，則知如是之禽，其鳴聲如是，而又居幽閒遠人之地，則后妃之德可以意曉矣，是之謂體會。」〔註31〕這種「體會」更多是想像，是文學閱讀中常見的方法，所以也可以將此詩讀為戀詩（如胡適等人），「體會」有可能導向文學解讀。但是楊時的想像基本是「格物」的步驟和程序，能反映出知覺的變化，失之於支離，由分別到統一，未考慮瞬間的統覺式的把握，較程顥的「優游玩味，吟哦上下」遜色多了，倒更接近程頤的風格。「胡氏曰：『楊時有言：《詩》載此篇，以見衛為狄所滅之因也，故在《定之方中》之前。因以是說考於歷代，凡淫亂者未有不至於殺身敗國而亡其家者，然後知古詩垂戒之大，而近世有獻議，乞於經筵不以《國風》進講者，殊失聖經之旨矣。』」〔註32〕這裡，楊時的言論也許是對詩篇之間因果關係體會的結果，同時也反映了「胡氏」（胡安國）對《國風》義理價值的重視，雖然考於歷史，但更側重道德。

針對《論語》引子夏論《衛風‧碩人》詩句，楊氏曰：「『甘受和，白受采，忠信之人，可以學禮。苟無其質，禮不虛行。』此『繪事後素』之說也。

〔註29〕 〔宋〕呂祖謙：《呂氏家塾讀詩記》卷一《綱領》，叢書集成初編本，第 2 頁。
〔註30〕 《論語集注》卷二《八佾第三》，載《四書章句集注》，第 63 頁。
〔註31〕 〔宋〕呂祖謙：《呂氏家塾讀詩記》卷二《周南》，叢書集成初編本，第 25 頁。
〔註32〕 〔宋〕朱熹：《詩經集傳》卷二《國風一‧鶉之奔奔》，《四庫全書（文淵閣本）》（第 72 冊），第 768 頁。

孔子曰『繪事後素』，而子夏曰『禮後乎』，可謂能繼其志矣。非得之言意之表者能之乎？商賜可與言《詩》者以此。若夫玩心於章句之末，則其爲《詩》也固而已矣。所謂起予，則亦相長之義也。」〔註33〕在強調禮和質兼濟的前提下，更加突出質的重要，即「忠信」的意義，這也是宋代《詩經》學關注的一個重要義理問題。

　　兩宋之際，較朱熹早出的重要《詩經》學者還有鄭樵、王質等人。其中，鄭樵對朱熹的影響不言而喻，尤其是「廢《序》言《詩》」或「以己意解《詩》」的方法；王質在對待《詩序》問題上，雖較鄭、朱二人態度溫和，但具體的傾向和觀點不乏不謀而同的地方。

　　鄭樵《詩經》學著作散佚較多，周孚說「鄭子曰：釋詩者，於一篇之義不得無總敘。故樵《詩傳》亦皆有敘焉」〔註34〕，可見鄭樵很可能還有一部《詩傳》著作，《宋史·藝文志》作「鄭樵《詩傳》二十卷」，可惜已佚。今存有《詩辨妄》（六卷，輯本）、《詩名物志》、《詩經奧論》（四庫館臣、陸心源等對此書作者尚有疑議）。

　　鄭樵《詩辨妄》不傳於後世，賴《非詩辨妄》所記 42 事以存，而顧頡剛先生也主要依據周著鉤稽，旁補他書，得五十餘條（《古史辨》第三冊下編），一鱗半爪，難窺鄭樵學術淵源。但據《非詩辨妄》，在一些具體的學術觀點上，鄭樵受歐陽修、蘇轍的影響很大，甚至直襲他們的成說，《四庫》編者將其學術上溯歐陽修，是比較有道理的，如關於《召旻》、《蕩》、《雨無正》的命名，周孚就認爲「此蘇子之說也，申言之何益？」〔註35〕關於《節南山》的所謂作者家父的生平考辨，周孚也認爲「此歐陽子之棄說也，何足以曉學者？且魯有兩單伯，安知周無兩家父乎？」〔註36〕關於將「葛之覃兮，施於中谷」解爲「婦人急於成婦功之詩」，周孚說「此歐陽子之說也，申言之何益？」〔註37〕皆可見一斑。與鄭樵相反，周孚重申「言一國之事謂之風，形四方之風謂之雅，以成功告於神明謂之頌」〔註38〕，而這個觀點在蘇轍的《詩集傳》十七、十八、十九卷中已得到詳細的辨析，可參考。周孚不大可

〔註33〕　《論語集注》卷二《八佾第三》，載《四書章句集注》，第 63 頁。
〔註34〕　〔宋〕周孚：《非詩辨妄》，叢書集成初編本，第 2 頁。
〔註35〕　〔宋〕周孚：《非詩辨妄》，叢書集成初編本，第 9、10 頁。
〔註36〕　〔宋〕周孚：《非詩辨妄》，叢書集成初編本，第 9 頁。
〔註37〕　〔宋〕周孚：《非詩辨妄》，叢書集成初編本，第 11 頁。
〔註38〕　〔宋〕周孚：《非詩辨妄》，叢書集成初編本，第 5 頁。

能未見到，而轉主毛氏之說，其學術旨趣可見。

對於「六亡詩」的看法，主要有「有義無辭」說、「有義亡辭」說、「有譜無辭」說等幾種看法。後一種與《禮記‧鄉飲酒》等的記載相牟合，今學者多同意這種看法（參見洪湛侯《詩經學史》），而實際上則源於鄭樵，「鄭子曰：六亡詩，不曰六亡詩，而曰六笙詩，蓋歌主人，必有辭；笙主竹，故不必辭也，但有其譜耳」〔註39〕。鄭樵的這種看法與他對待《詩經》的「主樂說」一脈相承。

鄭樵解《詩》自相牴觸處，周孚抓住的也不算少，但鄭樵有時又認爲漢人說《詩》識理，或可證「義理之學」絕非宋代所獨有（見第一章第一節），「鄭子曰：毛鄭輩亦識理。《非》曰：向曰村裏陋儒，今日識理，理非村裏陋儒所能識也」〔註40〕，鄭、周二人多負氣而論，不爲不偏激。鄭樵批評《爾雅》，「鄭子曰：鳥獸草木之名，惟陶隱居識其眞，如《爾雅》，錯失尤多」〔註41〕，以後楊簡也曾就此問題放言高論過，也認爲《爾雅》多錯誤，不可據信。

周孚譏鄭樵《詩經》學術爲「不過隨文附會之學，吾不欲觀之久矣」，「隨文附會」也許正勾勒出鄭樵《詩經》學的特點；又說「鄭子曰：《詩》、《書》可信，然不必字字可信。《非》曰：斯言也，非『六經』之福也。鄭子之爲此言，忍乎？」〔註42〕實際上，鄭樵則表現出了強烈的理性精神，而周孚則顯得迂拙過敏。「鄭子曰：漢人尚三家而不取毛氏者，往往非不取其義也。但以妄誕之故，故爲時人所鄙」〔註43〕，雖未必有充分的依據，可見鄭樵對《毛詩》的排斥態度。「鄭子曰：亂先王之典籍，而紛惑其說，使後學至今不知大道之本，自漢儒始」〔註44〕，鄭樵關注的內容以及評價漢代學者學術成果的標準也是所謂的「大道」。

南宋時受鄭樵影響者除朱熹外，可能還有一部分學者，如顧文英的《詩傳演說》，該書《經義考》作「佚」，但又引劉克莊「顧貢士《詩傳》大略如鄭夾（浹）漈」〔註45〕語，或爲步鄭氏後塵者。

〔註39〕〔宋〕周孚：《非詩辨妄》，叢書集成初編本，第8頁。
〔註40〕〔宋〕周孚：《非詩辨妄》，叢書集成初編本，第11頁。
〔註41〕〔宋〕周孚：《非詩辨妄》，叢書集成初編本，第12頁。
〔註42〕〔宋〕周孚：《非詩辨妄》，叢書集成初編本，第2頁。
〔註43〕〔宋〕周孚：《非詩辨妄》，叢書集成初編本，第3頁。
〔註44〕〔宋〕周孚：《非詩辨妄》，叢書集成初編本，第5頁。
〔註45〕〔清〕朱彝尊編，朱昆田校：《經義考》卷一百一十，乾隆四十二年（1777年）本，第1頁。

王質《詩總聞》（二十卷），「取詩三百篇，每篇說其大義，復有聞音、聞訓、聞章、聞句、聞字、聞物、聞用、聞迹、聞事、聞人，凡十門。每篇爲總聞，又有聞南、聞風、聞雅、聞頌，冠於四始之首。南宋之初，廢《詩序》者三家，鄭樵、朱子及質也。鄭朱之說最著，亦最與當代相辨難，質說不字字詆《小序》，故攻之者亦稀，然其毅然自用，別出新裁，堅銳之氣，乃視二家爲倍，自稱覃精研思，幾三十年，始成是書」，「然其冥思研索，務造幽深，穿鑿者固多，懸解者亦復不少，故雖不可訓，而終不可廢焉」〔註46〕。嘉興錢儀吉在道光丙午（1846）年間寫的《識後》中說「昔黃東發說《詩》，朱呂二家外，惟取雪山王氏，知其書在宋時傳習者眾」〔註47〕。實際上宋人對他評價比較高，淳祐癸卯（1243）陳日強爲該書寫的《跋》中稱《詩總聞》在王氏「家櫝藏且五十年，未有發揮之」，認爲「其刪除《詩序》，實與文公朱先生合，至於以意逆志，自成一家，真能窹寐詩人之意於千載之上，斯可謂之窮經矣」〔註48〕。

王質解《邶風・雄雉》第四章「百爾君子，不知德行。不忮不求，何用不臧？」認爲「忮心、求心，最害心源之本也。所以子路終身誦之，而孔子以爲何足以臧？言忮、求皆生於心不治，苟能治心，安有此病也？」〔註49〕有理學家甚至近似陸學的印痕。

《鄘風・定之方中》「秉心塞淵，騋牝三千」，王質認爲「他說引《禮》：『能盡其性，則能盡人之性，盡人之性，則能盡物之性。』理則甚深，而無預於此詩也」〔註50〕，王質所引出自《禮記・中庸》，原文爲「唯天下至誠，爲能盡其性；能盡其性，則能盡人之性；能盡人之性，則能盡物之性；能盡物之性，則可以贊天地之化育；可以贊天地之化育，則可以與天地參矣」〔註51〕，字句有刪節。《中庸》在宋代逐漸獨立，成爲《四書》的重要組成部分，在理學家的反覆闡釋下，成爲理學思想的集中體現途徑之一。因而王質「理則甚深，而無預於此詩」的評價也可以視爲對當時「以理解詩」不足以解詩本義的批評和反思。但他又揭示了託詩而闡發的道理的深刻性，有助於理解從思想史角度研究這種

〔註46〕〔宋〕王質：《詩總聞・提要》，叢書集成初編本，第1頁。
〔註47〕〔宋〕王質：《詩總聞・識後》，叢書集成初編本，第1頁。
〔註48〕〔宋〕王質：《詩總聞・原跋》，叢書集成初編本，第1頁。
〔註49〕〔宋〕王質：《詩總聞》卷二，叢書集成初編本，第31頁。
〔註50〕〔宋〕王質：《詩總聞》卷三，叢書集成初編本，第47頁。
〔註51〕《禮記・中庸》。

「以理解詩」的適切性和可行性，儘管這種理解未必盡能突出詩的文本義，但卻具有思想學術方面的價值。實際上，王質自己也並沒有完全擺脫「以理解詩」的牢籠，如《鄘風·蝃蝀》「總聞曰：男女之判合皆係命，以命責之，理之正也。舊說不得尊者之命，或又舉詩凡七，及命皆謂尊者所使，不必如此。大率詩發於眾情，出於眾辭，難拘以定律也」〔註52〕。《檜風·匪風》，王質在論之以情、涵泳體會後，「總聞曰：當是關中之人，為山東之客者，其知友送歸，以此寄懷輸情，殆賢者也。詩言周道甚多，皆謂西也。人情不忘西如此，豈非千餘年習熟之人，二三聖人陶染之深，難遽忘耶？如有用我者，吾其為東周乎？聖人此情，蓋天下同情也」〔註53〕，其中「聖人此情，蓋天下同情也」的觀點便與心學的觀點接近，只是後者本之於「心」而非「情」。

王質以「疑者」與「曉者」之間的對話形式探討《大雅·文王之什·文王》，「總聞曰：蓋人心未盡一，則天命未盡純。文王所以終身守節，所謂至德也」〔註54〕，《大明》第一章「言人心已去，天命將改也」〔註55〕，將人心和天命統一起來認識，而且人心顯示、代表天命，使這個命題的倫理和教化意義更加強烈。在宋代學者中，這種認識是基本的、佔主導的，較少迷信的觀念。

《大雅·生民之什·泂酌》「聞事曰」「或者如何為德，如何為道，如何親，道如何饗。道德析為兩位，親饗別為兩歧，蓋自先時與後世，開拘儒曲士之門。不知為《序》者何人，其遺害未易可言也」〔註56〕，抨擊《序》，反對支離解《詩》，雖未如程朱陸楊等闡發的細緻精微，但主張道德的渾融則是顯而易見的。這種體用、道器問題是理學家論述的重要和熱點問題。

《小雅·節南山之什·雨無正》「總聞曰：厲王出奔彘歲在己未，死於彘歲在癸酉，凡十五年。居正位之君在彘，行君事之臣在鎬，不可三月無君，而十五年曾無一人唱（倡）反正之謀、舉勤王之師者。雖厲王不君，然命義天下大戒也。以正律之，當會同諸侯，誅戮群小，奉厲王於西都。周、召二伯，左右為之弼諧。既不能然，儲賢嗣以待將來。雖不為無功於周，然終非

〔註52〕〔宋〕王質：《詩總聞》卷三，叢書集成初編本，第48頁

〔註53〕〔宋〕王質：《詩總聞》卷七，叢書集成初編本，第132頁。按：「總聞曰」原誤作「總文曰」。

〔註54〕〔宋〕王質：《詩總聞》卷十六，叢書集成初編本，第257頁。

〔註55〕〔宋〕王質：《詩總聞》卷十六，叢書集成初編本，第257頁。

〔註56〕〔宋〕王質：《詩總聞》卷十七，叢書集成初編本，第283頁。

萬世之正也。此詩聖人所以存之，君臣之際，有考焉」〔註57〕。這種君臣、父子之間倫理關係的「義理」解說，與朱熹等的看法如出一轍，是當時理學背景下共同的思想觀念體現，朱熹《詩經集傳》評論平王派兵爲舅氏戍申時也持類似的觀點。

　　總之，由兩宋之際王學和程學的興替，以及謝良佐、楊時、鄭樵、王質等人解《詩》的實際，約略可見該時期思想學術的變化和《詩經》學與理學之間的某種強烈糾葛。無論是對待《詩經》的觀念、解《詩》的方法和一些具體的學術觀點，都說明這個階段的《詩經》學在宋代《詩經》學發展中具有承前啓後的過渡作用。

〔註57〕〔宋〕王質：《詩總聞》卷十二，叢書集成初編本，第200～201頁。

第八章　宋代《詩經》學義理解釋的進一步調整和成熟

　　這個時期，主要包括高、孝、光、寧四朝，理學得到長足發展，在《詩經》學中也有體現。

　　朱熹在淳熙壬寅（1182）九月己卯爲《呂氏家塾讀詩記》寫的《序》〔註1〕中說《詩經》學在宋代經劉敞、歐陽修、王安石、蘇轍、二程、張載「始用己意有所發明」，「自是之後，三百五篇之微詞奧義，乃可得而尋繹」，但是「及其既久，求者益眾，說者愈多，同異紛紜，爭立門戶，無復推讓祖述之意，則學者無所適從，而或反以爲病」〔註2〕，說明這個階段曾經出現過解說紛紜、以致讓學者們無所適從的局面，朱熹在該《序》中除表達對《呂氏家塾讀詩記》綜合各家的讚賞之外，客觀上揭示了當時理論和現實兩個方面均提出對宋代《詩經》學進行小結和整合的需要，「集大成」的作品產生自是不可避免了，而這個過程則取決於學者們各自的學術背景和思想。

　　《詩經》學從不同思想角度對學術問題的認識進行調整，更側重理性的分析，不受漢代學者的拘泥。一般認爲，集大成者是朱熹，如皮錫瑞、劉師培、傅斯年、夏傳才等。而當時呂祖謙的影響也很大，《呂氏家塾讀詩記》被認爲是精審的集成之作，只是思想與方法略有不同罷了。同時，陸學的《詩經》學也很活躍，獨研「思無邪」的心性義理，對孔、思、孟及程顥、楊時等都有繼承和推進，同時與朱學構成相互切磋的局面，不能不算集大成的又

〔註1〕叢書集成初編本稱爲「原序」。
〔註2〕《呂氏家塾讀詩記‧原序》，叢書集成初編本，第1頁。

一家，不過規模略較前者小，所涉內容空疏而已。如果從學理角度考慮，呂祖謙調濟朱陸學術及思想，在《詩經》學中反映很明顯。也許，呂氏更是學術的集大成者。

此外，張栻《詩經》學觀點也散見於朱熹《詩經集傳》和呂祖謙《呂氏家塾讀詩記》等集傳類著作中，有些和陸學比較接近，如《秦風·渭陽》朱熹引「廣漢張氏曰：『康公為太子，送舅氏而念母之不見，是固良心也，而卒不能自克於令狐之役，怨欲害乎良心也，使康公知循是心，養其端而充之，則怨欲可消矣。』」〔註3〕

關於朱熹《詩經》學的研究專著和論文很浩富，其理學思想在不同程度上已有所涉及，但更側重對其文學解《詩》及闡釋學的研究。有學者認為「朱熹實現了對《詩》與『史』和《詩》與『論』（教化）的整合與超越，成功地建構起了以《詩》說《詩》的基本原則，朱熹『以《詩》說《詩》』原則不僅是《詩經》詮釋學史上的一次重大變革，同時也是中國古典美學的一個具有普遍意義的思維方式，是對中國『以物觀物』審美精神的繼承和發揚，具有重大的理論意義」〔註4〕。這裡對朱子解《詩》原則的評價很高，而且將「以《詩》解《詩》」與源於《莊子》與《觀物篇》的「以物觀物」思想和精神聯繫起來，使這個方法有了更濃鬱的哲學色彩和現代意義，即反思研究方法和研究對象之間的關係。但朱熹是否對所有詩篇都貫徹了這個原則？在多大程度上貫徹了這個原則？這些問題都值得不斷的反思和研究。「因文見義」或「以詩解詩」自從歐陽修以來就很普遍，影響深遠，不獨朱熹一人（參見第四章）。但是筆者很贊同該文對朱熹《詩經》學整合和超越的判斷，具有同樣特徵的還應該包括呂祖謙、陸九淵與楊簡，他們的分歧源於各自的學術思想，而試圖彌合朱陸及宋代各家《詩經》學觀點的，更是呂祖謙。至於朱熹《詩集傳》後來在趙復及許謙〔註5〕的努力和元代統治者的支持下，獨興並蔓延至明清，則是另一回事，不純粹是學術原因。

〔註3〕〔宋〕朱熹：《詩經集傳》卷三《國風一·渭陽》，《四庫全書（文淵閣本）》（第72冊），第798頁。

〔註4〕鄔其昌：《「以〈詩〉說〈詩〉」與「以〈序〉解〈詩〉」——朱熹〈詩經〉詮釋學美學基本原則研究之二》，載中國詩經學會編：《詩經研究叢刊》（第六輯），學苑出版社，2004年，第143頁。

〔註5〕許謙，王柏弟子，朱熹四傳。著有輔翼《詩集傳》的《詩集傳名物鈔》（八卷）及《詩譜鈔》（一卷）等。

第一節　朱熹的《詩經》學與理學

朱熹專門的《詩經》學著作，主要有《詩集傳》和《詩序辨說》，「朱熹《詩集傳》二十卷，《詩序辨》一卷」（《宋史·藝文志》），《詩序辨》即《詩序辨說》。其《詩經》學見解還可見於《朱子語類》和《詩傳遺說》。《詩集傳》，《宋史·藝文志》作二十卷，後坊間刊刻多合爲八卷。二十卷本無《原序》，八卷本有；八卷本合併了二十卷本的卷數，兩本在傳文上幾乎沒有出入，只是八卷本對二十卷本的經文夾註作了大量的刪改〔註6〕。《四庫全書》爲了與蘇轍的《詩集傳》相區分，將蘇轍的《詩集傳》稱爲《蘇氏詩集傳》，將朱熹的《詩集傳》稱爲《詩經集傳》，此處主要依據《詩經集傳》（《四庫全書》本）、《詩經》（商務印書館1929年本）及《詩集傳》（中華書局1958年排印本），在名稱上沿用《四庫全書》的《詩經集傳》。

《詩經集傳》在《詩經》學史上具有劃時代的意義，此後學風大變，「自是以後，說《詩》者遂分攻《序》、宗《序》兩家，角立相爭而終不能以偏廢」〔註7〕，雖未必全面，但足以顯示其在《詩經》學學術史上的地位。皮錫瑞認爲「歐陽修《詩本義》，始不專主毛鄭。宋人竟立新說，至朱子集其成」〔註8〕。夏傳才先生曾將鄭玄的《毛詩傳箋》、孔穎達的《毛詩正義》、朱熹的《詩集傳》稱爲《詩經》詮釋學（或史）的三個里程碑，尤其認爲「宋代的朱熹，吸取了當時哲學、文學和經史研究的成就，集兩宋《詩經》研究之大成，撰寫了《詩集傳》」〔註9〕。

一、從義理角度反思「刪改未盡者」——《詩集傳》的改稿與初稿

據載，《詩經集傳》多易其稿，朱熹前期和後期的《詩經》學觀點有截然變化，有所謂「初稿」和「改稿」的說法。當然，不少學者根據《朱子語類》卷八十朱熹自陳解《詩》的三種變化，認爲兩者中間還曾經有一個過渡階段。宋代「葉紹翁曰：考亭先生晚注《毛詩》，盡去《序》文」〔註10〕，《四庫全

〔註6〕蔡方鹿：《朱熹經學與中國經學》，人民出版社，2004年，第347頁。

〔註7〕〔宋〕朱熹：《詩經集傳·提要》，《四庫全書（文淵閣本）》（第72冊），第746頁。

〔註8〕〔清〕皮錫瑞：《經學通論》二《詩經·論〈詩〉比他經尤難明其難明者有八》，第2頁。

〔註9〕夏傳才：《思無邪齋文鈔》，學苑出版社，2002年，第191頁。

〔註10〕〔清〕朱彝尊編，朱昆田校：《經義考》卷一百零七，乾隆四十二年（1777年）本，第4頁。

書總目提要》認為「凡呂祖謙《讀詩記》所稱『朱氏曰』者皆其初稿，其說全宗《小序》，後乃改從鄭樵之說〔註11〕，是為今本」〔註12〕，朱熹是否完全廢《序》，從葉紹翁至《四庫》館臣大多持肯定意見，並且認為今所傳二十卷本或八卷本《詩集傳》中有朱熹前期《詩經》學見解，即「刪改未盡者」，造成對流傳本理解的困難和誤解〔註13〕。實際上，朱熹多數非《序》，但並非完全廢《序》，即使周孚也承認態度激越的鄭樵偶而對《詩序》也有贊許聲。這種理性的治學精神在不同的學者身上儘管有程度的差異，但卻是一貫的。陳文蔚就認為朱熹「於《詩》去《小序》之亂經，得詩人吟詠性情之意」〔註14〕，表述就比較嚴密，是「去《小序》之亂經」者，而不是全部。

朱熹在淳熙四年丁酉（1177）冬十月戊子寫的《序》中說：

> 或有問於予曰：「《詩》何為而作也？」予應之曰：「人生而靜，天之性也，感於物而動，性之欲也。夫既有欲矣，則不能無思，既有思矣，則不能無言，既有言矣，則言之所不能盡，而發於咨嗟詠歎之餘者，必有自然之音響節族（奏）而不能已焉，此《詩》之所以作也。」曰：「然則其所以教者何也？」曰：「《詩》者，人心之感物而形於言之餘也。心之所感有邪正，故言之所形有是非，惟聖人

〔註11〕 原注：「按：朱子攻《序》用鄭樵說，見於《語錄》，朱升以為用歐陽修之說，誤也。」

〔註12〕 〔宋〕朱熹：《詩經集傳·提要》，《四庫全書（文淵閣本）》（第72冊），第745頁。

〔註13〕 造成這種理解困難比較有說服力的依據是朱鑒《詩傳遺說》卷二中的追溯文字，新近出版的蔡方鹿《朱熹經學與中國經學》有集中反映，束景南先生《朱熹年譜長編》對此序文與《詩經集傳》的改稿時間作了細密的考證，參見該書第591～593頁。這種考證是比較有說服力的，但是思想之流能否截然以時間為利劍快捷斬斷似乎還是一個問題。所以我們在尊重這個時間的考察和反省的同時，將注意力更多集中在材料本身所提供的信息上，「回歸文本」，以宋代學者的治學精神來研究他們，也許能給人一種啟發。而該問題的解決，關鍵是這個所謂的《原序》是什麼時候進入流傳本的，出於何種考慮？蔡方鹿先生據《詩傳遺說》認為至朱鑒時《詩經集傳》還未有這個序，這是不是一個反證還有待研究。所以中華書局1958年排印本根據文學古籍刊行社影印宋刊本，並依校記改正錯脫，認為「宋本失去朱熹序文，今亦用別本增補」（〔宋〕朱熹集注《詩集傳·出版說明》，中華書局，1958年版），並未將有無《原序》作為區別《詩集傳》初稿改稿的標誌。

〔註14〕 〔清〕朱彝尊編，朱昆田校：《經義考》卷一百零八，乾隆四十二年（1777年）本，第2頁。

在上，則其所感者無不正，而其言皆足以爲教。」〔註15〕

又說：

曰：「然則國風、雅、頌之體，其不同若是，何也？」曰：「吾聞之，凡《詩》之所謂風者，多出於里巷歌謠之作，所謂男女相與詠歌，各言其情者也。惟《周南》、《召南》親被文王之化以成德，而人皆有以得其性情之正，故其發於言者，樂而不過於淫，哀而不及於傷，是以二篇獨爲《風》詩之正經。自《邶》而下，則其國之治亂不同，人之賢否亦異，其所感而發者，有邪正是非之不齊，而所謂先王之風者於此焉變矣。若夫《雅》、《頌》之篇，則皆成周之世，朝廷郊廟樂歌之辭，其語和而莊，其義寬而密，其作者往往聖人之徒，固所以爲萬世法程而不可易者也。至於《雅》之變者，亦皆一時賢人君子閔時病俗之所爲，而聖人取之，其忠厚惻怛之心，陳善閉邪之意，尤非後世能言之士所能及之。此《詩》之爲經，所以人事浹於下，天道備於上，而無一理之不具也。」曰：「然則其學之也，當奈何？」曰：「本之《二南》以求其端，參之列國以儘其變，正之於《雅》以大其規，和之於《頌》以要其止，此學《詩》之大旨也。於是乎章句以綱之，訓詁以紀之，諷詠以昌之，涵濡以體之，察之情性隱微之間，審之言行樞機之始，則修身及家平均天下之道，其亦不待他求而得之於此矣。」〔註16〕

另由《序》中「余時方輯《詩傳》」〔註17〕可知《詩經集傳》的寫作也在這個時期，但已經是「改稿」了。而《四庫全書總目提要》根據此《序》文與《詩經集傳》對待《詩小序》的態度差異，認爲這個《序》文反映的應是朱熹前期的《詩經》學思想，「中無一語斥《小序》，蓋猶初稿」，進而認爲《孟子集注》、《白鹿洞賦》、《詩經集傳》中的《周頌·豐年》等還殘存著「舊稿之刪改未盡者也」〔註18〕。這種論證是比較脆弱的，宋代《詩經》學研究不拘於

〔註15〕〔宋〕朱熹：《詩經集傳·原序》，《四庫全書（文淵閣本）》（第72冊），第748頁。

〔註16〕〔宋〕朱熹：《詩經集傳·原序》，《四庫全書（文淵閣本）》（第72冊），第748~749頁。

〔註17〕〔宋〕朱熹：《詩經集傳·原序》，《四庫全書（文淵閣本）》（第72冊），第749頁。

〔註18〕〔宋〕朱熹：《詩經集傳·提要》，《四庫全書（文淵閣本）》（第72冊），第746頁。

門戶，即使所謂「廢序」者也並非完全將前人觀點掃除淨盡，由歐陽修等開始對已有的研究成果的評價也能體現這一點。如果將注意力轉移至這些材料本身來考察，不難發現這裡體現了朱熹較成熟的治《詩》方法、目標和觀念，方法上主要是漢宋並舉，章句涵泳並用，雖側重義理但有綜合的特點；目標上是義理追求，體味詩文中的「天道」或「理」，並由己及人，達至《大學》中的修齊治平目標；觀念上重視純醇的《二南》，作為研究《詩經》的基礎和階梯，與張載、程頤有相似的地方。這種解《詩》意向在成熟的《四書章句集注》中也有反映，朱熹注解《論語‧陽貨》論《詩》條：

> 子曰：「小子！何莫學夫詩？夫，音扶。小子，弟子也。詩，可以興，感發志意。可以觀，考見得失。可以群，和而不流。可以怨。怨而不怒。邇之事父，遠之事君。人倫之道，詩無不備，二者舉重而言。多識於鳥獸草木之名。」其緒餘又足以資多識。學詩之法，此章盡之。讀是經者，所宜盡心也。〔註19〕

同時，儘管表面上該《序》文未批評《小序》，但對《風》詩「情詩」性質的界定已很明確，「所謂男女相與詠歌，各言其情者也」〔註20〕，而《詩經集傳》中的「淫詩說」及對《小序》附會歷史事實的斥責即根源於此，對《風》詩性質的認定成為閱讀這部分詩歌的關鍵，以後王柏的刪詩主張及近現代以來對《詩經》的文學解讀也根源於此。因此，《詩經集傳‧序》與《詩經集傳》是一致的。又如《詩經集傳》對「國風」的解釋——「國者諸侯所封之域，而風者民俗歌謠之詩也」〔註21〕也與《序》文基調一致。其中的時間記載因而也具有較強的考證學價值。

　　莫礪鋒先生在《朱熹〈詩集傳〉與〈毛詩〉的初步比較》〔註22〕一文中詳細比較《詩集傳》題解與《詩序》的關係，分為五種類型，很有說服力。此謹根據莫先生統計數據製表8（單位：篇）：

〔註19〕《論語集注》卷九《陽貨第十七》，載〔宋〕朱熹：《四書章句集注》，第178頁。

〔註20〕〔宋〕朱熹：《詩經集傳‧原序》，《四庫全書（文淵閣本）》（第72冊），第748頁。

〔註21〕〔宋〕朱熹：《詩經集傳》卷一《國風一》，《四庫全書（文淵閣本）》（第72冊），第749頁。

〔註22〕莫礪鋒：《朱熹〈詩集傳〉與〈毛詩〉的初步比較》，載《中國古典文學論叢》第2輯，第140～155頁。

表8：朱熹《詩經集傳》與《小序》解題比較簡表

	風	小雅	大雅	頌	總計
《詩集傳》採用《小序》說	16	5	5	3	29
《詩集傳》不提《小序》而全襲其說	36	10	0	7	53
《詩集傳》與《小序》大同小異	41	18	15	15	89
《詩集傳》與《小序》說不同	64	39	11	12	126
《詩集傳》認爲應存疑	3	2		3	8
合　計	160	74	31	40	305

說明：此表數據源於莫礪鋒先生《朱熹〈詩集傳〉與〈毛詩〉的初步比較》，載《中國古典文學論叢》第 2 輯，人民文學出版社，1985 年，第 144 頁；並曾被檀作文《朱熹詩經學研究》引用，見該著第 53 頁。

　　莫礪鋒先生比較的《詩經》篇目，不包括六首笙詩。他據此表分析認爲「朱熹對《小序》的態度是有取有捨，既不曲從，也不盡廢，但是改正《小序》說的比較多」，「《詩集傳》採取《小序》說的大多是確有根據的說法，朱熹對《小序》的取捨態度是比較慎重、正確的，後代的一些學者爲了維護《小序》，對朱熹的『廢序』頗有微詞，實在是出於偏見」〔註23〕。這個結論是比較中肯的。筆者在此則換一個角度，運用莫先生的統計結果和分析結論，來佐證《詩集傳》中肯定《序》的說法不是「刪除未盡者」，這也應是莫文未盡之意。

二、朱熹解《詩》的理學基礎探析

　　朱熹解《詩》的理學基礎，主要有兩個方面：一是將詩歌主人公與詩歌作者統一起來（尤其是《風》詩），獲得了對一部分《風》詩「淫詩」的認定；一是對《詩》的義理價值的賦予和揭示〔註24〕，以《四書》解《詩》。二者結

〔註23〕莫礪鋒：《朱熹〈詩集傳〉與〈毛詩〉的初步比較》，載《中國古典文學論叢》第 2 輯，第 145 頁。按：這個問題一直能引起人們的關注和興趣，如謝謙《論朱熹〈詩〉說與毛鄭之學的異同及歷史意義》（《四川師院學報》1985 年第 3 期）、李開金《〈詩集傳〉與毛詩鄭箋訓詁相通說》（《武漢大學學報》1987 年第 3 期）、原新梅《朱熹〈詩集傳〉對〈毛詩序〉的批判和繼承》（《徐州師範學院學報》1990 年第 4 期）、楊天宇《朱熹的〈詩經〉說與〈毛詩序〉》（《河南大學學報》1992 年第 2 期）、莫礪鋒《論朱熹對〈詩序〉的態度》（《文獻》2000 年第 1 期）等。

〔註24〕如《大雅・桑柔》「維此惠君，民人所瞻」，朱熹注「惠，順也，順於義理也」（〔宋〕朱熹：《詩經集傳》卷七《大雅三・桑柔》，《四庫全書（文淵閣本）》

合形成《詩經》的理學解釋。

《魯頌・駉》第四章朱熹注：

> 孔子曰：「《詩三百》，一言以蔽之，曰思無邪。」蓋詩之言美惡
> 不同，或勸或懲，皆有以使人得其情性之正，然其明白簡切，通於
> 上下，未有若此言者，故特稱之，以爲可當《三百篇》之義，以其
> 要爲不過乎此也。學者誠能深味其言，而審於念慮之間，必使無所
> 思而不出於正，則日用云爲莫非天理之流行矣。〔註25〕

可見，朱熹解《詩》的理學觀念和宗旨是相當明確和自覺的。解釋「思無邪」
爲「得其情性之正」，所以他勸告學者要「審於念慮之間，必使無所思而不出
於正，則日用云爲莫非天理之流行」，把「思無邪」和對「念慮」的審視省察
聯繫起來，並進而判斷日常舉動言行是否合乎「天理」。正是這個解釋使其和
陸象山、楊慈湖區別了開來，陸楊則將「思無邪」與「致本心」聯繫起來（詳
見本章第二節《陸九淵及其弟子的〈詩經〉學研究》），同是義理解說，因此
一途徑的差異，在治學方法、學術風格、學術旨趣上便各有千秋，各具特色，
但歸宿皆在對「道」或「理」的涵泳，因而也有可以溝通的地方，所以各自
後學以融合朱陸面目出現者就很多了（參見第九章《宋代〈詩經〉學理學解
釋的衰落和影響》）。

朱熹從《詩》的創制角度論證《詩》的義理價值，爲以《四書》（尤其是
《大學》）解《詩》進一步尋找依據：

> 武王崩，子成王誦立，周公相之，製作禮樂，乃採文王之世風
> 化所及民俗之詩，被之管絃，以爲房中之樂，而又推之以及於鄉黨
> 邦國，所以著明先王風俗之盛，而使天下後世之修身齊家治國平天
> 下者皆得以取法焉。〔註26〕

這樣，在朱熹看來，《二南》就成爲彰顯先王風俗、爲後世法式的載體，「本
之《二南》以求其端」〔註27〕就成爲閱讀的起點和基礎，「修齊治平」也就成

（第72冊），第881頁），「惠」在此處的詞性已發生了變化，朱熹賦予君「順
於義理」的道德規定和約束。

〔註25〕〔宋〕朱熹：《詩經集傳》卷八《頌四・駉》，《四庫全書（文淵閣本）》（第72
冊），第899頁。

〔註26〕〔宋〕朱熹：《詩經集傳》卷一《國風一》，《四庫全書（文淵閣本）》（第72
冊），第749頁。

〔註27〕〔宋〕朱熹：《詩經集傳・原序》，《四庫全書（文淵閣本）》（第72冊），第749
頁。

為閱讀的宗旨，正是在這種意義上，朱熹肯定《小序》「《關雎》、《麟趾》之化，王者之風，故繫之周公。南，言化自北而南也。《鵲巢》、《騶虞》之德，諸侯之風也，先王之所以教，故繫之召公」，認為「斯言得之矣」〔註28〕。又如《周南》：

> 按此篇首五詩，皆言后妃之德。《關雎》舉其全體而言也，《葛覃》、《卷耳》言其志行之在己，《樛木》、《螽斯》美其德惠之及人，皆指其一事而言也，其辭雖主於后妃，然其實則皆所以著明文王身修家齊之效也。至於《桃天》、《兔罝》、《芣苢》則家齊而國治之效，《漢廣》、《汝墳》則以南國之詩附焉，而見天下已有可平之漸矣。若《麟之趾》則又王者之瑞，有非人力所致而自至者，故復以是終焉，而《序》者以為《關雎》之應也。夫其所以至此，后妃之德固不為無所助矣，然妻道無成，則亦豈得而專之哉？今言《詩》者，或乃專美后妃，而不本於文王，其亦誤矣。〔註29〕

可見，以「義理」說《詩》，既可以統一各篇主旨，又可進一步表明修齊治平的道理。同樣，對《召南》也是如此。《召南》：

> 愚按：《鵲巢》至《采蘋》，言夫人大夫妻，以見當時國君大夫被文王之化，而能修身以正其家也。《甘棠》以下，又見由方伯能布文王之化，而國君能修之家以及其國也，其辭雖無及於文王者，然文王明德新民之功，至是而其所施者溥矣，抑所謂其民皓皓而不知為之者與（歟）？唯《何彼襛矣》之詩為不可曉，當闕所疑耳。〔註30〕

這種義理解釋，具體來說就是以《四書》（主要是《大學》）解《詩》，尤其是《大學》中的「三綱領」、「八條目」。同時，《大學》及其傳文在朱熹的《詩經》解釋中佔據著重要地位，《衛風·淇奧》「《大學傳》曰：『如切如磋者，道學也；如琢如磨者，自修也。』」〔註31〕朱熹論學也反映了這種細密的風格。

〔註28〕 〔宋〕朱熹：《詩經集傳》卷一《國風一》，《四庫全書（文淵閣本）》（第72冊），第750頁。

〔註29〕 〔宋〕朱熹：《詩經集傳》卷一《國風一》，《四庫全書（文淵閣本）》（第72冊），第753～754頁。

〔註30〕 〔宋〕朱熹：《詩經集傳》卷一《國風一》，《四庫全書（文淵閣本）》（第72冊），第758頁。按：「國君能修之家以及其國」的「之」，商務印書館1929年版本作「其」，義較長。

〔註31〕 〔宋〕朱熹：《詩經集傳》卷二《國風一·淇奧》，《四庫全書（文淵閣本）》（第72冊），第770頁。

具體到詩篇也能看到這種鮮明的迹象。《大雅·抑》第七章「視爾友君子，
輯柔爾顏，不遐有愆。相在爾室，尚不愧于屋漏，無曰『不顯，莫予云覯』。
神之格思，不可度思，矧可射思」，朱熹注：

> 言視爾友於君子之時，和柔爾之顏色，其戒懼之意，常若自省
> 曰：「豈不至於有過乎？」蓋常人之情，其修於顯者，無不如此，然
> 視爾獨居於室之時，亦當庶幾不愧於屋漏，然後可爾，無曰「此非
> 顯明之處，而莫予見也」。當知鬼神之妙，無物不體，其至於是，有
> 不可得而測者，不顯亦臨，猶懼有失，況可厭射而不敬乎？此言不
> 但修之於外，又當戒謹恐懼乎其所不睹不聞也。《子思子》曰「君子
> 不動而敬，不言而信」，又曰「夫微之顯，誠之不可掩如此」。此正
> 心誠意之極功，而武公及之，則亦聖賢之徒矣。〔註32〕

《大雅·思齊》第二章「惠于宗公，神罔時怨，神罔時恫。刑于寡妻，至于
兄弟，以御于家邦」，朱子注：

> 言文王順於先公，而鬼神歆之，無怨恫者。其儀法，內施於閨
> 門，而至於兄弟，以御於家邦也。孔子曰「家齊而後國治」，孟子曰
> 「言舉斯心加諸彼而已」，張子曰「言接神人，各得其道也」。〔註33〕

朱熹的解說突出了修身、齊家、治國的內容。

《王風·揚之水》朱熹注：

> 申侯與犬戎，攻宗周而弒幽王，則申侯者，王法必誅，不捨之
> 賊，而平王與其臣庶不共戴天之仇也。今平王知有母而不知有父，
> 知其立己為有德而不知其弒父為可怨，至使復仇討賊之師，反為報
> 施酬恩之舉，則其忘親逆理，而得罪於天已甚矣。又況先王之制，
> 諸侯有故，則方伯連帥，以諸侯之師討之：王室有故，則方伯連帥，
> 以諸侯之師救之。天子鄉遂之民，供貢賦、衛王室而已，今平王不
> 能行其威令於天下，無以保其母家，乃勞天下之民，遠為諸侯戍守，
> 故周人之戍申者，又以非其職而怨思焉，則其衰懦微弱而得罪於民，
> 又可見矣。嗚呼！《詩》亡而後《春秋》作，其不以此也哉？〔註34〕

〔註32〕〔宋〕朱熹：《詩經集傳》卷七《大雅三·抑》，《四庫全書（文淵閣本）》（第
　　　　72冊），第879頁。
〔註33〕〔宋〕朱熹：《詩經集傳》卷六《大雅三·思齊》，《四庫全書（文淵閣本）》（第
　　　　72冊），第864頁。
〔註34〕〔宋〕朱熹：《詩經集傳》卷二《國風一·揚之水》，《四庫全書（文淵閣本）》

《唐風‧無衣》朱熹注第一章「豈曰無衣七兮？不如子之衣，安且吉兮」：

> 史記曲沃桓叔之孫武公，伐晉滅之，盡以其寶器賂周釐王，王
> 以武公爲晉君，列於諸侯。此詩蓋述其請命之意，言我非無是七章
> 之衣也，而必請命者，蓋以不如天子之命服之爲安且吉也。蓋當是
> 時，周世雖衰，典刑猶在，武公既負弒君篡國之罪，則人得討之，
> 而無以自立於天地之間，故賂王請命而爲説如此，然其倨慢無禮，
> 亦已甚矣。釐王貪其寶玩，而不思天理民彝之不可廢，是以誅討不
> 加而爵命行焉，則王綱於是乎不振，而人紀或幾乎絶矣，嗚呼痛哉！
> 〔註35〕

以「天理」解釋、評價史事。可見，朱熹以「理」解《詩》，即用《詩》來表達或反映自己的理學思想是很自覺的。尤其是《王風‧揚之水》，程頤解時還只是就事論事，未作發揮，顯得比較質實（參見第六章第三節《二程的〈詩經〉學研究》），而至朱熹則是純粹的義理説教，能反映出理學對《詩經》學的影響進一步加深，以後楊簡、袁燮等人的解釋就多本朱子或受其影響。

　　另外，這種以理解《詩》能呈現出一定的現實針對性，總體上注重倫理道德自有其時代和社會的原因，前文已涉及，茲不贅述，在一些具體問題如治國方略、用兵之道等上也有反映，如王安石、朱熹、袁燮等人，也許和「經筵講義」的進諫目的有關。在《大雅‧瞻卬》第三章的注中，朱熹指出歷史上的「婦人與奄（閹）人」之禍：

> 蓋二者常相依而爲奸，不可不並以爲戒也。歐陽公嘗言：「宦者
> 之禍甚於女寵。」其言尤爲深切。有國家者可不戒哉？〔註36〕

又如《秦風‧無衣》朱熹注：

> 秦人之俗，大抵尚氣概，先勇力，忘生輕死，故其見（現）於
> 詩如此。然本其初而論之，岐豐之地，文王用之，以興二南之化，
> 如彼其忠且厚也；秦人用之，未幾而一變其俗，至於如此，則已悍
> 然有招八州而朝同列之氣矣。何哉？雍州土厚水深，其民厚重質直，
> 無鄭衛驕惰浮靡之習，以善導之，則易以興起而篤於仁義；以猛驅

（第 72 冊），第 776 頁。

〔註35〕〔宋〕朱熹：《詩經集傳》卷三《國風一‧無衣》，《四庫全書（文淵閣本）》（第72 冊），第 793 頁。

〔註36〕〔宋〕朱熹：《詩經集傳》卷七《大雅三‧瞻卬》，《四庫全書（文淵閣本）》（第72 冊），第 888 頁。

之，則其強毅果敢之資亦足以強兵力農，而成富強之業，非山東諸
國所及也。嗚呼！後世欲爲定都立國之計者，誠不可不監（鑒）乎
此。而凡爲國者，其於導民之路尤不可不審其所之也。〔註37〕

這裡不僅和朱熹所處的南宋偏安現實有關，有明顯關注現實的傾向，提醒統
治者防止「婦人與奄（閹）人」之禍、注意「導民之路」的歸宿。《秦風・無
衣》部分雖未簡單否定「強兵力農，而成富強之業」的具體措施，但是將其
歸於民風「厚重質直」「篤於仁義」上，正是理學關注的內容之一（「化民成
性」中的「化民」），殷殷叮囑「於導民之路尤不可不審其所之也」。同時，也
體現了他對「鄭衛之詩」所反映的民俗的批評態度，因此，「淫詩說」自有其
義理的來龍去脈。至於以風土論民風，則本諸張載，朱熹亦很熟稔（參見第
六章第二節《張載〈詩經〉學鉤佚與研究》）。朱熹「以詩解詩」和對《詩經》
的文學解釋只是後人的再評價和再闡釋（參見莫礪鋒、鄒其昌、檀作文等的
解釋），對理解《詩經》中的「情詩」及《詩經》學的文學轉向有一定幫助，
而從學術思想和具體的歷史考察來看，其義理態度和理學眼光則是基本的，
以其思想爲理解基礎和背景，因而也在深層次上反映出朱熹的思想學術特
點，即重視「化民成性」。

但朱熹畢竟是側重心性角度的，所以很強調「成性」「養心」，他這樣理
解孔子「《關雎》樂而不淫，哀而不傷」：

愚謂此言爲此詩者得其性情之正、聲氣之和也。蓋德如雎鳩，
摯而有別，則后妃性情之正固可以見其一端矣。至於寤寐反側，琴
瑟鐘鼓，極其哀樂，而皆不過其則焉，則詩人性情之正又可以見其
全體也。獨其聲氣之和，有不可得而聞者，雖若可恨，然學者姑即
其辭而玩其理以養心焉，則亦可以得學《詩》之本矣。〔註38〕

「成性」是「得性情之正」，「養心」則是「審於念慮之間」，目的是「無所思
而不出於正」、「日用云爲莫非天理之流行」，從內到外都合乎正或天理。也即
這裡朱熹強調的「即其辭而玩其理以養心」。這種讀《詩》態度和方法，儘管
還是經學的或理學的，但已有通過文辭體味的更多因素，受歐陽修的影響很

〔註37〕〔宋〕朱熹：《詩經集傳》卷三《國風一・無衣》，《四庫全書（文淵閣本）》（第
　　　　72 冊），第 797 頁。

〔註38〕〔宋〕朱熹：《詩經集傳》卷一《國風一・關雎》，《四庫全書（文淵閣本）》（第
　　　　72 冊），第 750 頁。

明顯，對清代「獨立思考派」的《詩經》研究也多有啓發。然而，這段材料也透露出了一個矛盾，即他將兩種性情混淆了，一是「詩歌主人公」（如所謂后妃等）的性情，一是「詩人」（即詩歌作者）的性情。這並非朱熹的偶然失誤，而是和他對「風」詩性質的認定有關，既然認爲它是「各言其情」的民俗歌謠，詩歌的抒情主人公和作者就有可能合而爲一〔註39〕，從而糾纏在一起；同時也說明這種「言其情」與「詩言志」有內在的繼承關係。如他認爲《葛覃》「此詩后妃所自作，故無讚美之辭」〔註40〕、《卷耳》「此亦后妃所自作，可以見其貞靜專一之至矣」〔註41〕、《芣苢》「婦人無事，相與採此芣苢，而賦其事以相樂也」〔註42〕等，這類例子很多，最鮮明的是他將那些「男女相與詠歌，各言其情者也」〔註43〕的「情詩」也視爲抒情主人公的內心獨白和自我寫作，「心之所感有邪正，故言之所形有是非」〔註44〕，因情有善惡的不同，一旦不符合「中」和禮義，「言之所形」的詩篇就會成爲宣淫之作，而被打入「淫詩」行列（今有人統計共 28 首），並蒙受道德的責難。但這種理學解釋較文學閱讀很近，剝離掉那些道德評價和理學因素後，這些「情詩」的文學面目也會裸露出來，所以有些學者甚至直接認爲朱熹的《詩經》學就是文學解釋，如果從這個角度來理解是不無道理的。

至於朱熹所認爲的「淫詩」，實多是男女打情罵誚之作，生動而活潑，因過分張揚，不符合禮義的節制中和原則〔註45〕而稱爲「淫」，即過度、過猶不及的「過」的意思。雖有理學家的道德評價，但卻從一個側面揭示了這些情

〔註39〕檀作文曾考察過朱熹認定的《國風》詩作者的身份情況，認爲「《國風》里巷歌謠說」自身不很嚴密：但又認爲這個「論斷主要是以《風》詩的抒情精神爲根據：他對《風》詩與《雅》、《頌》在抒情風格上的差異，要比作者身份的差異敏感得多」，後者可資參考。見檀作文：《朱熹詩經學研究》，學苑出版社，2003 年，第 131 頁。

〔註40〕〔宋〕朱熹：《詩經集傳》卷一《國風一·葛覃》，《四庫全書（文淵閣本）》（第72 冊），第 751 頁。

〔註41〕〔宋〕朱熹：《詩經集傳》卷一《國風一·卷耳》，《四庫全書（文淵閣本）》（第72 冊），第 751 頁。

〔註42〕〔宋〕朱熹：《詩經集傳》卷一《國風一·芣苢》，《四庫全書（文淵閣本）》（第72 冊），第 752 頁。

〔註43〕〔宋〕朱熹：《詩經集傳·原序》，《四庫全書（文淵閣本）》（第 72 冊），第 748頁。

〔註44〕〔宋〕朱熹：《詩經集傳·原序》，《四庫全書（文淵閣本）》（第 72 冊），第 748頁。

〔註45〕「發乎情而止乎禮義」，在宋代有不少學者認爲「變風」的底限是「止乎禮義」。

詩的本質，也是一大貢獻！朱熹多用「戲之」、「謔之」、「語其所私者」、「戲其所私者」等語可爲證，「淫女」、「淫婦」、「小淫婦」、「婦人」等語是宋元文學作品中常見詞語，未必皆有確定的道德含義〔註46〕，而朱熹繫之於「淫奔者之辭」。如《鄭風‧狡童》第一章「彼狡童兮，不與我言兮。維子之故，使我不能餐兮」，朱熹注「此亦淫女見絕而戲其人之詞，言悅己者眾，子雖見絕，未至於使我不能餐也」〔註47〕，如果作爲「情詩」看，朱子體會出來的意思似與字面相反，但更加生動，女子的自我安慰與自尊蘊含其中；實則詩義表達的恰是女子因男子的不搭理，百般煎熬，不思茶飯，正顯示了女子情思之殷、思念之摯。朱子的看法也可備一說。在《鄭風‧褰裳》傳中說「淫女語其所私者曰：『子惠然而思我，則將褰裳而涉溱以從子，子不我思，則豈無他人之可從，而必於子哉？』狂童之狂也且，亦謔之之辭」〔註48〕。從而使這些詩歌蒙被上形式和內容雙重的「淫」，詩歌便成爲主人公的自道，「自敘之辭」〔註49〕，道德評價呼之欲出，馬端臨對這種看法有集中的合乎情理的評價。而朱熹並沒有將「男女期會之詩」全冠以「淫」字（但這些詩歌往往被統計在「淫詩」之內），這主要體現在《陳風》中，如《東門之楊》、《東門之枌》、《東門之池》、《防有鵲巢》、《月出》、《澤陂》六首〔註50〕，而《陳風》共十首，其他幾篇爲《宛丘》、《衡門》、《墓門》、《株林》，也許正因爲陳國風俗重情少怨，尚崇巫覡，無太多張揚，詞調婉深。

重視「義理」，使一些詩篇的解釋更加圓融合理。朱熹將《邶風》中的

<hr>

〔註46〕可參見《詩詞曲語彙釋》、《筆記詞語彙釋》等的論析。

〔註47〕〔宋〕朱熹：《詩經集傳》卷三《國風一‧狡童》，《四庫全書（文淵閣本）》（第72冊），第782頁。

〔註48〕〔宋〕朱熹：《詩經集傳》卷三《國風一‧褰裳》，《四庫全書（文淵閣本）》（第72冊），第783頁。按：朱熹統計和比較鄭衛詩歌的區別也是從這個角度進行的：「鄭衛之樂，皆爲淫聲，然以詩考之，衛詩三十有（又）九，而淫奔之詩才四之一，鄭詩二十有（又）一，而淫奔之詩已不翅（啻）七之五。衛猶爲男悅女之辭，而鄭皆爲女惑男之語；衛人猶多刺譏懲創之意，而鄭人幾於蕩然無復羞愧悔悟之萌，是則鄭聲之淫有甚於衛矣。故夫子論爲邦，獨以鄭聲爲戒，而不及衛，蓋舉重而言，固自有次第也。《詩》可以觀，豈不信哉？」（《詩經集傳》卷三《國風一》，《四庫全書（文淵閣本）》（第72冊），第785頁）

〔註49〕〔宋〕朱熹：《詩經集傳》卷三《國風一‧溱洧》，《四庫全書（文淵閣本）》（第72冊），第784頁。

〔註50〕這六首詩檀作文已統計在28首「淫詩」之列，但朱熹並未用「淫奔」或近似的字眼。南宋末王柏並《株林》而成七首，一併納入其31首淫詩中。

《日月》、《終風》語義放置於《燕燕》之前，避免了《詩序》的追溯，這三首詩在通行本《詩經》中依次排列為《燕燕》、《日月》、《終風》，朱熹則將《日月》、《終風》視為《燕燕》之因，為莊姜不見答於莊公之詞，尤其是《終風》，歷來多認為公子州吁對母不莊不敬、態度褻慢，而朱子一換主人公，求得義理上的完滿通達，也克服了漢唐解釋泥於莊姜愛子以及州吁、寬仁而幾近於謅的扞格不通，直認為「蓋莊公暴慢無常，而莊姜正靜自守，所以忤其意而不見答也」〔註51〕。雖未脫盡《序》的影響，並有宣揚「三綱」的迂腐說教〔註52〕，徒滋後人訾詬。

三、修身之法──誠和敬

朱熹以《四書》解《詩經》主要表現在對《大學》「八條目」和《中庸》「誠」的吸收上，並以自己的體會獨立指出「敬」的治學功夫和途徑。它們的基礎則是對「性本善」的確認。

朱熹解《大雅·蕩》第一章「靡不有初，鮮克有終」為「蓋天生眾民，其命有不可信者，蓋其降命之初，無有不善，而人少能以善道自終」〔註53〕，《鄭風·出其東門》，朱子並未視為「淫詩」，他注第一章為「人見淫奔之女而作此詩，以為此女雖美且眾，而非我思之所存，不如己之室家，雖貧且陋，而聊可以自樂也，是時淫風大行，而其間乃有如此之人，亦可謂能自好而不為習俗所移矣。羞惡之心，人皆有之，豈不信哉？」〔註54〕皆是「性善論」的體現。

如《大雅·烝民》第一章「天生烝民，有物有則。民之秉彝，好是懿德」，朱子注為「言天生眾民，有是物，必有是則，蓋自百骸九竅五臟而達之君臣父子夫婦長幼朋友，無非物也，而莫不有法焉，如視之明、聽之聰、貌之恭、言之順、君臣有義、父子有親之類是也，是乃民所執之常性，故其情無不好

〔註51〕〔宋〕朱熹：《詩經集傳》卷二《國風一·終風》，《四庫全書（文淵閣本）》（第72冊），第760頁。

〔註52〕《鄘風》「女子之生，以身事人，則當與之同生，與之同死，故夫死稱未亡人，言亦待死而已，不當復有他適之志也」（《詩經集傳》卷二《國風一·君子偕老》，《四庫全書（文淵閣本）》（第72冊），第767頁）。

〔註53〕〔宋〕朱熹：《詩經集傳》卷七《大雅三·蕩》，《四庫全書（文淵閣本）》（第72冊），第877頁。

〔註54〕〔宋〕朱熹：《詩經集傳》卷三《國風一·出其東門》，《四庫全書（文淵閣本）》（第72冊），第784頁。

此美德者」〔註55〕；「昔孔子讀《詩》至此而贊之曰：『爲此詩者，其知道乎？故有物必有則。民之秉彝也，故好是懿德。』而孟子引之以證性善之說，其旨深矣。讀者其致思焉」〔註56〕。

　　人稟有這種「善性」，所以才會追求美德；而有些人中途發生變化，則是因爲沒有將「善道」堅持到底。這需要通過「誠」、「敬」來不斷修飭。

　　解《騶虞》詩，「蓋意誠心正之功，不息而久，則其薰蒸透徹，融液周遍，自有不能已者，非智力之私所能及也，故《序》以《騶虞》爲《鵲巢》之應，而見王道之成，其必有所傳矣」〔註57〕，「意誠心正」正出自《大學》八條目中「物格而後知至。知至而後意誠。意誠而後心正。心正而後身修。身修而後家齊。家齊而後國治。國治而後天下平」。

　　《小雅‧鶴鳴》朱熹注第一章「鶴鳴于九皋，聲聞于野。魚潛在淵，或在于渚。樂彼之園，爰有樹檀，其下維蘀。他山之石，可以爲錯」：

> 此詩之作，不可知其所由，然必陳善納誨之辭也。蓋鶴鳴于九皋，而聲聞于野，言誠之不可掩也。魚潛在淵，而或在於渚，言理之無定在也。園有樹檀，而其下維蘀，言愛當知其惡也。他山之石，而可以爲錯，言憎當知其善也。由是四者引而伸之，觸類而長之，天下之理，其庶幾乎？〔註58〕

《豳風‧破斧》朱熹注：

> 今觀此詩，固足以見周公之心大公至正，天下信其無有一毫自愛之私，抑又以見當是之時，雖被堅執銳之人，亦皆能以周公之心爲心，而不自爲一身一家之計，蓋亦莫非聖人之徒也，學者於此熟玩而有得焉，則其心正大，而天地之情眞可見矣。〔註59〕

朱熹以「誠之不可掩」解「鶴鳴于九皋」，以「理之無定在」解「魚潛在淵」，

〔註55〕〔宋〕朱熹：《詩經集傳》卷七《大雅三‧烝民》，《四庫全書（文淵閣本）》（第72冊），第884頁。

〔註56〕〔宋〕朱熹：《詩經集傳》卷七《大雅三‧烝民》，《四庫全書（文淵閣本）》（第72冊），第884頁。

〔註57〕〔宋〕朱熹：《詩經集傳》卷一《國風一‧騶虞》，《四庫全書（文淵閣本）》（第72冊），第758頁。

〔註58〕〔宋〕朱熹：《詩經集傳》卷五《小雅二‧鶴鳴》，《四庫全書（文淵閣本）》（第72冊），第825頁。

〔註59〕〔宋〕朱熹：《詩經集傳》卷三《國風一‧破斧》，《四庫全書（文淵閣本）》（第72冊），第808頁。

較前文程頤解釋已純具理學色彩了，強調「誠」和「理」。而在朱熹那裡，「誠」又和「敬」聯繫在一起。

朱熹認爲《文王》「此詩之首章，言文王之昭於天，而不言其所以昭；次章言其令聞不已，而不言其所以聞；至於四章，然後所以昭明而不已者，乃可得而見焉，然亦多詠歎之言，而語其所以爲德之實，則不越乎『敬』之一字而已，然則後章所謂『修厥德而儀刑之』者，豈可以他求哉？亦勉於此而已矣」〔註60〕。《大雅·大明》第三章「維此文王，小心翼翼，昭事上帝，聿懷多福」，朱子注「小心翼翼，恭愼之貌，即前篇之所謂敬也」〔註61〕，這裡的「前篇」正指《文王》，均是注重以「敬」闡釋詩篇。

「敬」是朱熹認爲的修身之法，而立身之道則是「天理」。《衛風·氓》「蓋一失其身，人所賤惡，始雖以欲而迷，後必以時而悟，是以無往而不困耳。士君子立身一敗而萬事瓦裂者，何以異此？可不戒哉！」〔註62〕

四、命理道欲之辨

朱熹解《鄘風·蝃蝀》，「此刺淫奔之詩，言蝃蝀在東，而不敢指，以比淫奔之惡人不可道，況女子有行，又當遠其父母兄弟，豈可不顧此而冒行乎？」，又說「乃如之人，指淫奔者而言。昏（婚）姻，謂男女之欲。程子曰：『女子以不自失爲信。』命，正理也。言此淫奔之人，但知思念男女之欲，是不能自守其貞信之節，而不知天理之正也。程子曰：『人雖不能無欲，然當有以制之。無以制之，而惟欲之從，則人道廢而入於禽獸矣。以道制欲，則能順命。』」〔註63〕朱熹在「欲」和「道」的關係上受程頤的影響，他認爲「人欲」與「道之極至」（天理）相對立。《大雅·皇矣》第五章「帝謂文王，無然畔援，無然歆羨，誕先登于岸」，朱子注「帝謂文王，設爲天命文王之辭，如下所言也。無然，猶言不可如此也。畔，離畔也；援，攀援也，言捨此而取彼也。歆，欲之動也；羨，愛慕也，言肆情以徇物也。岸，道之極至處也……

〔註60〕〔宋〕朱熹：《詩經集傳》卷六《大雅三·文王》，《四庫全書（文淵閣本）》（第72冊），第860頁。

〔註61〕〔宋〕朱熹：《詩經集傳》卷六《大雅三·大明》，《四庫全書（文淵閣本）》（第72冊），第860頁。

〔註62〕〔宋〕朱熹：《詩經集傳》卷二《國風一·氓》，《四庫全書（文淵閣本）》（第72冊），第772頁。

〔註63〕〔宋〕朱熹：《詩經集傳》卷二《國風一·蝃蝀》，《四庫全書（文淵閣本）》（第72冊），第769頁。

人心有所畔援，有所歆羨，則溺於人欲之流，而不能以自濟。文王無是二者，故獨能先知先覺，以造道之極至，蓋天實命之，而非人力之所及也」〔註64〕，是對《詩經》詩句理學解釋的典型體現。

上述程頤、朱熹將「天理」與「人欲」對立的思想，受到陸九淵激越的批評，並被追溯至《樂記》及老學：

> 天理人欲之言，亦自不是至論。若天是理，人是欲，則是天人不同矣。此其原蓋出於老氏。《樂記》曰：「人生而靜，天之性也；感於物而動，性之欲也。物至知知，而後好惡形焉。不能反躬，天理滅矣。」天理人欲之言蓋出於此。《樂記》之言亦根於老氏。且如專言靜是天性，則動獨不是天性耶？《書》云：「人心惟危，道心惟微。」解者多指人心為人欲，道心為天理，此說非是。心一也，人安有二心？自人而言，則曰惟危，自道而言，則曰惟微。罔念作狂，克念作聖，非危乎？無聲無臭，無形無體，非微乎？因言莊子云：「眇乎小哉！以屬諸人；謷乎大哉！獨遊於天。」又曰：「天道之與人道也相遠矣。」是分明裂天人而為二也。〔註65〕

陸九淵主張心一理一、不應有二，以「心本體」反對「理本體」（參見本章第二節）。

而在朱熹看來，「天命」即「天理」，將「天理」推到其理論的核心和至高地位。又通過對「天人合一」理論的澄清，點明其實質是「人事」，從而削弱了這個理論的神學氣氛，突出了理性和道德的內涵。《小雅‧節南山》朱熹注第五章「昊天不傭，降此鞠訩。昊天不惠，降此大戾。君子如屆，俾民心闋。君子如夷，惡怒是違」：

> 言昊天不均而降此窮極之亂，昊天不順而降此乖戾之變，然所以靖之者，亦在夫人而已。君子無所苟而用其至，則必躬必親，而民之亂心息矣。君子無所偏而平其心，則式夷式已，而民之惡怒遠矣，傷王與尹氏之不能也。夫為政不平，以召禍亂者人也，而詩人以為天實為之者，蓋無所歸咎，而歸之天也，抑有以見君臣隱諱之

〔註64〕〔宋〕朱熹：《詩經集傳》卷六《大雅三‧皇矣》，《四庫全書（文淵閣本）》（第72冊），第865頁。

〔註65〕〔宋〕陸九淵：《陸九淵集》卷三十四《語錄上》，鍾哲點校本，第395～396頁。

義焉，有以見天人合一之理焉。後皆放此。〔註66〕

《大雅‧文王》第一章「周雖舊邦，其命維新」，朱子注「命，天命也」〔註67〕，注第六章「無念爾祖，聿修厥德。永言配命，自求多福。殷之未喪師，克配上帝。宜鑒于殷，駿命不易」，朱子注「永，長。配，合也。命，天理也。師，眾也。上帝，天之主宰也。駿，大也。不易，言其難也。言欲念爾祖，在於自修其德，而又常自省察，使其所行無不合於天理，則盛大之福，自我致之，有不外求而得矣。又言殷未失天下之時，其德足以配乎上帝矣。今其子孫乃如此，宜以為鑒而自省焉，則知天命之難保矣。《大學傳》曰『得眾則得國，失眾則失國』，此之謂也」〔註68〕。《大雅‧下武》第一章，朱子注「言武王能繼先王之德，而長言合於天理」，自覺地以「天理」解《詩》，顯示了朱熹學術的時代性，「朱熹把天理論貫徹到解《詩》中去，這體現了他《詩》學的時代特徵」〔註69〕。

解《周頌》《維天之命》第一章「維天之命，於穆不已。於乎不顯，文王之德之純」，朱熹注「天命，即天道也。不已，言無窮也。純，不雜也。此亦祭文王之詩，言天道無窮，而文王之德純一不雜，與天無間，以贊文王之德之盛也。《子思子》曰：『維天之命，於穆不已，蓋曰天之所以為天也；於乎不顯，文王之德之純，蓋曰文王之所以為文也。』純，亦不已。程子曰：『天道不已，文王純於天道亦不已，純則無二無雜，不已則無間斷先後。』」〔註70〕《烈文》，朱熹注「《中庸》引『不顯維德，百辟其刑之』而曰『故君子篤恭而天下平』，《大學》引『於乎前王不忘』而曰『君子賢其賢而親其親，小人樂其樂而利其利，此以沒世不忘也』」〔註71〕。

可見，二程和朱熹都很注意《四書》，對《大學》、《中庸》、《論語》、《孟

〔註66〕　〔宋〕朱熹：《詩經集傳》卷五《小雅二‧節南山》，《四庫全書（文淵閣本）》（第72冊），第829頁。

〔註67〕　〔宋〕朱熹：《詩經集傳》卷六《大雅三‧文王》，《四庫全書（文淵閣本）》（第72冊），第858頁。

〔註68〕　〔宋〕朱熹：《詩經集傳》卷六《大雅三‧文王》，《四庫全書（文淵閣本）》（第72冊），第859頁。

〔註69〕　蔡方鹿：《朱熹經學與中國經學》，人民出版社，2004年，第373頁。

〔註70〕　〔宋〕朱熹：《詩經集傳》卷八《頌四‧維天之命》，《四庫全書（文淵閣本）》（第72冊），第891頁。

〔註71〕　〔宋〕朱熹：《詩經集傳》卷八《頌四‧烈文》，《四庫全書（文淵閣本）》（第72冊），第891頁。

子》都有強調，但更側重《大學》，認爲它是學者治學的入手處，朱熹的高足
陳淳進一步細分了四者之間的次序，不僅突出《大學》「實群經之綱領，而學
者所當最先講明者也」，而且認爲《中庸》「上達」之意多，「下學」之意少，
不是初學者所能理解的〔註72〕。他具體說：

> 蓋不先諸《大學》，則無以提攜綱領，而盡《論》、《孟》之精微；
> 不參諸《論》、《孟》，則無以發揮蘊奧，而極《中庸》之歸趣；若不
> 會其極於《中庸》，則又何以建立天下之大本,而經綸天下之大經哉？
> 是則欲求道者，誠不可不急於讀《四書》。而讀《四書》之法，毋過
> 求，毋巧鑿，毋旁搜，毋曲引，亦惟平心以玩其旨歸，而切己以察
> 其實用而已爾。果能於是四者融會貫通，而理義昭明，胸襟灑落，
> 則在我有權衡尺度。由是而進諸經，與凡讀天下之書，論天下之事，
> 皆莫不冰融凍釋，而輕重長短截然一定，自不復有錙銖分寸之或紊
> 矣。嗚呼！至是而後可與言內聖外王之道，而致開物成務之功用也
> 歟！〔註73〕

朱熹多引《中庸》、《大學》，也能看出以《四書》解《詩經》的方法，不僅印
證了其「《四子》,『六經』之階梯」的判斷，而在本質上正反映了《詩經》乃
至「六經」闡釋的理學性特徵。

馬端臨《文獻通考‧經籍考》評朱子「玩索詩辭，別自爲說」〔註74〕，
不無道理。朱子涵詠《詩經》的讀詩法，不能算讀《詩》的特殊方法，因爲
他在「四書」「五經」中都主張這種體會會通、領悟精神的方法，但這種方法
畢竟是比較典型的閱讀文學文本的方法。有人（如檀作文等）突出朱子解《詩》
關注的「抒情性」，重抒情主人公，便導向《詩經》文學性的開啓。所以，如
果說朱子引起人們對《詩經》文學性的關注，或開其先河，是不過分的〔註75〕，
單從方法上看，這個結論比較可靠。如果從涵泳的內容與對象角度看，則主
要是其中蘊含的義理，即天理人欲之別，所以才說「須是打疊得這心光蕩蕩

〔註72〕〔宋〕陳淳：《北溪字義‧嚴陵講義‧讀書次第》，熊國禎、高流水點校本，
第 79 頁。

〔註73〕〔宋〕陳淳：《北溪字義‧嚴陵講義‧讀書次第》，熊國禎、高流水點校本，
第 79 頁。

〔註74〕〔漢〕毛萇傳述，〔宋〕朱熹辨說：《詩序》，叢書集成初編本，第 51 頁。

〔註75〕在這個問題上還有一定的爭議。劉毓慶認爲開創《詩經》文學研究風氣者是
謝枋得，可備一說。

地，不立一個字，只管虛心讀他，少間推來推去，自然推出那個道理……看來書只是要讀，讀得熟時，道理自見，切忌先自布置說！」〔註76〕重視言外之意、味外之旨，「解不得底意思，卻在說不得裏面」〔註77〕，「讀《詩》正在吟詠諷誦，觀察其委曲折旋之意，如吾自作此詩，自然足以感發善心……如《鄭詩》雖淫亂，然《出其東門》一詩，卻如此好。《女曰雞鳴》一詩，意思亦好。讀之，真個有不知手之舞、足之蹈者」〔註78〕。但從整體上論，朱熹的《詩經》學研究的本質依然是經學的、理學的〔註79〕。

　　總之，從思想學術史角度分析，朱熹《詩經集傳》傳文與《詩序》之間的關係比較複雜，具有內在一致性的比例較高，從而認為今本《詩經集傳》保留有《詩序》的「刪改未盡」說法需要作進一步反思。同時，在《詩經》闡釋中，因對「淫詩」的性質認定和義理賦予，朱熹對《詩經》的理學解讀體現的也很明顯。整體上，朱熹的《詩經》學重視「誠」和「敬」，對理欲天人也多有討論，與其思想狀況相吻合。

第二節　陸九淵及其弟子的《詩經》學研究

　　陸九淵雖無完整獨立的《詩經》學著作傳世，但論及《詩經》的地方很多。尤其是他的心學思想對其弟子楊簡《慈湖詩傳》、《慈湖遺書》中的《詩經》學觀點影響直接而深遠。袁燮，雖被《宋元學案》的編者視為師從梭山居士陸九韶及復齋先生陸九齡，學術略有細微不同，但同歸金溪「陸學」，與楊簡並為「甬上四先生」的重要成員，因此其《詩經》學著作《絜齋毛詩經

〔註76〕《朱子語類》卷八十，沈僩記，第2086頁。
〔註77〕《朱子語類》卷八十，黃義剛記，第2087頁。
〔註78〕《朱子語類》卷八十，錢木之記，第2086頁。
〔註79〕當然，朱熹的思想在晚年也許有較大的變化，已經引起學者們的重視，金春峰先生認為朱熹六十歲所作《中庸章句序》的「中心思想是心學，而非今人所謂『理在心外』的理學」（金春峰：《朱熹晚年思想》，載《山東大學學報》（哲學社會科學版）2005年第1期，第72頁），在該文中，作者還通過較詳細的考證和典籍分析，論證朱熹晚年走的是孟子心學的理路，思想的基本傾向是心學而非「理學」（狹義的）。筆者在此還可以補充兩例。淳熙十五年（1188），陸九淵「聞朱元晦《喜晴詩》云：『川源紅綠一時新，暮雨朝晴更可人。書冊埋頭何日了，不如拋卻去尋春。』先生聞之色喜曰：『元晦至此有覺矣，是可喜也。』」（《陸九淵集》卷三十六《年譜》，第506頁）同時，朱熹大力表彰楊簡，襃贊陸學也在這個時期（同前，第503頁）。

筵講義》也是陸學《詩經》學的代表作。從學術淵源角度，需追溯至陸九淵的《詩經》學觀點（賈豐臻先生就將袁變劃歸陸九淵門下）。這裡據鍾哲先生點校的《陸九淵集》試作鈎沉。「二程見周茂叔後，吟風弄月而歸，有『吾與點也』之意。後來明道此意卻存，伊川已失此意」〔註80〕，「塞宇宙一理耳，學者之所以學，欲明此理耳。此理之大，豈有限量？程明道所謂有憾於天地，則大於天地者矣，謂此理也」〔註81〕。由此可見陸九淵的論學旨趣，夏君虞先生將其劃於私淑明道一派，或正有見於此。

「書契既造，文字日多，六經既作，傳注日繁，其勢然也。苟得其實，本末始終，較然甚明。知所先後，則是非邪正知所擇矣。雖多且繁，非以為病，只以為益。不得其實而蔽於其末，則非以為益，只以為病」〔註82〕，也是以本末、始終、表實的觀點探討經與傳注的關係，最後在不忽略傳注的基礎上達到簡易。陸九淵並非反對閱讀注疏，只是要以理或心裁奪。「後生看經書，須著看注疏及先儒解釋，不然，執己見議論，恐入自是之域，便輕視古人。至漢唐間名臣議論，反之吾心，有甚悖道處，亦須自家有『征諸庶民而不謬』底道理，然後別白言之」〔註83〕。

一、陸九淵的《詩經》學見解鈎輯與心學

（一）《詩》以明道，道事不離

陸九淵繼承「六經」皆載道之書的傳統，「六籍所載，義禮所在，而非法制之所禁者，能率而行之」〔註84〕；「《六經》之作，本以明道」〔註85〕。但更注意發掘其中「敬」的心學內涵。

《書》言「日嚴祇敬六德」，又言「文王之敬忌」，又曰「周不克敬典」；《詩》言「敬天之渝」，又言「敬之敬之」，又言「聖敬日躋」；《論語》言「敬事而信」，又言「修己以敬」；孟子言「敬王」、「敬兄」，

〔註80〕〔宋〕陸九淵：《陸九淵集》卷三十四《語錄上》，鍾哲點校本，第401頁。
〔註81〕〔宋〕陸九淵：《陸九淵集》卷十二《書‧與趙詠道》，鍾哲點校本，第161頁。
〔註82〕〔宋〕陸九淵：《陸九淵集》卷二十《序贈‧贈二趙》，鍾哲點校本，第245頁。
〔註83〕〔宋〕陸九淵：《陸九淵集》卷三十五《語錄下》，鍾哲點校本，第431頁。
〔註84〕〔宋〕陸九淵：《陸九淵集》卷四《書‧得解見權郡》，鍾哲點校本，第48頁。
〔註85〕〔宋〕陸九淵：《陸九淵集》附錄一《王宗沐序》，鍾哲點校本，第541頁。

未嘗有言「持敬」者。觀此二字，可見其不明道矣。〔註86〕

陸九淵批評那些倡導「持敬」工夫的見解是「不明道」的表現，他認爲的敬是謹敬，是「小心翼翼，昭事上帝，上帝臨汝，無貳爾心，戰戰兢兢，那有閒管時候」「小心翼翼，心小而道大」〔註87〕；「惟精惟一，須要如此涵養」「無事時，不可忘小心翼翼，昭事上帝」〔註88〕；「文王之小心，所以『昭事上帝』，『其辭恭，其欲斂』，后稷之德於是乎在矣」〔註89〕。這裡引用的「小心翼翼，昭事上帝」與「上帝臨汝，無貳爾心」均出自《大雅・文王之什・大明》。這種「敬」是收斂內心、小心翼翼的一種無斷無續的涵養心性狀態，所以「心小而道大」。

陸九淵認爲「道外無事，事外無道」，引《詩經》「《詩》稱文王『不識不知，順帝之則』」爲證〔註90〕；「此理塞宇宙，古先聖賢常在目前，蓋他不曾用私智。『不識不知，順帝之則。』此理豈容識知哉？」〔註91〕強調道事不離，理不可獨立於事物之外而加以明晰的認識。可見，陸九淵的「理」是典型的心性意義上的「理」，連程朱所說的「理」的規律性部分也看不到了。因此，他反對割裂道事、拘泥形器的觀點和做法，最典型的莫過於與朱熹論辯「無極而太極」的幾封書信，這些書信中有不少源於對《詩經》的重新理解和闡發，陸九淵將「極」解爲「中」，認爲：

> 言無極則是猶言無中也，是奚可哉？若懼學者泥於形器而申釋
> 之，則宜如《詩》言「上天之載」，而於下贊之曰「無聲無臭」可也，
> 豈宜以無極字加於太極之上？〔註92〕

批評《太極圖說》「無極而太極」的說法及朱熹「周先生恐學者錯認太極別爲一物，故著無極二字以明之」〔註93〕的辯解，引用《詩》文描摹作爲道的「太極」「無方所、無形狀」〔註94〕的狀態。與朱子相同，將「道」（或「理」）與

〔註86〕　〔宋〕陸九淵：《陸九淵集》卷一《書・與曾宅之》，鍾哲點校本，第6頁。

〔註87〕　〔宋〕陸九淵：《陸九淵集》卷三十五《語錄下》，鍾哲點校本，第449頁。

〔註88〕　〔宋〕陸九淵：《陸九淵集》卷三十五《語錄下》，鍾哲點校本，第455頁。

〔註89〕　〔宋〕陸九淵：《陸九淵集》卷三十二《拾遺・策》，鍾哲點校本，第384頁。

〔註90〕　〔宋〕陸九淵：《陸九淵集》卷一《書・與趙監》，鍾哲點校本，第10頁。

〔註91〕　〔宋〕陸九淵：《陸九淵集》卷十二《書・與張輔之》，鍾哲點校本，第163頁。

〔註92〕　〔宋〕陸九淵：《陸九淵集》卷二《書・與朱元晦》，鍾哲點校本，第23～24頁。

〔註93〕　〔宋〕陸九淵：《陸九淵集》卷二《書・與朱元晦》，鍾哲點校本，第23頁。

〔註94〕　〔宋〕陸九淵：《陸九淵集》卷二《書・與朱元晦》，鍾哲點校本，第28頁。

「欲」對立起來。「主於道則欲消,而藝亦可進。主於藝則欲熾而道亡,藝亦不進」「以道制欲,則樂而不厭,以欲忘道,則惑而不樂」〔註95〕;「欲之多,則心之存者必寡,欲之寡,則心之存者必多」「欲去則心自存矣」〔註96〕,這裡的「心」即本心、良心,與「心統性情」的心不同,是更加純粹的善性,也就是更加空洞和抽象的存在了,所以可以亙古不變、超越方所。

此時,《詩經》已完全淪爲心學(理學)的注腳,與陸九淵的「六經注我,我注六經」〔註97〕相符,由此至明代的空疏已在所難免了。

既然道不離事,陸九淵與程朱等人相似,將這個「道」的起點放在修身與齊家上,所以也對《二南》很重視,這種看法與張載、程頤、朱熹並無差別,在當時應是有代表性的共同的學術取向。如:

> 處家之道,古聖人格言具在,《易》之《家人》,《詩》之《二南》是也。〔註98〕

> 「人而不爲《周南》《召南》,其猶正牆面而立也」,學者第一義。「古之欲明明德於天下者」,此是第二。孔子志學便是志此,然須要有入處。《周南》《召南》便是入處。後生無志難說,此與《秦誓》「其心休休」一章相應。《周南》《召南》好善不厭,《關雎》《鵲巢》皆然。人無好善之心便皆自私,有好善之心便無私,便人之有技若己有之。〔註99〕

值得注意的是,「明明德」是《大學》三「綱領」之首,另兩條是「親(新)民」與「止於至善」,陸九淵認爲「明明德」是第二義,而修身齊家才是「第一義」,並明確爲「《周南》《召南》好善不厭」,這個「第一義」即是興起「好善之心」,「興於《詩》,人之爲學,貴於有所興起」〔註100〕。僅就這一點言,

---

〔註95〕〔宋〕陸九淵:《陸九淵集》卷二十二《雜著‧雜說》,鍾哲點校本,第 272 頁。

〔註96〕〔宋〕陸九淵:《陸九淵集》卷三十二《拾遺‧養心莫善於寡欲》,鍾哲點校本,第 380 頁。

〔註97〕「學苟知本,《六經》皆我注腳」(《陸九淵集》卷三十四《語錄上》,第 395 頁),「或問先生何不著書?對曰:『六經注我,我注六經。』」(《陸九淵集》卷三十四《語錄上》,第 399 頁)

〔註98〕《陸九淵集》卷四《書‧與周廉夫》,第 60 頁。按:此句「《家人》」的書名號爲筆者所加,爲一卦名。

〔註99〕〔宋〕陸九淵:《陸九淵集》卷三十五《語錄下》,鍾哲點校本,第 465 頁。

〔註100〕〔宋〕陸九淵:《陸九淵集》卷三十四《語錄上》,鍾哲點校本,第 407 頁。

陸九淵表達得要較張程朱等人簡潔明確得多。他甚至將這種看法推廣至《詩經》三百篇，認爲「三百篇之詩《周南》爲首，《周南》之詩《關雎》爲首。《關雎》之詩好善而已」〔註101〕。

在道和事的關係辨析的理論基礎上，陸九淵對《詩經》中的《大雅》和《小雅》以至於《風》的區別進行了嘗試性分析：

> 《詩》《大雅》多是言道，《小雅》多是言事。《大雅》雖是言小事，亦主於道，《小雅》雖是言大事，亦主於事。此所以爲《大雅》、《小雅》之辨。〔註102〕

> 三百篇之詩，有出於婦人女子，而後世老師宿儒，且不能注解得分明，豈其智有所不若？只爲當時道行、道明。〔註103〕

雖然各有側重，但也可以看出陸九淵並沒有將自己堅持的「道外無事，事外無道」思想貫徹到底，至少反映在關於大、小《雅》的區別上。正因爲認爲《大雅》「言道」，《小雅》「言事」，所以他又進一步推出「綱」與「目」的不同來，「《大雅》是綱，《小雅》是目，《尚書》綱目皆具」〔註104〕。如果從《詩經》文學解讀角度分析，此處的「道事」區別也不無借鑒意義，《詩經》學史上依據這個差異來分析二《雅》的不同大有人在，因爲畢竟建立在對文本的體味涵泳基礎上，有時或多或少能觸及文學因素。結合他的文學歷史觀更能看清其對「文」與「道」關係的發揮和理解。

陸九淵敘述詩歌的發展歷史，反映出義理和文學的雙重標準。當他得到自己久盼的書《江西詩派》時，在給贈者的信中寫道：

> 詩亦尚矣，原於賡歌，委於風雅。風雅之變，壅而溢焉者也。湘纍之《騷》，又其流也。《子虛》《長楊》之賦作，而《騷》幾亡矣。黃初而降，日以漸薄。唯彭澤一源，來自天稷，與眾殊趣，而淡泊平夷，玩嗜者少。隋唐之間，否亦極矣。杜陵之出，愛君悼時，追躡《騷》《雅》，而才力宏厚，偉然足以鎮浮靡，詩家爲之中興。自此以來，作者相望，至豫章而益大肆其力。包含欲無外，搜抉欲無秘，體制通古今，思致極幽眇，貫穿馳騁，功力精到。一時如陳徐

〔註101〕〔宋〕陸九淵：《陸九淵集》卷三十四《語錄上》，鍾哲點校本，第407頁。
〔註102〕〔宋〕陸九淵：《陸九淵集》卷三十四《語錄上》，鍾哲點校本，第404頁。
〔註103〕〔宋〕陸九淵：《陸九淵集》卷三十五《語錄下》，鍾哲點校本，第436頁。
〔註104〕《陸九淵集》卷三十五《語錄下》，第434頁。按：此句兩處「雅」，《陸九淵集》均作「稚」，爲訛，已改。

> 韓呂三洪二謝之流，翕然宗之。由是江西遂以詩社名天下，雖未極
> 古之源委，而其植立不凡，斯亦宇宙之奇詭矣。〔註105〕

在另一封信中也談到類似的意思：

> 某向有復程帥惠江西詩派書，曾見之否？其間頗述詩之源流，
> 非一時之說，愚見大概如此。《國風》《雅》《頌》固已本於道。風之
> 變也，亦皆發乎情，止乎禮義，此所以與後世異。若乃後世之詩，
> 則亦有當代之英，氣稟識趣，不同凡流，故其模寫物態，陶冶情性，
> 或清或壯，或婉或嚴，品類不一，而皆條然各成一家，不可與眾作
> 渾亂。字句音節之間皆有律呂，皆詩家所以自異者。〔註106〕

雖未忘卻詩歌作爲文學藝術形式上的特點，但突出的依然是「本於道」。「法語
正如雷陽，異語正如風陰。人能於法語有省時好，於異語有省，未得其正，須
思繹。《詩》《雅》、《正》、《變風》，便是異意，《離騷》又其次也。《變風》無《騷》
意，此又是屈原立此，出於有所礙，不得已。後世作《詩》《雅》，不得只學《騷》」
〔註107〕。他甚至認爲「李白杜甫陶淵明皆有志於吾道」〔註108〕，之所以高度
評價李、杜、陶三人在文學史上的地位，依據的尺度也是「本於道」。根據一語
錄記載，「有客論詩，先生誦昌黎《調張籍》一篇云：『李杜文章在，光焰萬丈
長。不知群兒愚，那用故譏傷。蚍蜉撼大樹，可笑不自量。云云。乞君飛霞佩，
與我高頡頏。』且曰：『讀書不到此，不必言詩。』」〔註109〕反映的也是同樣的
問題。

（二）此理誠明，踐履不替

陸九淵化用《詩經》語句來描摹「道」的功能與形態：

> 周道之行，群黎好德；武夫之節，優於干城；遊女之操，竦於
> 喬木；忠厚純積，洽於庶類；敦彼行葦，牛羊勿踐履。當此之時，
> 民日遷善遠罪而不知爲之者，如雍容康莊而忘其夷，優游廈屋而忘

〔註105〕〔宋〕陸九淵：《陸九淵集》卷七《書·與程帥》，鍾哲點校本，第103～104
　　　頁。
〔註106〕〔宋〕陸九淵：《陸九淵集》卷十七《書·與沈宰》，第220頁。
〔註107〕〔宋〕陸九淵：《陸九淵集》卷三十五《語錄下》，鍾哲點校本，第460～461
　　　頁。
〔註108〕〔宋〕陸九淵：《陸九淵集》卷三十四《語錄上》，鍾哲點校本，第410頁。
〔註109〕《陸九淵集》卷三十四《語錄上》，第421頁。按：「《調張籍》」書名號爲筆
　　　者所加；「譏」一般作「謗」。

其安也。〔註110〕

　　　治古盛時，黎民於變，比屋可封，漢上游女如彼喬木，中林武
　　夫可爲腹心，所欲有甚於生，所惡有甚於死，證驗之著，在於塗巷。
〔註111〕

這裡直接化用了《周南・兔罝》、《周南・漢廣》、《大雅・生民之什・行葦》
三首詩，當然用的都是「涵泳」後的比喻義，並以「興」爲「比」闡發了一
番義利、道欲取捨的道理。之所以能這樣，在陸九淵看來，關鍵是未失掉本
心，「唐虞之時，黎民於變，比屋可封之人，此心存也。周道之行，人皆有
士君子之行，《兔罝》『可以干城』、『可以好仇』、『可以腹心』者，此心存也」
〔註112〕。

　　　陸九淵雖有時區別使用「道」和「理」，但又將二者聯繫在一起。他使用
「道」的含義常見的有兩種：一是天下的公理，人們共同的行爲規則或倫理
道德，如「道者，天下萬世之公理，而斯人之所共由者也。君有君道，臣有
臣道，父有父道，子有子道，莫不有道。惟聖人惟能備道，故爲君盡君道，
爲臣盡臣道，爲父盡父道，爲子盡子道，無所處而不盡其道。常人固不能備
道，亦豈能盡亡（無）其道？」〔註113〕一是與「形而下者」之「器」相對的
「形而上者」，如「自形而上者言之謂之道，自形而下者言之謂之器。天地亦
是器，其生覆形載必有理」〔註114〕。這兩種用法與「理」均呈不即不離的關
係，前者是道作爲共同途徑或規則的「公理」，後者則是「器」能發揮其功能
的所以然者（天地之所以能生覆形載）的「理」。

　　　但陸九淵的「道」和「理」多是互文同指的：

　　　　人能弘道，非道弘人。此理在宇宙間，故不以人之明不明、行
　　不行而加損。然人之爲人，則抑有其職矣。垂象而覆物，天之職也。
　　成形而載物者，地之職也。裁成天地之道，輔相天地之宜，以左右

〔註110〕〔宋〕陸九淵：《陸九淵集》卷十九《記・宜章縣學記》，鍾哲點校本，第230
　　　　頁。
〔註111〕〔宋〕陸九淵：《陸九淵集》卷十九《記・經德堂記》，鍾哲點校本，第235
　　　　頁。
〔註112〕〔宋〕陸九淵：《陸九淵集》卷二十《序贈・鄧文苑求言往中都》，鍾哲點校
　　　　本，第256頁。
〔註113〕〔宋〕陸九淵：《陸九淵集》卷二十一《雜著・論語說》，鍾哲點校本，第263
　　　　頁。
〔註114〕〔宋〕陸九淵：《陸九淵集》卷三十五《語錄下》，鍾哲點校本，第476頁。

　　民者，人君之職也。〔註115〕

　　　　此道之明，如太陽當空，群陰畢伏。〔註116〕

　　　　此道充塞宇宙，天地順此而動，故日月不過，而四時不忒；聖
　　人順此而動，故刑罰清而民服。古人所以造次必於是，顛沛必於是
　　也。斯須不順，是謂不敬。〔註117〕

　　　　此理在宇宙間，未嘗有所隱遁，天地之所以爲天地者，順此
　　理而無私焉耳。人與天地並立而爲三極，安得自私而不順此理哉？
　　〔註118〕

上述的「道」與「理」同義互文，呈現出的性狀相同，所指應相同。他根據
天地萬物的運行，推論人也應要「順此理」，「順此理」即「有所止」，引用《小
雅‧魚藻之什‧緜蠻》「『緜蠻黃鳥，止于丘隅』，於止知其所止，可以人而不
如鳥乎？『知止而後有定，定而後能靜，靜而後能安，安而後能慮，慮而後
能得』。學不知止，而謂其能慮能得，吾不信也」〔註119〕。當然更重要的是，
陸九淵強調「道」與「理」超越時空、方位、個體的差異，<u>亙古不變</u>。

　　之所以如此，根源則在人心相通、心理相通上，「四方上下曰宇，往古來
今曰宙。宇宙便是吾心，吾心即是宇宙。千萬世之前，有聖人出焉，同此心
同此理也。千萬世之後，有聖人出焉，同此心同此理也。東南西北海有聖人
出焉，同此心同此理也」，「宇宙內事，是己分內事。己分內事，是宇宙內事」，
「人心至靈，此理至明，人皆有是心，心皆具是理」〔註120〕；「宇宙不曾限隔
人，人自限隔宇宙」〔註121〕。陸九淵有首無題詩〔註122〕，能形象地反映這種
心與宇宙同一的思想和境界：

　　　　仰首攀南斗，翻身倚北辰。
　　　　舉頭天外望，無我這般人。

〔註115〕〔宋〕陸九淵：《陸九淵集》卷二《書‧與朱元晦》，鍾哲點校本，第 26 頁。
〔註116〕〔宋〕陸九淵：《陸九淵集》卷三十四《語錄上》，鍾哲點校本，第 400 頁。
〔註117〕〔宋〕陸九淵：《陸九淵集》卷十《書‧與黃康年》，鍾哲點校本，第 132 頁。
〔註118〕〔宋〕陸九淵：《陸九淵集》卷十一《書‧與朱濟道》，鍾哲點校本，第 142
　　　　頁。
〔註119〕〔宋〕陸九淵：《陸九淵集》卷一《書‧與鄧文範》，鍾哲點校本，第 11 頁。
〔註120〕〔宋〕陸九淵：《陸九淵集》卷二十二《雜著‧雜說》，鍾哲點校本，第 273
　　　　頁。
〔註121〕〔宋〕陸九淵：《陸九淵集》卷三十四《語錄上》，鍾哲點校本，第 401 頁。
〔註122〕〔宋〕陸九淵：《陸九淵集》卷三十五《語錄下》，鍾哲點校本，第 459 頁。

陸九淵認爲「蓋心，一心也，理，一理也，至當歸一，精義無二，此心此理，實不容有二」〔註123〕，「人皆有是心，心皆具是理，心即理也」〔註124〕，「以理處心，以理論事」〔註125〕。學者求學也即是「明此理」，「宇宙間自有實理，所貴乎學者，爲能明此理耳。此理苟明，則自有實行，有實事。實行之人，所謂不言而信」〔註126〕，而「明此理」實際上已經轉化爲「明此心」、「不失其心」，如：

> 朱濟道力稱讚文王。謂曰：「文王不可輕贊，須是識得文王，方可稱讚。」濟道云：「文王聖人，誠非某所能識。」曰：「識得朱濟道，便是文王。」〔註127〕

> 良心正性，人所均有，不失其心，不乖其性，誰非正人。〔註128〕

> 常俗汩沒於貧富、貴賤、利害、得喪、聲色、嗜欲之間，喪失其良心，不顧義理，極爲可哀。〔註129〕

> 人之所以爲人者，惟此心而已。一有不得其正，則當如救焦溺而求所以正之者。〔註130〕

「明此心」也是陸九淵主張的治學工夫，最終要達到的目標是「理明義精」，「動皆聽於義理，不任己私」，在私與公、利與義之間能捨小取大，不受細枝末葉的困擾，「私意與公理，利欲與道義，其勢不兩立。從其大體與從其小體，亦在人耳」〔註131〕，也都繫於人心是否能「明」。這種治學才是眞正的「實處」。如：

〔註123〕〔宋〕陸九淵：《陸九淵集》卷一《書·與曾宅之》，鍾哲點校本，第 4～5頁。

〔註124〕〔宋〕陸九淵：《陸九淵集》卷十一《書·與李宰》，鍾哲點校本，第 149 頁。

〔註125〕〔宋〕陸九淵：《陸九淵集》卷十二《書·與劉伯協》，鍾哲點校本，第 169頁。

〔註126〕〔宋〕陸九淵：《陸九淵集》卷十四《書·與包詳道》，鍾哲點校本，第 182頁。

〔註127〕〔宋〕陸九淵：《陸九淵集》卷三十四《語錄上》，鍾哲點校本，第 406 頁。

〔註128〕〔宋〕陸九淵：《陸九淵集》卷十三《書·與郭邦瑞》，鍾哲點校本，第 172頁。

〔註129〕〔宋〕陸九淵：《陸九淵集》卷四《書·與符復仲》，鍾哲點校本，第 59～60頁。

〔註130〕〔宋〕陸九淵：《陸九淵集》卷六《書·與傅全美》，鍾哲點校本，第 76 頁。

〔註131〕〔宋〕陸九淵：《陸九淵集》卷十四《書·與包敏道》，鍾哲點校本，第 183頁。

爲學無他謬巧，但要理明義精，動皆聽於義理，不任己私耳。此
理誠明，踐履不替，則氣質不美者，無不變化。此乃至理，不言而信。
《詩》〔註132〕曰：「奏假無言，時靡有爭。」此之謂也。〔註133〕

「鳶飛戾天，魚躍于淵，言其上下察也。」只緣理明義精，所
以於天地之間，一事一物，無不著察。〔註134〕

「潛雖伏矣，亦孔之昭」，誠之不可掩固如此。〔註135〕

「潛雖伏矣，亦孔之昭」，不可掩也，不可誣也。〔註136〕

鼓鐘于宮，聲聞于外，鶴鳴于九皋，聲聞于天，在我者既盡，
亦自不能掩。今之學者，只用心於枝葉，不求實處。〔註137〕

「《詩》曰：『奏假無言，時靡有爭。』此之謂也」，此詩句應作「鬷假無言，
時靡有爭」，出自《商頌‧烈祖》，「鬷假」「《齊詩》作奏假，鬷、奏雙聲，故
通用」〔註138〕；「時靡有爭」指這個時候「祭時大家都很肅敬沒有爭吵的聲音」
〔註139〕，也即「肅敬齊一」〔註140〕的樣子。另，「奏假」又見於《商頌‧那》，
均指祭祀、祈禱；「時靡有爭」又見於《大雅‧蕩之什‧江漢》，與此處意義
不同。陸九淵選取的正是「肅敬」「不言而信」的內心工夫。「言其上下察也」
本是《中庸》對《大雅‧文王之什‧旱麓》詩句「鳶飛戾天，魚躍于淵」的
解釋，陸九淵進一步發揮爲「只緣理明義精，所以於天地之間，一事一物，
無不著察」，強調這種精明的義理實際爲「至理」，可以明察世間萬事萬物。「潛
雖伏矣，亦孔之昭」出自《小雅‧節南山之什‧正月》，「鼓鐘于宮，聲聞于
外」出自《小雅‧魚藻之什‧白華》，「鶴鳴于九皋，聲聞于天」出自《小雅‧
鴻雁之什‧鶴鳴》，陸九淵皆賦以內心「誠」的「不可掩」與「不可誣」的狀
態，主張盡心與「爲己」的「實學」，然後可推及天下。「誠者，非自成己而

〔註132〕此書名號爲筆者所加。
〔註133〕〔宋〕陸九淵：《陸九淵集》卷十四《書‧與包敏道》，鍾哲點校本，第 182 頁。
〔註134〕〔宋〕陸九淵：《陸九淵集》卷三十五《語錄下》，鍾哲點校本，第 475 頁。
〔註135〕〔宋〕陸九淵：《陸九淵集》卷三《書‧與喬德占》，鍾哲點校本，第 44 頁。
〔註136〕〔宋〕陸九淵：《陸九淵集》卷十四《書‧與包敏道》，鍾哲點校本，第 183 頁。
〔註137〕〔宋〕陸九淵：《陸九淵集》卷三十五《語錄下》，鍾哲點校本，第 444 頁。
〔註138〕程俊英、蔣見元：《詩經注析》，中華書局，1991 年，第 1028 頁。
〔註139〕程俊英、蔣見元：《詩經注析》，中華書局，1991 年，第 1028 頁。
〔註140〕費振剛、趙長征、廉萍、檀作文：《詩經詩傳》，吉林人民出版社，2000 年，第 695 頁。

已也，所以成物也。成己，仁也；成物，知（智）也。性之德也，合內外之道也」〔註141〕。「居其室，出其言善，則千里之外應之；出其言不善，則千里之外違之。是非之致，其可誣哉！」〔註142〕這就有些神秘和誠敬的色彩。

陸九淵借《衛風・淇奧》詩句進一步發揮治學的方法，「『如切如磋者，道學也；如琢如磨者，自修也。』骨象脆，切磋之工精細；玉石堅，琢磨之工龐大。學問貴細密，自修貴勇猛」〔註143〕，以至「要決裂破陷阱，窺測破個羅網」〔註144〕、「激厲奮迅，決破羅網，焚燒荊棘，蕩夷污澤」〔註145〕，充滿了高邁的主體精神和風采。面對「道」的將廢，這種高邁也會一下跌到悲愴的深谷，陸九淵慨歎自孔孟已經難以迴天易命，並歌《柏舟》等詩，歌《小雅・車攻》「蕭蕭馬鳴，悠悠旆旌」，聞者無不墮淚，陸氏並未忘記借這句詩平靜地闡發義理，「蕭蕭馬鳴，靜中有動矣；悠悠旆旌，動中有靜也」〔註146〕。

「此心」的存養除過憑依自己的反求深思外〔註147〕，還要依靠師友的提醒〔註148〕、閱讀典籍的涵泳，以助長培植它，即「助為善求福之心。《詩》曰『自求多福』，正謂此也」〔註149〕。陸九淵舉「『古訓是式』，《詩》所以稱仲山甫之賢」〔註150〕，強調古聖先賢通過讀書來考稽、踐行古昔的「師法訓式」。儘管他認為流傳下來的典籍未必都醇純，也未必要全部閱讀，「自得，

〔註141〕〔宋〕陸九淵：《陸九淵集》卷十《書・與劉志甫》，鍾哲點校本，第136頁。
〔註142〕〔宋〕陸九淵：《陸九淵集》卷二十二《雜著・雜說》，鍾哲點校本，第269頁。
〔註143〕〔宋〕陸九淵：《陸九淵集》卷三十四《語錄上》，鍾哲點校本，第412頁。
〔註144〕〔宋〕陸九淵：《陸九淵集》卷三十五《語錄下》，鍾哲點校本，第452頁。
〔註145〕〔宋〕陸九淵：《陸九淵集》卷三十五《語錄下》，鍾哲點校本，第452頁。
〔註146〕〔宋〕陸九淵：《陸九淵集》卷三十四《語錄上》，鍾哲點校本，第427頁。
〔註147〕「義理所在，人心同然，縱有蒙蔽移奪，豈能終泯，患人之不能反求深思耳。此心苟存，則修身、齊家、治國、平天下一也；處貧賤、富貴、死生、禍福亦一也。故君子素其位而行，不願乎其外」（《陸九淵集》卷二十《序贈・鄧文苑求言往中都》，第255～256頁）。
〔註148〕陸九淵在與弟子的通信中多次論及師道問題，甚至將有些人的學不得方，歸到擇師不慎上，對於張栻、朱熹的弟子「五峰」之子胡季隨也如是看，「學不得其方，大困而不知反」（《陸九淵集》卷九《書・與林叔虎》，第126頁）；又說「學者須先立志，志既立，卻要遇明師」（卷三十四《語錄上》，第401頁）。
〔註149〕〔宋〕陸九淵：《陸九淵集》卷二十三《講義・荊門軍上元設廳皇極講義》，鍾哲點校本，第285頁。
〔註150〕〔宋〕陸九淵：《陸九淵集》卷三十二《拾遺・取二三策而已矣》，鍾哲點校本，第380頁。

自成，自道，不倚師友載籍」〔註151〕，「自立自重，不可隨人腳跟，學人言語」〔註152〕。

陸九淵有時臆斷的成分很重，但不出他的心學範圍。如：

> 因曾見一大雞，凝然自重，不與小雞同，因得《關雎》之意。雎鳩在河之洲，幽閒自重，以比興君子美人如此之美。〔註153〕

> 「可與適道，未可與立，可與立，未可與權。棠棣之華，偏其反而，豈不爾思，室是遠而。子曰：未之思也，夫何遠之有？」上面是說階級不同，夫子因舉詩中「室是遠而」之語，因以掃上面階級，蓋雖有階級，未有遠而不可進者也。因言李清臣云：「夫子刪詩，固有刪去一二語者，如《棠棣》之詩，今逸此兩句，乃夫子刪去也。」清臣又言：「《碩人》之詩，無素以爲絢兮一語，亦是夫子刪去。」其說皆是。當時子夏之言，謂繪事以素爲後，乃是以禮爲後乎？言不可也。夫子蓋因子夏之言而刪之。子夏當時亦有見乎本末無間之理，然後來卻有所泥，故其學傳之後世尤有害。「繪事後素」，若《周禮》言「繪畫之事後素功」，謂既畫之後，以素間別之，蓋以記其目之黑白分也，謂先以素爲地非。〔註154〕

陸九淵不僅以「理學」修養的「階級」闡述孔子的解詩言論，而且以理「本末無間」的標準來評價子夏的學術及影響。

當然，不可否認，陸九淵主張的心性義理明顯有一道德、忠君上的目的。他也毫不諱言，「吾人所安者義理，義理所在，雖刀鋸鼎鑊，有所不避，豈與患得患失之人同其欣戚於一升黜之間哉？顧所深念者，道之消長，治亂攸分，群徒比周，至理鬱塞，遏絕齊語，楚咻盈庭，聚蚊成雷，明主孤矣」〔註155〕，「欲明夫理者，不可以無其本。本之不立，而能以明夫理者，吾未之見也。宇宙之間，典常之昭然，倫類之燦然，果何適而無其理也。學者之爲學，固所以明是理也」〔註156〕。實際上這種義理也可以稱作「王道」，與釋老比較更

〔註151〕 〔宋〕陸九淵：《陸九淵集》卷三十五《語錄下》，鍾哲點校本，第452頁。
〔註152〕 〔宋〕陸九淵：《陸九淵集》卷三十五《語錄下》，鍾哲點校本，第461頁。
〔註153〕 〔宋〕陸九淵：《陸九淵集》卷三十五《語錄下》，鍾哲點校本，第465頁。
〔註154〕 〔宋〕陸九淵：《陸九淵集》卷三十四《語錄上》，鍾哲點校本，第402頁。
〔註155〕 〔宋〕陸九淵：《陸九淵集》卷七《書‧與勾熙載》，鍾哲點校本，第90頁。
〔註156〕 〔宋〕陸九淵：《陸九淵集》卷三十二《拾遺‧則以學文》，鍾哲點校本，第378頁。

加明顯，「明德在我何必他求？方士禪伯，真爲大祟。無世俗之陷溺，無二祟之迷惑，所謂無偏無黨，王道蕩蕩，浩然宇宙之間，其樂孰可量也」〔註157〕。也可以稱爲「皇極」，「皇極之建，彝倫之敘，反是則非，終古不易。是極是彝，根乎人心，而塞乎天地」〔註158〕。但此義理終究還是根於「人心」，「心害苟除，其善自著」〔註159〕，「人孰無心，道不外索」〔註160〕，「理之所在，固不外乎人也」〔註161〕，「此心本靈，此理本明，至其氣稟所蒙，習尚所梏，俗論邪說所蔽，則非加剖剝磨切，則靈且明者曾無驗矣」〔註162〕。所以，陸九淵很注重格君心，「古人所以不屑屑於間政適人，而必務有以格君心者，蓋君心未格，則一邪黜，一邪登，一弊去，一弊興，如循環然，何有窮已。及君心既格，則規模趨向有若燕越，邪正是非有若蒼素，大明既升，群陰畢伏，是瑣瑣者，亦何足復污人牙頰哉？」〔註163〕以後他的弟子楊簡、袁燮的《詩經》學也張揚了這一點。

二、楊簡的《詩經》學研究

（一）楊簡的《詩經》學著作及學術特徵

　　楊簡的《詩經》學觀點主要見於《慈湖遺書》和《慈湖詩傳》。前者共二十卷，含附錄一卷；後者也爲二十卷。今傳本《慈湖詩傳》爲《四庫》館臣輯自《永樂大典》，並重新勒爲二十卷。

　　《慈湖遺書》中的《詩解序》，被《四庫》館臣收於《慈湖詩傳》，命名爲《慈湖詩傳自序》。整體上，《慈湖詩傳自序》（下簡稱《自序》。）是對《慈湖遺書》中《詩解序》的節錄，個別字句略有出入，包括一些明顯的衍文。在此二者關係上，本文以《詩解序》爲主，必要時參考《自序》。其他如《慈湖遺書》卷八《家記二·論〈書〉〈詩〉》與《慈湖詩傳·總論》的關係也以

〔註157〕〔宋〕陸九淵：《陸九淵集》卷二十《序贈·贈劉季蒙》，鍾哲點校本，第251頁。
〔註158〕〔宋〕陸九淵：《陸九淵集》卷二十二《雜著·雜說》，鍾哲點校本，第269頁。
〔註159〕〔宋〕陸九淵：《陸九淵集》卷四《書·與胡達材》，鍾哲點校本，第56頁。
〔註160〕〔宋〕陸九淵：《陸九淵集》卷五《書·與舒西美》，鍾哲點校本，第64頁。
〔註161〕〔宋〕陸九淵：《陸九淵集》卷三十二《拾遺·學古入官議事以制政乃不迷》，鍾哲點校本，第379頁。
〔註162〕〔宋〕陸九淵：《陸九淵集》卷十《書·與劉志甫》，鍾哲點校本，第137頁。
〔註163〕〔宋〕陸九淵：《陸九淵集》卷十《書·與李成之》，鍾哲點校本，第129頁。

此例進行。《四庫》編者認為《慈湖詩傳》「大要本孔子無邪之旨，反覆發明」，並不無批評地指出這種現象和楊簡學術淵源之間的關係，「蓋簡之學出陸九淵，故高明之過，至於放言自恣，無所畏避」〔註164〕，當然這主要是針對楊簡疑《序》、《左傳》、《爾雅》，批評陸德明與鄭玄等現象，但是在一定程度上它不僅能反映《慈湖詩傳》的特點，而且也能反映楊簡《詩經》學的風格。然而，楊簡《詩經》學所折射出的系統的心學思想與治學工夫卻未被注意到，也包括他在《詩經》研究上的特有貢獻，如對《詩序》的進一步反思、樂歌的認識及體味涵泳的方法等。與楊簡有書信往來的樓鑰就很讚賞他「發明無邪之思，一貫之旨，天人同心，大道至平」的超卓之處，認為「皆前輩之所未發者，尤用服膺」〔註165〕。但在思想上，畢竟因其心學的思想文化背景，而帶有濃鬱的心學色彩，前人稱其為「心學講義」，「陸九淵弟子楊簡的《慈湖詩傳》，解釋詩篇，每每大段發揮他自己的義理，即發揮陸九淵心學的義理。這種做法，完全不像漢儒經注，倒成了他自己的心學講義」〔註166〕，而忽略了《詩經》本文的特點，將理學家解《詩》的弊端暴露無遺，但也正因為這樣，卻是研究其學術思想的典型材料。

《慈湖詩傳》引用漢唐儒及宋儒注疏頗豐，保存了不少資料，但考辨不精，往往以心學裁判（尤其是《二南》），整部著作反不簡易，形同名物訓詁，重複處也很多，反覆說同一義理。楊簡論文化典籍皆有明顯的心學印痕，如《易經》〔註167〕，《書》、《詩》〔註168〕，《春秋》、《禮》、《樂》〔註169〕，《論語》〔註170〕，《孝經》〔註171〕，《大學》、《中庸》〔註172〕，《孟子》、「諸經」〔註173〕等。

〔註164〕《慈湖詩傳·提要》，《四庫全書（文淵閣本）》（第73冊），第2頁。

〔註165〕《慈湖詩傳·附錄：樓鑰答楊簡論〈詩解〉書》，《四庫全書（文淵閣本）》（第73冊），第5頁。《四庫全書》編者按：「此書從樓鑰《攻媿集》採錄。」

〔註166〕侯外廬：《緒論》，載侯外廬、邱漢生、張豈之主編：《宋明理學史》（上），第12頁。

〔註167〕〔宋〕楊簡：《慈湖遺書》卷七《家記一·泛論〈易〉》。

〔註168〕〔宋〕楊簡：《慈湖遺書》卷八《家記二·論〈書〉〈詩〉》。

〔註169〕〔宋〕楊簡：《慈湖遺書》卷九《家記三·論〈春秋〉〈禮〉〈樂〉》。

〔註170〕〔宋〕楊簡：《慈湖遺書》卷十《家記四·論〈論語〉上》、卷十一《家記五·論〈論語〉下》。

〔註171〕〔宋〕楊簡：《慈湖遺書》卷十二《家記六·論〈孝經〉》。

〔註172〕〔宋〕楊簡：《慈湖遺書》卷十三《家記七·論〈大學〉〈中庸〉》。

〔註173〕〔宋〕楊簡：《慈湖遺書》卷十四《家記八·論〈孟子〉、諸經》。

楊簡明確地把「六經」統一起來，認爲是載「道」之文：

《易》、《詩》、《書》、《禮》、《樂》、《春秋》，其文則六，其道則
一，故曰：「吾道以一貫之。」又曰：「志之所至，詩亦至焉；詩之
所至，禮亦至焉；禮之所至，樂亦至焉；〔註174〕樂之所至，哀亦至
焉。」嗚乎〔註175〕至哉！至道在心，奚必遠求？人心自善，自正，
自無邪，自廣大，自神明，自無所不通。孔子曰：「心之精神是謂聖。」
孟子曰：「仁，人心也。」變化云爲興、觀、群、怨，孰非是心，孰
非是正。人心本正，起而爲意，而後昏不起。不昏，直而達之，則
《關雎》求淑女以事君子，本心也；《鵲巢》昏禮天地之大義，本心
也；《柏舟》憂鬱而不失其正〔註176〕，本心也；《鄘》《柏舟》之「矢
言靡它」，本心也。由是心而品節焉，《禮》也；其和樂，《樂》也；
得失吉凶，《易》也；是非，《春秋》也；達之於政事，《書》也。逮
〔註177〕夫動乎意而昏，昏而困，困而學，學者取三百篇中之詩而歌
之，詠之，其本有之，善心亦未始不興起也。善心雖興而不自知、
不自信者多矣，捨平常而求深遠，舍我所自有而求諸彼，學者有自
信其本有而學禮焉，則經禮三百、曲禮三千，皆我所自有而不可亂
也，是謂立至於緝熙純一，粹然和樂，不勉而中，無爲而成，雖學
有三者之序，而心無三者之異。知吾心所自有之，「六經」則無所不
一，無所不通，有所感興而曲折萬變，可也；有所觀於萬物不可勝
窮之形色，可也；相與群居，相親相愛，相臨相治，可也；爲哀爲
樂爲喜爲怒爲怨，可也；邇事父，可也；遠事君，可也；授之以政，
可也；使於四方，可也。無所不通，無所不一，是謂不面牆；有所
不通，有所不一，則阻則隔。道無二道，正無二正，獨曰《周南》、
《召南》者，自其首篇言之，亦其不雜者。〔註178〕

〔註174〕按：《自序》下衍一行「樂之所至，樂亦至焉」（《慈湖詩傳・自序》，第3頁）
　　　　句。
〔註175〕按：《自序》作「呼」（《慈湖詩傳・自序》，《四庫全書（文淵閣本）》（第73
　　　　冊），第3頁）。
〔註176〕按：《自序》缺此「正」字（《慈湖詩傳・自序》，第3頁），據上下文當從《詩
　　　　解序》。
〔註177〕按：《自序》作「迨」（《慈湖詩傳・自序》，《四庫全書（文淵閣本）》（第73
　　　　冊），第3頁）。
〔註178〕〔宋〕楊簡：《慈湖遺書》卷一《詩解序》，《四庫全書（文淵閣本）》（第1156

楊簡認爲「六經」「無所不一，無所不通」，「道無二道，正無二正」，這個「道」
即「本心」，因而他解經（包括《詩經》）便以本心爲歸宿和基礎。這是理解
他《詩經》學的思想理論基礎。

　　楊簡有段不無精闢的言論：

　　　　《詩》三百篇多小夫賤婦所爲，忽然有感於中，發於聲，有所
　　　諷，有所美，雖今之愚夫愚婦亦有忽諷忽美之言，苟成章句，苟非
　　　邪僻，亦古之詩。夫豈難知？惟此無邪之思，人皆知之，而不自知
　　　起，不知其所自用，不知其所以終，不知其所歸。此思與天地同變
　　　化，此思與日月同運行。〔註179〕

這裡涉及三個問題：一是《詩三百》的民歌性質，出於下層「小夫賤婦」，與
朱熹對《詩經》（尤其是其中的《風》詩部分）的認識相近，並有進一步擴展
的傾向；二是古今民歌的共同處，只要符合章句的形式和無邪的內容要求，
二者可以溝通，古詩便不難知曉，依然能反映出「古今人情一也」的理論預
設和歐陽修解《詩》主張的影響；三是讀《詩》的宗旨是體認和興起「無邪
之思」，並指出它在時空上的永恒常在，而他反對《毛詩序》的立足點也正在
此。如：

　　　　今夫所謂《毛詩序》者，是奚知此旨？求諸詩而無說，無說而
　　　必求其說〔註180〕，故委曲遷就，意度穿鑿，殊可歎笑。〔註181〕

　　　　蓋爲《序》者不知孔子所刪之旨，不知無邪之道，見詩辭平常
　　　無說，意聖人取此必有深義，故穿鑿遷就，委曲增益，雖傍依禮義
　　　粲然典雅之文而孔子之本旨亡矣。〔註182〕

　　　　詩之有《序》，如日月之有雲，如鑒之有塵，學者愈面牆矣。今
　　　《序》文亦不必盡廢削，其大贅者與其害於道者置諸其末，毋冠諸
　　　首，或可也〔註183〕。觀詩者既釋訓詁，即詠歌之，自足以興起良心，

冊），第 608 頁。
〔註179〕《慈湖遺書》卷八《家記二·論〈書〉〈詩〉》，《四庫全書（文淵閣本）》（第
　　　　1156 冊），第 730～731 頁。
〔註180〕按：《慈湖詩傳·總論》無「無說而必求其說」。
〔註181〕《慈湖遺書》卷八《家記二·論〈書〉〈詩〉》，《四庫全書（文淵閣本）》（第
　　　　1156 冊），第 731 頁。
〔註182〕《慈湖遺書》卷八《家記二·論〈書〉〈詩〉》，第 731 頁。按：《慈湖詩傳·
　　　　總論》此段文字幾乎全被刪掉。
〔註183〕按：《慈湖詩傳·總論》無「今《序》文」以下至「或可也」文字。

雖不省其爲何世何人所作，而已剖破正面之牆矣。〔註184〕

楊簡認爲「人性自善，人心自仁，其於父自能孝，其於君自能忠，其於天下事自能是是非非善善惡惡，此之謂天下同然之心。孔子曰『心之精神』，是謂聖言乎？人心之靈與聖人同也，深惜夫人皆有至善至仁與聖人同然之性，偶爲利欲所昏，遂迷遂亂，遂惟利是從，而不顧夫大義也。人性自清明，自廣大，自中正，自無所不善，無動焉，無作焉，直而出之，自不肯行不義，自不肯殺不辜，使行一不義、殺一不辜而得天下自不肯爲也」〔註185〕，繼承陸九淵的衣缽，認爲人性人心本善本仁，古今相同，賢愚本性並無差別。

（二）楊簡《詩經》學中的心學思想

1.《詩》以「興起道心」

楊簡認爲「六經」是載道之書，讀《詩》的目的主要在「興起道心」，「孔子以『思無邪』一言蔽三百篇，『思無邪』之言，世之所知；『思無邪』之實，世所未知。如其未知，但誦詠《二南》之詩，自然道心興起，不知手之舞之，足之蹈之」〔註186〕，「觀《詩》者正不必推求其人，三百篇中或誦或歌，皆足以興起人之道心」〔註187〕，還認爲「三百篇，一旨也。有能達是，則至正至善之心人所自有，喜怒哀樂，無所不通，而非放逸邪僻，是謂寂然不動、感而遂通天下之故」〔註188〕。

楊簡採取涵泳體味的方法，通過閱讀《詩經》來興起善心，體認「道心」，並繼承陸九淵「人同此心，心同此理」的觀點，進一步將此心泛化爲一超時空與鬼神的永恒存在。如：

簡詠誦《兔罝》之詩，不覺起敬起慕，莊肅子諒之心油然而生，
不知所以始，亦不知所以終，道心融融，此人心所同，千古所同，
天地四時之所同，鬼神之所同。〔註189〕

〔註184〕《慈湖遺書》卷八《家記二‧論〈書〉〈詩〉》，《四庫全書（文淵閣本）》（第1156冊），第731～732頁。

〔註185〕《慈湖遺書》卷十六《家記十‧論治務、論治道、論封建、論兵》，第867頁。

〔註186〕《慈湖詩傳》卷一《周南‧關雎》，《四庫全書（文淵閣本）》（第73冊），第6頁。

〔註187〕《慈湖詩傳》卷一，《四庫全書（文淵閣本）》（第73冊），第12頁。

〔註188〕〔宋〕楊簡：《慈湖詩傳》卷三《邶‧燕燕》，《四庫全書（文淵閣本）》（第73冊），第32頁。

〔註189〕〔宋〕楊簡：《慈湖詩傳》卷一《周南‧兔罝》，《四庫全書（文淵閣本）》（第

此不敢犯禮之心，即正心，亦道心，亦天地鬼神之心。彼不知
道者，必以爲粗近之心，非精微之心。吾則曰：「此即不勉而中，不
思而得之心。」〔註190〕

觀是詩，雖不知高克與文公事情之詳，而其慢易不正，可刺可
惡，足以消人慢易之心，起人敬正之心。〔註191〕

這種言論典型的還可見於詩篇《關雎》、《葛覃》、《采蘩》、《行露》、《甘棠》、
《小星》、《氓》、《燕燕》、《楚茨》等。

這個道心就是人的「本心」，「人心即道」，所以稱爲「道心」。道心本一，
受意和情的影響而悖離了原有的「一」，但這個本心的「善性」並未消泯，所
以可以通過反正而恢復本心，從而彰明德性。如：

聖經，明道之書也。深知夫人心即道，故曰道心。意動情遷
始失其道一，能反正即復道心。人雖至於大惡，特其昏爾，其本
心之善，未始磨滅。諸儒不自信己之心，故亦不信人之心。有能
信此心之即道，悟百姓日用之機，則三百篇平正無邪之妙昭如日
月矣。〔註192〕

《毛詩序》曰：「《思齊》，文王所以聖也。蓋文王之所以聖，
由上有太任之母，下有太姒之妃故也。」衛宏不知道，故有斯言。
人心本善，善非自外至，《書》曰「惟民生厚，因物有遷」。人心
即道，故曰道心，動乎意始失之。所謂作人，亦作其所固有爾，
非能強其所無也。學者〔註193〕知道，不信己心之即道，故謂文王
之聖亦由外助。縱有佐助，亦不過助文王本心之善而輔成治化爾。
衛《序》之言殊爲害道，使文王如舜不幸，其母囂，豈失其聖乎？
〔註194〕

---

73 冊），第 15 頁。

〔註190〕〔宋〕楊簡：《慈湖詩傳》卷一《周南・漢廣》，《四庫全書（文淵閣本）》（第
73 冊），第 17 頁。

〔註191〕〔宋〕楊簡：《慈湖詩傳》卷六《鄭・清人》，《四庫全書（文淵閣本）》（第
73 冊），第 76～77 頁。

〔註192〕〔宋〕楊簡：《慈湖詩傳》卷五《衛・氓》，《四庫全書（文淵閣本）》（第 73
冊），第 64 頁。

〔註193〕按：疑缺一「不」字。

〔註194〕《慈湖詩傳》卷十六《大雅一・思齊》，《四庫全書（文淵閣本）》（第 73 冊），
第 256～257 頁。

　　　　《毛傳》曰：「忮，害也。」取義未安，字從心從支。夫由本心
以往，則正而已，無意無欲；不由本心而支焉，則離正而入邪，離
無意無欲之正而入於淫欲，欲則有所求矣。此其末流致害雖多，而
「忮」之本義，支而已矣。〔註195〕

《大雅二·既醉》「介爾昭明。昭明有融，高朗令終。令終有俶」，楊簡解爲：

　　　　人心無體，自廣大，自昭明，自融一。意動而遷，始昏，始雜，
始卑陋，故此以爲高，因言「高朗」。孔子曰「心之精神是謂聖」，《易》
曰「君子以自昭明德」。此心之神，未始不一，動乎意，始失其一，
故有始無終，故此言「令終」。俶，始也，其終如始也，復吾心之本
一也，發明德性，於是爲詳。〔註196〕

這番詩句本是工祝代表神尸（公尸）向主祭者（周王）致的嘏辭，祝福他有
清明的政教，連綿不斷，有好的名譽和結果，這個好的結果要有好的開端。
而楊簡則據以闡發精微的「義理」，諸如心體本質、心意關係等，賦予了鮮明
的心學解釋。在《小雅一·六月》中論及犒勞吉甫之歸，伐逐玁狁之事時，「不
嗜殺，正也；愛敬，正也，無非道者。道心，人所自有，放逸則昏；苟非昏，
放人心即道。諸儒不自知不自信，故亦不知人不信人，舍近而求遠，棄平常
而求異，故旁推外索，雜說紛紛，而道始不明矣。」〔註197〕

　　　　而這種發明本心的工夫最終可歸結到「敬」上，即「不慢易不放逸」，「敬
者，不慢易不放逸之名，意動即謂之放逸，不動乎意則不遷、不放逸，是謂
敬」〔註198〕。他和汲古討論《大雅·文王》「文王陟降，在帝左右」的理解時
肯定汲古「天人一理」的說法，汲古趁機問「穆穆文王，於緝熙敬止」的解
釋，楊簡回答得比較細緻：

　　　　文王不大聲以色，故曰穆穆。緝者，緝理於思爲微細〔註199〕
之間；熙有理順之義。緝熙者，進退精微之謂。進德之實，非思也，

〔註195〕〔宋〕楊簡：《慈湖詩傳》卷三《邶·雄雉》，《四庫全書（文淵閣本）》（第
　　　　73 冊），第 36 頁。
〔註196〕〔宋〕楊簡：《慈湖詩傳》卷十七《大雅二·既醉》，《四庫全書（文淵閣本）》
　　　　（第 73 冊），第 272 頁。
〔註197〕〔宋〕楊簡：《慈湖詩傳》卷十一《小雅一·六月》，《四庫全書（文淵閣本）》
　　　　（第 73 冊），第 158 頁。
〔註198〕〔宋〕楊簡：《慈湖詩傳》卷二十《商頌·長發》，《四庫全書（文淵閣本）》
　　　　（第 73 冊），第 317～318 頁。
〔註199〕《慈湖詩傳》作「細微」（《慈湖詩傳》卷十六《大雅一·文王》，第 244 頁）。

非爲也。惟可以言敬，敬非思爲也；惟可以言止，止非思爲也。寂然不動，感而遂通，而不屬於思爲〔註200〕，所謂「不識不知」者，此也；〔註201〕「安女〔註202〕止」者，此也；文王之所謂〔註203〕「緝熙」者，緝熙此也。惟不動乎意，不屬乎思爲，故緝熙〔註204〕融釋，猶雪〔註205〕之融於水，猶〔註206〕雲之散於太空〔註207〕，其緝熙於思爲微細之間，融釋於無思無爲之妙，如此，豈不是〔註208〕美而可歎服哉？故曰：於惟其道心，不識不知，故聲音不大，形色亦不大，而見（現）爲穆穆也〔註209〕。〔註210〕

關於這段材料，《慈湖遺書》卷八《家記二·論〈書〉〈詩〉》、《慈湖詩傳》卷十六《大雅一·文王》、《慈湖詩傳·總論》略有出入，三者結合，以作考辨。楊簡這番討論很精微，進一步指出「敬」修飭心性的特點，但卻不是有意的「思爲」，與前述「不慢易不放逸」一致，關鍵是「不動乎意」，通過「緝熙於思爲微細之間，融釋於無思無爲之妙」而達致「不識不知」的境界，似乎包含著不少難以言表的內容，而實質是對所謂「道心」的呵護和培植。

〔註200〕此處「思爲」《慈湖詩傳》作「爲」（《慈湖詩傳》卷十六《大雅一·文王》，第244頁），「思爲」義較長。

〔註201〕《慈湖詩傳》衍『『惟精惟一』者，此也」（〔宋〕楊簡：《慈湖詩傳》卷十六《大雅一·文王》第244頁）。

〔註202〕按：「女」，《慈湖詩傳·總論》作「汝」。

〔註203〕《慈湖詩傳》無此「謂」字（《慈湖詩傳》卷十六《大雅一·文王》，第244頁）。

〔註204〕《慈湖詩傳》「緝熙」作「熙順」（〔宋〕楊簡：《慈湖詩傳》卷十六《大雅一·文王》，第244頁）。

〔註205〕《慈湖詩傳》「猶雪」作「如點雪」（《慈湖詩傳》卷十六《大雅一·文王》，第244頁）。

〔註206〕《慈湖詩傳》「猶」作「微」（《慈湖詩傳》卷十六《大雅一·文王》，第244頁）。

〔註207〕《慈湖詩傳》「太空」作「太虛」（《慈湖詩傳》卷十六《大雅一·文王》，第244頁）。

〔註208〕《慈湖詩傳》「是」作「甚」（《慈湖詩傳》卷十六《大雅一·文王》，第244頁），義較長。

〔註209〕《慈湖詩傳》無此「也」字（〔宋〕楊簡：《慈湖詩傳》卷十六《大雅一·文王》，第244頁）。

〔註210〕《慈湖遺書》卷八《家記二·論〈書〉〈詩〉》，《四庫全書（文淵閣本）》（第1156冊），第733～734頁。

2. 《詩》的心學解釋：無邪即道，庸常即道

《茉苢》「人感於物而爲言爲音，無非道者，惟流而入於邪，則昏則迷。《茉苢》，無邪之詩也。無邪則無往而非道」〔註211〕，「孔子所取，取其無邪。無邪即道，道心庸常，無可言者，正不必於詩外求說」〔註212〕。《泉水》「《詩三百》，豈一言一事盡從古制？惟取其大體所在——思無邪爾。」〔註213〕

關於「思無邪」，楊簡探討較多：

> 子曰：「《詩三百》，一言以蔽之，曰思無邪。」學者觀此，往往竊疑三百篇當復有深義，恐不止此，不然則聖言〔註214〕所謂「無邪」〔註215〕必非常情所謂「無邪」。是不然，聖言坦夷，無勞穿鑿，無邪者，無邪而已矣，正而已矣，無越乎常情所云〔註216〕。但未明乎本心者不知此，不信此，知此信此則易直子諒之心油然而生，生則惡可已，惡可已則不知手之舞之，足之蹈之。有正而無邪，有善而無惡，有誠愨而無詐僞，有純而無雜，有一而無二三。讀〔註217〕《周南》、《召南》必不面牆，以興以觀以群以怨，無非正用，不勞勉強，不假操持，怡然自然〔註218〕，所至皆妙。人能〔註219〕知徐行後長之心即堯舜之心，則知之矣；知乍見孺子將入井，皆有怵惕惻隱之心即仁者之心，則知之矣。此心人所自有，故三百篇或出於賤夫婦人所爲，聖人取焉，取其良心之所發也，至於今〔註220〕，千〔註221〕載之下，取而誦之，猶足以興起也，故曰「興於《詩》」。〔註222〕

〔註211〕〔宋〕楊簡：《慈湖詩傳》卷一《周南・茉苢》，《四庫全書（文淵閣本）》（第73冊），第16頁。

〔註212〕〔宋〕楊簡：《慈湖詩傳》卷一《周南・茉苢》，《四庫全書（文淵閣本）》（第73冊），第16頁。

〔註213〕〔宋〕楊簡：《慈湖詩傳》卷三《邶・泉水》，《四庫全書（文淵閣本）》（第73冊），第42頁。

〔註214〕按：「言」字《慈湖詩傳・總論》作「人」。同時對前一句有明顯的節略，茲不出注。

〔註215〕按：《慈湖詩傳・總論》下衍一「者」字。

〔註216〕按：《慈湖詩傳・總論》下衍一「也」字。

〔註217〕按：《慈湖詩傳・總論》作「復」字。

〔註218〕按：《慈湖詩傳・總論》此四字作「油然自知」。

〔註219〕按：《慈湖詩傳・總論》無「能」字。

〔註220〕按：《慈湖詩傳・總論》無此字。

〔註221〕按：《慈湖詩傳・總論》下衍一「百」字。

〔註222〕《慈湖遺書》卷八《家記二・論〈書〉〈詩〉》，《四庫全書（文淵閣本）》（第

　　楊簡用「維清」來形象描述心「無邪」的具體狀態。解《周頌・維清》「維清緝熙，文王之典」，認爲：

> 文王之典則，即文王之道，後王之道，其維清乎？清者，不動乎意者也。禹曰「安汝止」之謂也，舜曰「惟精惟一」之謂也，《詩》曰「不識不知」之謂也，《易》曰「無思無爲」之謂也，孔子「毋意」之謂也。不動乎意，非木石然也，中正平常正直之心，非意也。《書》曰「夙夜惟寅，直哉惟清」，此之謂也。於平常正直之心而起乎意焉，不正不直焉，則渾濁矣，非清也。人性本清明，起乎意始昏；不起乎意，則未始不清明。清明，無體無我，如水如鑒。文王由是清明而發諸云爲，是謂典則；武王由是清明而緝熙之念慮云爲，無一之墮乎意，無一之不清，其緝理密矣。虛明和融，是謂熙矣。如水鑒照物，不動乎意，自無一之不理矣，自無一之不合乎文王矣。〔註223〕

這段材料比較典型，帶有總括的性質，將前述「道心」的「無邪」特點用「維清」描述出來，並使「維清」與「無邪」相等同，從而具有了學術的性質和意義。同時，也反映了楊簡對諸經的一貫的心學態度，以及心、意、理間的辯證關係。心以理物，維清始可，排斥意欲的發起和干擾。同時受禪宗的影響也很顯著，如「清明，無體無我，如水如鑒」等。

　　楊簡主張「庸常即道，無邪即道，故曰『中庸』，又曰『王道平平』，又曰『《詩三百》，一言以蔽之，曰思無邪』。學者率捨常而求奇，捨近而求遠，故日用其道而不自知」〔註224〕。並多有詳細論述：

> 蓋道至易至簡至近至平常，故曰中庸。庸，常也。人心即道，故曰道心。人心本體自善，自正，自無所不通，日用無非道者，顧人自不省，自不信爾，故夫日用庸平，人皆不知其爲道。《叔於田》之詩，愛叔美叔，人之善心也，道心也，無邪僻之思也。孔子取此，取此道心也。《毛詩序》乃皆曰「刺莊公」，大失本旨矣。《大叔于田》詩中曷嘗有不義之意，惟不知是詩平正無邪之即道心，故外求其說，

　　　　　1156 冊），第 730 頁。

〔註223〕〔宋〕楊簡：《慈湖詩傳》卷十八《周頌・維清》，《四庫全書（文淵閣本）》（第 73 冊），第 282～283 頁。

〔註224〕〔宋〕楊簡：《慈湖詩傳》卷二《召南・羔羊》，《四庫全書（文淵閣本）》（第73 冊），第 25 頁。

以厥後叔段之惡掩前時京人愛叔之善，殊爲害道。〔註225〕

　　三百篇，蓋多平正，無他，雖無深旨而聖人取焉，正以庸常平
夷之即道也。諸儒不知道，故穿鑿而無說，其害道甚矣。〔註226〕

　　夫道平夷而已矣，動乎意則失之。〔註227〕

　　道不離乎日用庸常也，平直而非遠也。〔註228〕

在楊簡看來，「人心即道」，也即「道心」。「道心」不受時空限制，《大雅一·
下武》「三后之心與武王之心一也。一者，德也。四后之心與上帝之心亦一也，
與四海之心亦一也。是一德之中無利心也，無富天下之心也，無動心也。禹
曰『安女（汝）止』，是心也；舜曰『精一』『執中』，是心也；湯與伊尹咸有
一德，是心也。是固海內之所共服，其言其行，固海內所法式。是心，寂然
不動如太虛，感而遂通如四海，微動乎意，則愆則尤，何式之有？」〔註229〕
法式也即規則、典則。《大雅一·下武》「《詩》曰『順帝之則』，又曰『有物
有則』。則者，大公至正中庸不可變改之則也。三才之所同也，故天下同心歸
之」〔註230〕。這種典則也就是道或本心的體現。

　　而這種道是渾融的，不容分裂。楊簡批評《大學》割裂論道，支離破碎，
《衛·淇奧》：

　　《爾雅》盡載《大學》文。《大學》之意謂切磋者，師友之力歟？
至於琢磨，則微矣，惟自修而已，他人不能力爲也。然其自改過，
用力亦有如切如磋之意，雖師友切磋，亦吾心受之，非外也。而《大
學》太分裂曰「此道學也」，「此自修也」，「此恂慄也」，「此威儀也」。

〔註225〕〔宋〕楊簡：《慈湖詩傳》卷六《鄭·叔於田》，《四庫全書（文淵閣本）》（第
　　　　73 冊），第 75 頁。
〔註226〕《慈湖詩傳》卷七《齊·著》，第 87 頁。按：此句「穿鑿而無說」中的「無」
　　　　似爲「爲」之訛。
〔註227〕〔宋〕楊簡：《慈湖詩傳》卷十八《周頌·烈文》，《四庫全書（文淵閣本）》
　　　　（第 73 冊），第 284 頁。
〔註228〕〔宋〕楊簡：《慈湖詩傳》卷十八《周頌·思文》，《四庫全書（文淵閣本）》
　　　　（第 73 冊），第 288 頁。
〔註229〕〔宋〕楊簡：《慈湖詩傳》卷十六《大雅一·下武》，第 264 頁。按：「三后」
　　　　指太王、王季、文王，語境中有「周世有哲王，大（太）王、王季、文王三
　　　　后雖已在天，在天，謂已歿也。而武王配於周京」（《慈湖詩傳》卷十六《大
　　　　雅一·下武》，第 264 頁）。
〔註230〕〔宋〕楊簡：《慈湖詩傳》卷十六《大雅一·下武》，《四庫全書（文淵閣本）》
　　　　（第 73 冊），第 264 頁。

　　　　取吾一貫之心而截截然判裂之，殊爲害道。〔註231〕

又《小雅五・緜蠻黃鳥》作：

　　　　《大學》篇引「緜蠻黃鳥，止於邱隅」，子曰：「於止，知其所止，
　　　　可（何）以人而不如鳥乎！」繼引「詩曰：穆穆文王，於緝熙敬止！
　　　　爲人君，止於仁；爲人臣，止於敬；爲人子，止於孝；爲人父，止於
　　　　慈。」《大學》一篇非聖人作。道一而已，此心常覺常明曰仁，其散
　　　　見（現）於諸不一其。此心之見（現）於恭曰敬，見（現）於事親曰
　　　　孝，見（現）於惠下曰慈。而《大學》裂而分之，殊爲害道。〔註232〕

這裡能看到與程朱「理一分殊」相同的學術方法，但歸結在「心」而非「理」
上。渾然的道也可以以不同的品性來描述，而並不是分裂道。《周頌・維天之
命》「曰駿，曰惠，曰顯，曰純，曰穆，皆所以贊說斯道，而非五也；如玉曰
白，曰瑩，曰潤，而無二玉也；如金曰黃，曰剛，曰利，而無二金也」〔註233〕。
這種譏評針對治學工夫瑣碎、析裂道的現象，與其重本心、簡易的心學思想
有密切聯繫，甚至比其師陸九淵還要在對待《大學》「致知格物」工夫上走得
更遠，一味體認「本心」，雖標榜「實學」，但也因此距荒疏空虛不遠了。楊
簡的「禪學」因素多留給後人譏評陸學的口實。

3. 天、人、命、道的關係

　　關於天人之際、命道關係，楊簡有了新的認識。即命道同一、天人殊道
而同迹。在天人、命道之間可以構成四個概念，即天道、天命、人道、人命，
楊簡超越了王安石的天道與人道二分的思想，以「清明無際，純一無二」的
心來含攝這四個密不可分的領域，從而獲得對天人、命道的渾融把握，克服
了割裂的弊端。

　　他認爲「命」和「道」是同一的，而不是分裂的，「天之命，天之道也。
不知道者謂命自命、道自道」〔註234〕。同時，天人之道雖各有特徵，但本質

〔註231〕〔宋〕楊簡：《慈湖詩傳》卷五《衛・淇奧》，《四庫全書（文淵閣本）》（第
　　　　73 冊），第 58 頁。
〔註232〕《慈湖詩傳》卷十五，第 240 頁。按：「《詩》曰」的「曰」，《大學章句集注》
　　　　作「云」；《大學》「爲人父，止於慈」下還有「與國人交，至於信」句；並疑
　　　　「於諸不一其」中的「其」字衍。
〔註233〕〔宋〕楊簡：《慈湖詩傳》卷十八《周頌・維天之命》，《四庫全書（文淵閣本）》
　　　　（第 73 冊），第 282 頁。
〔註234〕〔宋〕楊簡：《慈湖詩傳》卷十八《周頌・維天之命》，《四庫全書（文淵閣本）》
　　　　（第 73 冊），第 282 頁。

是一致的，「心無形體，清明無際，純一無二。天人道殊，其迹則一，惟純故不已」〔註235〕，「人事即天道，人言即天言」〔註236〕。楊簡認爲「天道」與「人道」不一主要是因爲「意」使「人心動而昏」。解《周頌・思文》：

> 天人本一，人心動而昏始異是，故克配爲貴。克配非有他也，
> 不失其本心而已矣。〔註237〕

> 道無精粗，一貫無二，天人本一，事理無殊，是道大同，人自
> 異意，不起乎意，本同本一。〔註238〕

並具體區別了心與意，「然則心與意奚辨？是二者未始不一，蔽者自不一。一則爲心，二則爲意；直則爲心，支則爲意」〔註239〕，「學者當自信，毋自棄，毋自疑，意慮倏起，天地懸隔，不識不知，匪合匪離，直心而往，自備萬善，自絕百非，雖無思爲，昭明弗遺」〔註240〕。在此基礎上，不僅認爲天道人道同一，而且指出「一」的「人心」，無所不通，使「心」無限膨脹，「心」的所動則爲治爲亂，昭然若揭，「夫通天地神人，一而已矣，是一者在人爲心，心無所不通，爲孝爲順，爲謙和爲眾善。是心，神人之所同，其機一動，其應如響，故聖賢和於朝，民人和於野，諸侯和於外，四夷和於遠。及是心因物有遷，意動情流，爲傲慢爲悖厲爲危亂矣」〔註241〕。

　　楊簡認爲，人的「本心」或「道心」具有把握「天道」的可能，原因是：

> 吾心不動乎意則無逸，無逸則無私，無私則與人心同矣，與天
> 道亦同矣。天人形若有異，道無異，人心即道，故曰道心，不動乎
> 意，常虛常明，何思何慮。「安女（汝）止」，是謂「精一」，是謂「帝

〔註235〕〔宋〕楊簡：《慈湖詩傳》卷十八《周頌・維天之命》，《四庫全書（文淵閣本）》（第73冊），第282頁。

〔註236〕〔宋〕楊簡：《慈湖詩傳》卷十六《大雅一・皇矣》，《四庫全書（文淵閣本）》（第73冊），第260頁。

〔註237〕〔宋〕楊簡：《慈湖詩傳》卷十八《周頌・思文》，《四庫全書（文淵閣本）》（第73冊），第287頁。

〔註238〕《慈湖詩傳》卷十八《周頌・思文》，第287頁。按：疑「人自異意」中的「意」字爲衍。

〔註239〕〔宋〕楊簡：《慈湖遺書》卷三《絕四記》，《四庫全書（文淵閣本）》（第1156冊），第638頁。

〔註240〕〔宋〕楊簡：《慈湖遺書》卷二《二陸先生祠記》，《四庫全書（文淵閣本）》（第1156冊），第620頁。

〔註241〕《慈湖詩傳》卷十一《小雅一・伐木》，《四庫全書（文淵閣本）》（第73冊），第146頁。

則」，是則「無聲無臭」者，此惟自省自則者知焉。〔註242〕

其心如無所知，如無所識，常靜常敬，常止常一，是謂「順帝之則」。三才無二道，道在人心，人心即道，故曰道心。是心無形，是心無我，虛明無際，天地無間。惟動乎意，流乎邪，故失之，故與天地睽隔；不動乎意，則融融渾渾，即帝則也，如水鑒未嘗有知識也而自能鑒物，如日月未嘗有知識也而自能照物。〔註243〕

《周頌·昊天有成命》，全詩為「昊天有成命，二后受之。成王不敢康，夙夜基命宥密。於緝熙，單厥心，肆其靖之」，楊簡解為：

凡二后之心，夙夜念慮云為動靜，無非所以成天命也。是基命之心，寬宥精密，其寬宥廣大而無外，其精密無思而無為。蓋人心即道，故曰「道心」。此心無體而神用無窮，有體則有限量，故曰寬宥；有體則可知，無體則不可知，故曰精密。人皆有此心，動乎意則昏，昏則蔽，蔽則立我立私，不宥不密。二后不動乎意，即禹之「安汝止」。動靜云為，如天地之變化，日月之照臨，無所不思而非動乎意也，無所不為而非動乎意也。曰宥曰密，所以發明乎是也。孔子嘗引以明「無聲之樂」。使二后之成王業，一動乎意則私矣，蔽矣。天命將去之，何以基命於是？歎美之曰：於是其念慮云為無一之或動乎意，無一之或失其道，緝理無差，熙和順治。意消而道心自明，心明而時措自宜。舜命禹曰「道心惟微，惟精惟一，允執厥中」，惟精一則中矣。此聖人緝熙之功也。單，盡也。有一念慮動乎意，則猶未「單厥心」也；有一云為未中乎節，則猶未「單厥心」也。人心本廣大清明，無所不照。微有所蔽則亦微有所不盡；苟有所不盡，則於靖安天下之功亦有所不盡。二后「單厥心」，故其靖安之功，沛然有餘裕矣。〔註244〕

楊簡認為不發起於意的「人心」或「道心」，無逸無私，可貫通天地人「三才」，

〔註242〕《慈湖詩傳》卷十六《大雅一·文王》，第245頁。按：據文例，「安女（汝）止」前似應有「是謂」字樣。

〔註243〕《慈湖詩傳》卷十六《大雅一·皇矣》，《四庫全書（文淵閣本）》（第73冊），第260～261頁。

〔註244〕《慈湖詩傳》卷十八《周頌·昊天有成命》，第285頁。按：「二后」指文王、武王，《毛傳》作「二后，文武也」；「舜命禹曰」句見《尚書·虞書·大禹謨》；楊簡將「單厥心」的「單」讀為「殫」了，《國語》引作「亶」，古「亶」「單」相通，指厚道。

所以道渾融爲一，而在於「人心」，因此也可由「人心」把握所謂的「天道」，這是楊簡論證的邏輯過程。但是這裡以「常虛常明，何思何慮」、「如無所知，如無所識」、「無形」、「無我」、「虛明無際，天地無間」等表述形式來描摹「本心」的無知無覺、不受限量的規定，畢竟有些禪學化的痕跡。

正因爲「天人本一」，人心可以把握天道，而「天道」「天心」又是無形體的，可以通過「人道」「人心」來體現，「天心不可見，以人心見之，人心即天心」〔註245〕，這樣，楊簡較成功地實現了理論上的「反轉」，論證了人道的依據和合理性，「人道之所至，即天命之所作」〔註246〕，「雖欲以就王業，亦以順民之所欲，順天之所欲，順義理之所當而作之也」〔註247〕，「此在奸雄以私意行之謂之術，在文王由義理行之謂之天命」〔註248〕，「雖人道之序順，實天道之序順也。道無二也，二則違矣」〔註249〕。又如：

> 汲古問：「《大雅》假樂君子，顯顯令德。《中庸》云嘉樂君子，憲憲令德。《詩》假音暇，卻與《中庸》嘉字不同。」先生曰：「假者，嘉音之訛。曉此詩否？」汲古曰：「顯顯令德，宜民宜人，受祿於天，此言王有令德，則民從而天與之。是否？」先生曰：「嘉善和樂，蓋君子之形容，德性之光輝。徒樂而非善，固非德性之樂；徒善而無樂，亦非德性之善。既嘉善又和樂，德性之光輝自然而然；初非有意於爲善又爲樂也。此惟有德者自知，而非章句儒所能識也。君子，謂王道德性，人所同有，惟不昏蔽是謂君子，即嘉樂之容光，其令德已顯著。顯顯者，令德之益顯。人，猶民也。人又足以包諸侯諸臣，由此德性而發，無所不宜，無所不通。人心亦在是，故受祿，故天保右（祐）之，命之，申而延之。雖曰自天，實自君子之德性。」〔註250〕

〔註245〕《慈湖詩傳》卷十八《周頌・雝》，《四庫全書（文淵閣本）》（第73冊），第293頁。

〔註246〕〔宋〕楊簡：《慈湖詩傳》卷十六《大雅一・皇矣》，《四庫全書（文淵閣本）》（第73冊），第258頁。

〔註247〕《慈湖詩傳》卷十六《大雅一・文王有聲》，《四庫全書（文淵閣本）》（第73冊），第266頁。

〔註248〕《慈湖詩傳》卷十六《大雅一・文王有聲》，《四庫全書（文淵閣本）》（第73冊），第266頁。

〔註249〕〔宋〕楊簡：《慈湖詩傳》卷十八《周頌・時邁》，《四庫全書（文淵閣本）》（第73冊），第286頁。

〔註250〕《慈湖遺書》卷八《家記二・論〈書〉〈詩〉》，《四庫全書（文淵閣本）》（第1156冊），第732～733頁。

我們不僅看到，楊簡解《詩》的興趣不在訓詁，而在義理的闡發，而且，他根據自己關於「天道」「人道」的關係判斷，對「受祿於天」作出了樸素的唯物的解釋，「雖曰自天，實自君子之德性」，這是難能可貴的。

三、袁燮的《詩經》學研究

《絜齋毛詩經筵講義》，宋袁燮撰。《四庫全書總目提要》載《宋史·藝文志》、馬端臨《文獻通考》、朱彝尊《經義考》皆不列其目，佚失已久，《四庫全書》的編撰者從《永樂大典》中輯出並釐為四卷。袁燮，字和叔，號絜齋，鄞縣人。事迹詳《宋史》本傳。《四庫全書總目提要》評其「素尚名節，學有體用」。

袁燮解《詩》雖未擺脫《詩序》、毛、鄭的影響，於《詩經》本文研究助益甚少，但以「心學」論《詩》，重涵養本心，謹節操，勸諫帝王以格君心，有經世的鮮明特點。心學思想表現得也比較充分，細微精到，有較強的思想史價值。由其解詩的結構也可看出其理學旨趣，根據現存輯佚材料分析，袁氏解詩一般依次包括這樣幾個環節：談心學（或者理學）理論，解詩題，訓辭，發議論，勸誡等。與其說袁氏解《詩》的心學見解是從《詩經》中抽繹出來的，還不如說是以心學觀點來圖解《詩經》，其《詩經》研究明顯依附於其心學理論，或滲透著濃烈的心學思想。

（一）格君心

乾隆皇帝於乾隆乙未仲夏，即清高宗乾隆四十年（1775）作的《御製題絜齋毛詩經筵講義》〔註251〕尾聯「黍離故國三致意，其奈孱王弗聽何？」，指出袁氏解《詩》的經世性質，懇切借《詩》勸誡帝王，有鮮明的社會問題意識和時代印痕。由此也可看出，《詩經》宋學的發展與現實的密切關係，是解《詩》者對現實問題發抒己見、進陳策論的憑藉之一，發揚先秦的「用詩言志」的傳統，雖未必盡合詩文本義，但其現實的價值取向則很明顯，尤其從心性角度論述，《詩經》文本的「言志傳情」功能便為這種憑藉提供了基礎。

《四庫全書總目提要》評袁燮《絜齋毛詩經筵講義》：

> 議論切實，和平通達，頗得風人本旨。且宋自南渡以後，國勢
> 衰弱，君若臣皆懦怯偷安，無肯志存遠略，而燮獨以振興恢復之事
> 望其君，經幄敷陳，再三致意。如論《式薇》篇，則極稱太王句踐

〔註251〕〔宋〕袁燮：《絜齋毛詩經筵講義》，叢書集成初編本，第1頁。

轉弱爲強，而貶黎侯無奮發之心。論《揚之水》篇，則謂平王柔弱
爲可憐。論《黍離》篇，則直以汴京宗廟宮闕爲言。皆深有合於納
約自牖之義。昔人譏胡安國《春秋傳》意主復仇，割經義以從己説。
而燮則因經旨所有而推闡之，其發揮尤爲平正。雖當時寧宗闇弱，
不能因此感悟，而其拳拳忠藎之意，亦良足尚也。〔註252〕

聯繫胡安國《春秋傳》意主復仇，可見當時的時代問題、政治危機與民族矛
盾所帶給經學家的新課題，經學家通過經典研究提出一定的應對策略，因此，
經典的闡釋在經典爲現實問題提供解決方案的同時已被悄悄地打扮了，而程
度則取決於對經旨的把握和推闡的方式。而理學在高、孝、光、寧、理宗朝
的發展也與此有關。

　　袁燮尊崇《詩序》（指《大序》），認爲「《大序》之作，所以發揮詩人之
蘊奧」〔註253〕。他以「心學」的思想，維護《詩序》，認爲《詩序》多探得詩
中人物的本心，「序《綠衣》、《日月》、《終風》三詩，皆以傷己言，可謂深探
其所存矣」〔註254〕。在廢《序》之聲中，即使像蘇轍也只是存《小序》前兩
句，袁氏之説頗爲醒目，原因是對情性與《詩》致用功能的認識及時代變化。
袁氏認爲「《大序》所謂禮義，即孔子所謂無邪也。詩人作之以風其上，太師
採之以獻諸朝，以警君心，以觀民風，以察世變。一言一句，皆有補於治道。
人君篤信力行，則可以立天下風化之本；公卿大夫精思熟講，則可以感人君
心術之微」〔註255〕，可見，袁燮肯定《大序》，正因其有立風化之本、感人君
之心的功能，與時代需要相關。值得注意的是陸九淵與楊簡獨標「思無邪」，
多側重「致本心」，而袁燮將「無邪」與《詩大序》的「禮義」等同起來，不
能不説他們之間存在著一定的差異，這種差異在袁燮的思想中也有表現。

　　「格君心」中的「格」是「格除」的格，即格去君心之非，「格君心之非」
〔註256〕，使復歸至正，與後來王陽明解「格物」爲「正事」、「正心」同。

〔註252〕《絜齋毛詩經筵講義》，叢書集成初編本，第 1 頁。按：「君若臣」中的「若」
　　　　用法同「或」、「或者」。
〔註253〕〔宋〕袁燮：《絜齋毛詩經筵講義》卷一《詩序一》，叢書集成初編本，第 1
　　　　頁。
〔註254〕〔宋〕袁燮：《絜齋毛詩經筵講義》卷二《終風篇》，叢書集成初編本，第 20
　　　　頁。
〔註255〕〔宋〕袁燮：《絜齋毛詩經筵講義》卷一《詩序一》，叢書集成初編本，第 1
　　　　頁。
〔註256〕〔宋〕袁燮：《絜齋毛詩經筵講義》卷四《雞鳴篇》，叢書集成初編本，第 41

　　袁燮「格君心」的兩項理論基礎：

　　一是繼承《詩大序》對「風」功能的界定，「上以風下」，並進一步解釋爲「風」「俗」之別，「臣聞〔註257〕：一國之風俗，國君爲之也。上倡其下者謂之風，下從其上者謂之俗。故曰：君子之德風，小人之德草，草上之風必偃。倡之者善，而從之者無不善，則風俗日以淳；倡之者不善，而從之者亦不善，則風俗日以薄」〔註258〕，「一國之事，人君爲之也。一舉一錯（措）之間，是非美惡由是分焉」〔註259〕，「人君者，化育之所自出也，德有所未至，教有所未孚，無以陶冶斯世皆入於禮義之域，則歸其責於君。而人君亦不敢辭其責，故曰『百姓有過，在予一人』」〔註260〕。袁燮極力張揚「君心」善否、君主德操範型天下的作用，要求君主先要治心，「人君之一身，誠風俗美惡之所自出歟」〔註261〕，「吾身之修不修，后妃之賢否繫焉。君天下者，其可忽哉？」〔註262〕「君天下者，觀此一詩，豈可不崇獎夫精潔之臣，而屏去夫貪濁之吏哉？」〔註263〕「君人者，盍亦深思熟講，求所以順乎人心者哉？」〔註264〕

　　一是繼承「人同此心，心同此理」的「心之感通」學說，人君「凡所以善其心者，無一日敢忘」，可以感通天下，「一家仁，一國興仁；一家讓，一國興讓」〔註265〕。如：

頁。按：「格君心之非」語出《孟子·離婁上》「惟大人爲能格君心之非」，趙注：「格，正也。」（《孟子集注》卷七《離婁章句上》）

〔註257〕袁氏以「臣聞」所標，有時引用前人觀點，如「古人曰」等，或先前典籍，如「《易》之《咸》曰」（《絜齋毛詩經筵講義》卷一《芣苢篇》，第8頁），更多則是借「臣聞」引申或表達自己的看法。

〔註258〕〔宋〕袁燮：《絜齋毛詩經筵講義》卷四《還篇》，叢書集成初編本，第41頁。

〔註259〕〔宋〕袁燮：《絜齋毛詩經筵講義》卷三《干旄篇》，叢書集成初編本，第31頁。

〔註260〕〔宋〕袁燮：《絜齋毛詩經筵講義》卷一《兔罝篇》，叢書集成初編本，第7頁。

〔註261〕〔宋〕袁燮：《絜齋毛詩經筵講義》卷一《漢廣篇》，叢書集成初編本，第9頁。

〔註262〕〔宋〕袁燮：《絜齋毛詩經筵講義》卷一《桃夭篇》，叢書集成初編本，第6頁。

〔註263〕《絜齋毛詩經筵講義》卷二《羔羊篇》，第14頁。按：指《召南》中的《羔羊》。

〔註264〕〔宋〕袁燮：《絜齋毛詩經筵講義》卷二《擊鼓篇》，叢書集成初編本，第22頁。

〔註265〕〔宋〕袁燮：《絜齋毛詩經筵講義》卷一《兔罝篇》，叢書集成初編本，第7

序《詩》者曰：「《關雎》之化行，則莫不好德。」觀其迹，若不相爲謀，而心之感通有必然者矣。君天下者，盍致思焉？〔註266〕

凡形於聽訟者，皆是心也。心純乎天，發而爲政，皆與天合。以我之心，感民之心，民之不能忘，由我之不可忘也。〔註267〕

《小星》、《江有汜》二詩，雖所遇不齊，然其以心感心則一也。〔註268〕

雖以心爲形之主宰，因此治心使入於禮義之域而達至善更爲重要。途徑主要在君主修身以爲天下法式，因爲「心可感通」，與陸九淵「人同此心，心同此理」故可感通一脈相承。從而使家國興，因而在這種意義上認爲「人心無常」，唯君心爲常了，「人心無常，惟上是聽」〔註269〕。因此，認爲聖人感人心的原因和方法，則是由己及人、由內及外、由家及國，「然則何以感之？曰：行遠自邇始，治外自內始，未有其家不可教而能化行於他人者」〔註270〕。

袁燮積極進諫寧宗，「彼之功德如是，吾豈可因循苟且，僅爲中常之主歟？此所謂龜鑒也。有德斯有力，以《大學》觀之，心正意誠，德也；治國平天下，功也。本末一貫，非有二致」〔註271〕。在這種思想指導下，聯繫當時的形勢，勸諫寧宗居安思危，振奮心志，「臣聞：人君有志，則危弱可爲安強。苟惟無志，則終於危弱而不振」〔註272〕，引太王遷岐、句踐復仇、黎侯失國例從正反兩個方面進諫寧宗：雖居患難，尤要磨礪心志，剛強志向。懲創既往，寄意深遠，乾隆題詩與《四庫全書總目提要》均已言及，昭然可

〔註266〕〔宋〕袁燮：《絜齋毛詩經筵講義》卷一《兔罝篇》，叢書集成初編本，第 7 頁。

〔註267〕〔宋〕袁燮：《絜齋毛詩經筵講義》卷一《甘棠篇》，叢書集成初編本，第 12 頁。

〔註268〕〔宋〕袁燮：《絜齋毛詩經筵講義》卷二《江有汜篇》，叢書集成初編本，第 15 頁。

〔註269〕〔宋〕袁燮：《絜齋毛詩經筵講義》卷一《兔罝篇》，叢書集成初編本，第 7 頁。

〔註270〕〔宋〕袁燮：《絜齋毛詩經筵講義》卷一《芣苢篇》，叢書集成初編本，第 8 頁。

〔註271〕〔宋〕袁燮：《絜齋毛詩經筵講義》卷一《詩序二》，叢書集成初編本，第 2～3 頁。

〔註272〕〔宋〕袁燮：《絜齋毛詩經筵講義》卷三《式微篇》，叢書集成初編本，第 27 頁。

鑒。袁氏借心學以闡《詩》，勸統治者重視民心，寬舒政治，爭取民心，也可見於《北風篇》，並明確地說「此誠今日之急務也」〔註273〕。主張「人君有剛德」〔註274〕，「以平王之柔弱爲戒」〔註275〕。勸君主剛健而不柔弱，以建立功勳爲務，如：

> 臣聞：人君之德，莫大於剛健；人君之患，莫甚於柔弱。剛健則日進無疆，足以有爲於當世；柔弱則安於苟且，不能少見於事業。智愚相去，豈不遠哉？今一介之士，苟惟柔弱，則不能自立於鄉黨，況於國君？一舉一錯（措），安危所關，其可以柔弱自處乎？〔註276〕

拳拳之忠心，慷慨之陳詞，可歎可敬！以至勸寧宗趁當時北國受挫，危弱漸長之際收拾舊地，重建一統，斥責姑息養奸的辦法：

> 或曰：「今北敵垂亡，不保朝夕，與衛國敗於熒澤之役亦何以異？我朝垂德惠以覆護之，使既微而復振，將滅而復存，可乎？」曰：「不然也。衛，中國之諸侯也，爲狄人所滅，故霸主不得不救。今北敵，中國之世仇也，因其敗壞，張皇六師，爲復仇刷恥之舉，可也，其可救哉？《書》曰『兼弱攻昧，取亂侮亡』，此成湯之所以興也，惟聖主深察之。」〔註277〕

> 嗚呼！周雖不競，鎬京之地，猶在境內，而忠臣過之，猶悲憂如此，況有甚於此者乎？我國家建都於汴，既九朝矣，宗廟宮闕，於是乎在。靖康之禍，鞠爲禾黍，非能如東周之在境內。神皐未復，敵久據之，往時朝會之地，今爲敵人之居，此天地之大變、國家之大恥也。使周大夫生於今日，過其故都，其悲憂慘戚之情，又當如之何哉？平王惟不自強，所以迄不能復西都之盛。聖主誠能反其所爲，臥薪嘗膽，以復仇刷恥自期，則大勳之集，指日可俟也。人情

〔註273〕〔宋〕袁燮：《絜齋毛詩經筵講義》卷三《北風篇》，叢書集成初編本，第30～31頁。

〔註274〕《絜齋毛詩經筵講義》卷三《揚之水篇》，第35頁。按：指《王風》中的《揚之水》。

〔註275〕〔宋〕袁燮：《絜齋毛詩經筵講義》卷三《揚之水篇》，叢書集成初編本，第36頁。

〔註276〕〔宋〕袁燮：《絜齋毛詩經筵講義》卷三《芄蘭篇》，叢書集成初編本，第33頁。

〔註277〕《絜齋毛詩經筵講義》卷三《木瓜篇》，第34頁。按：「《書》曰」句語出《尚書·仲虺之誥》。

之慘戚，將轉而爲歌謠，豈不偉哉？惟聖主亟圖之。〔註278〕

他反覆致意，用心良苦，「人在遠而強思之，則用心徒勞而事功不集矣，曷不反而自求、退而自省乎？此詩人正本之論也。雖然，妄意於大者、遠者固非矣，而無志於大者、遠者，亦豈君子之所貴哉？」，「觀前二章，則知人君不可以妄圖，觀後一章，則知人君不可以無志。惟聖明深察之」〔註279〕，聯繫前文，袁燮主張北伐雪恥，收復失地，綜合起來分析，他不是輕舉妄動的冒險者，而多從根本長遠處著眼，力諫寧宗樹立遠大志向，但又必須付諸切實可行能實現遠大志向的行動，即理學家的體用合一之論、聖王合一之論。

就僅存的《絜齋毛詩經筵講義》四卷，聯繫現實，抒發議論，有時直指時事，頗爲詳細，甚至提出一些戰略戰術問題：

> 今日邊烽未息，征夫暴露，自往年四月至今年三月，恰一歲矣，盛夏酷熱之時，不容解甲，至於生蛆；隆冬盛寒之際，坐臥被甲，其冷徹骨，糲飯藜羹，終年食淡，而又驅之戰鬥，豈其所樂哉？念之恤之，聖心之所不能忘也，孰若賦勞還之詩？各歸其故壘，而以其供億之費，募沿邊壯勇之士，人人可用，莫非精兵，有捍禦之實，無出戍之苦。父母兄弟，無復相離，保護鄉井，各致其力。計無便於此者，惟聖主亟圖之。〔註280〕

即根據詩歌啓發昭示的「上恤其下，下忠其上，此所以交通而無間也」〔註281〕，提醒寧宗體恤軍士的勞苦，並進而提出靈活機動、節省財力、方便有效、類似於後來「民兵」式的軍事部署和作戰辦法，在當時有一定的針對性和可行性。主張「公其心」、「擯斥」國蠹，親近「不素餐者」，振興綱紀，「此當今之先務也」〔註282〕。

至於「嗚呼！貴而賢，賤而不肖，天下之常理也。賢者役人，不肖者役

〔註278〕〔宋〕袁燮：《絜齋毛詩經筵講義》卷三《黍離篇》，叢書集成初編本，第35頁。

〔註279〕〔宋〕袁燮：《絜齋毛詩經筵講義》卷四《甫田篇》，叢書集成初編本，第42～43頁。

〔註280〕〔宋〕袁燮：《絜齋毛詩經筵講義》卷四《陟岵篇》，叢書集成初編本，第44頁。

〔註281〕〔宋〕袁燮：《絜齋毛詩經筵講義》卷四《陟岵篇》，叢書集成初編本，第44頁。

〔註282〕〔宋〕袁燮：《絜齋毛詩經筵講義》卷四《伐檀篇》，叢書集成初編本，第45頁。

於人，亦天下之常勢也」〔註283〕，也只是用道德標準改造了一下《孟子‧滕文公上》「勞心者治人，勞力者治於人」的觀點，其迂腐之處自不待言，但也將這個命題向倫理化發展了一步。

（二）論情性

袁燮對性情的看法暗通李翱《復性書》，他視性情皆善，情非惡，與程朱迥異，而有陸學特點。

> 《詩》三百篇，不爲不多矣。而孔子蔽之以一言曰「思無邪」，蓋取其直己而發，粹然一出於正。《風》《雅》雖變，而思之無邪，則一而已矣。夫寂然不動之謂性，有感而發之謂情。性無不善，則情亦無不善。厥名雖殊，其本則一。故孟子道性善，而又曰「乃若其情，則可以爲善矣」。《禮運》一篇，孔子之遺言也，謂喜怒哀樂愛惡欲，是七情者，弗學而能，人之良能也，豈有不善哉？〔註284〕

袁燮認爲性與情，只是靜與動的區別，雖名稱不同，而其本則是相同的，似與其師心統性情的觀點有區別，因心統性情，性情是二不是一，而袁氏直接將二者視爲一體，因此才有性善則情善的自然推論，而直接也將「七情」視爲良能，較孟子的良能概念寬泛，成爲一生物的本能。所以他指出「好逸惡勞，人之常情也。男女相悅，亦人之情也」〔註285〕，情善而行不合禮義，即爲惡，如他曾與「盛德之君」比較，認爲那些「習俗薄惡，男女淫奔，恬不知愧者」也是君主的行爲端否造成的〔註286〕，雖未離開《大序》「發乎情而止乎禮義」的道德評價，但以善視情，與其他理學家迥異，也似更開明一些，爲後世從情詩角度理解研究《詩經》又提供了一個角度。

儘管袁燮認爲在本質上「情」與「性」皆善，但因爲情是性「動」的結果，動就涉及到禮義「中」的標準，「凡人之情，不失之縱弛，則失之乖戾。縱弛則不敬，乖戾則不和，豈其本心然哉？」〔註287〕認爲人情或失之於「縱

〔註283〕〔宋〕袁燮：《絜齋毛詩經筵講義》卷一《兔罝篇》，叢書集成初編本，第 7 頁。

〔註284〕〔宋〕袁燮：《絜齋毛詩經筵講義》卷一《詩序一》，叢書集成初編本，第 1 頁。

〔註285〕〔宋〕袁燮：《絜齋毛詩經筵講義》卷二《殷其雷篇》，叢書集成初編本，第 15 頁。

〔註286〕「亦其君使然爾」（《絜齋毛詩經筵講義》卷一《漢廣篇》，第 9 頁）。

〔註287〕《絜齋毛詩經筵講義》卷二《何彼穠矣篇》，第 16 頁。按：「凡人」的「凡」

弛」而「不敬」，或失之於「乖戾」而「不和」，總之都不是「本心」應當有的眞實形態，「本心」應是善的，人人都有，天生自足，「降衷秉彝，無有不善；肅雝之德，人人具足」〔註288〕，自然是性善論的口吻。

> 「臣聞：所貴乎君子者，不失其本心而已，天與人以此心，至精至明，雖更歷萬變，而秉彝之懿，未始少虧，斯可謂之君子矣」，無論常變、逆順、終始、窮達等，都能保持本心，即「常其德」〔註289〕。這樣就將「不失其本心」作爲「君子」的本質特徵。針對《衛風·谷風》，袁燮論述了「不失其本心」與「失其本心」的區別：

> 臣聞：所貴乎君子者，無他事焉，惟不失其本心而已。人生而善，天之性也，有正而無邪，有誠而無僞，有厚而無薄，有天理之公而無人欲之私，所謂本心也。其始如是，其終亦如是，雖歷年之久，不變乎其初，所謂不失也。〔註290〕

> 始終不侔，所謂失其本心者。〔註291〕

「不失其本心」的關鍵是恪守本心，始終相侔，始終如一。又說「昏而不明，所以爲物。人心至靈，所以貴於群物也」〔註292〕。同時，袁燮還強調「義」的重要，「義者，理之所當然也。〔註293〕人不知義，則無以異於群物」〔註294〕，將「義」作爲人區別於萬物的標誌。「不失其本心」、「人心至靈，所以貴於群物也」與「人所以獨貴者，義在焉爾」兩條標準，雖各有側重，表面似不能完全溝通，但實質上則是二而一的，前文已經提到，袁燮將「思無邪」中的「無邪」與「禮義」等同，其意義恰在這裡，更好地統一了內外、心物，當

表示概括。

〔註288〕〔宋〕袁燮：《絜齋毛詩經筵講義》卷二《何彼穠矣篇》，叢書集成初編本，第16頁。

〔註289〕〔宋〕袁燮：《絜齋毛詩經筵講義》卷四《風雨篇》，叢書集成初編本，第39頁。

〔註290〕《絜齋毛詩經筵講義》卷三《谷風篇》，第26頁。按：指《邶風》中的《谷風》。

〔註291〕〔宋〕袁燮：《絜齋毛詩經筵講義》卷三《谷風篇》，叢書集成初編本，第26頁。

〔註292〕〔宋〕袁燮：《絜齋毛詩經筵講義》卷一《螽斯篇》，叢書集成初編本，第5頁。

〔註293〕按：韓愈《原道》「義者，宜也」，此處解以「理」之宜，當與理學有關！

〔註294〕〔宋〕袁燮：《絜齋毛詩經筵講義》卷二《殷其雷篇》，叢書集成初編本，第14頁。

然是以心學方式進行的,「義理,人心之所同,皆可以爲善」〔註295〕,袁燮將「義理」和「善」相提並論,作爲人心的共同本質,是其性善論的延伸,同時也使義理與人心緊密地關聯起來。明代王守仁的「致知格物」說也是這個思路,但明晰簡捷得多:

> 若鄙人所謂「致知格物」者,致吾心之良知於事事物物也。吾心之良知,即所謂天理也。致吾心良知之天理於事事物物,則事事物物皆得其理矣。致吾心之良知者,致知也;事事物物皆得其理者,格物也;是合心與理而爲一者也。〔註296〕

可見,王守仁是將陸學的「不失其本心」、孟子的「良知」與程朱的「天理」聯繫起來,重鑄成基於心學的學說,並克服了陸九淵早已指出的朱熹裂「天理」與「人心」爲二的弊端(參見本章第一節及本節內容),較袁燮更加細密、系統和徹底。但從學術史演變角度考慮,則不能忽視袁燮提供的學術方法和學術問題的歷史意義。

袁燮以「本心」論《詩》涉及面較廣、較典型的要數《芣苢篇》了。他認爲「宮闈之邃,風化之樞機也」,后妃不嫉妒,眾妾無顧慮,宮闈自然和平,而「夫和平者,人之本心也」〔註297〕。對於芣苢「區區微物,以宜子之故,不憚勤勞,多方採取。詩人深探其心,而曲盡其形容之辭。若贅而非贅,愛其風化之美而不能自已也」,詩人創作的動機也是因探求到人物的本心、彰示風化之淳美而產生的。針對《詩序》「樂有子也」的看法,袁氏議論頗多,「蓋樂於有子,人之本心;有子不樂,非其本心然也。古人之心,至和至平,故惟恐乎嗣續之不蕃;後人之心,不和不平,故反以生育爲累爾。夫秉彝之初,均此一心,而習俗美惡不同如此」,進而結合《詩序》予以闡發,「詩人觀夫芣苢之採,既爲之三詠三歎,而序《詩》者則蔽以一言,而曰『后妃之美』。蓋非后妃之賢,得其本心,則必不能使當時之婦人亦皆遂其本心也。尊卑上下,皆不失其本心,可謂極盛之時矣。後之爲妃者,要當以是爲法」〔註298〕。

〔註295〕〔宋〕袁燮:《絜齋毛詩經筵講義》卷四《子衿篇》,叢書集成初編本,第40頁。

〔註296〕《陽明全書》卷一《語錄·傳習錄中·答顧東橋書》,東方文學社,1935年,第25頁。

〔註297〕〔宋〕袁燮:《絜齋毛詩經筵講義》卷一《芣苢篇》,叢書集成初編本,第8頁。

〔註298〕〔宋〕袁燮:《絜齋毛詩經筵講義》卷一《芣苢篇》,叢書集成初編本,第8頁。

　　人的「本心」純善，沒有疆界公私之分，而「有己之心」則有疆界，需要克去己私，以恢復本心的清明：

　　　　天下之患，莫大於有己。有己之心勝，則待物之意薄。設藩籬，分畛域，截然判而爲二。朝思夕慮，求足其欲，而自一身之外，莫之或恤矣，何其不仁哉？昔者孔子論爲仁之道本於克己，蓋惟能克去己私，則物我渾融，他人之利害休戚，猶己之利害休戚也，是謂之仁。仁者，人心也。人之本心，豈有此疆爾界之別哉？〔註299〕

　　　　而本然之心，易於蒙蔽。〔註300〕

　　　　此心清明，不爲人欲所蔽。〔註301〕

袁氏所論與《莊子》「至人無己，神人無功，聖人無名」〔註302〕、「大同而無己。無己，惡乎得有有。睹有者，昔之君子；睹無者，天地之友」〔註303〕、「道人不聞，至德不得，大人無己」〔註304〕的「有己爲累」義相似，闡發克去私欲以恢復本心而至仁的道理。更側重和諧渾融物我，克去己私，復明本心，使發自性的情歸於善。「天下之患，莫大於自謂無害，爲非所當爲，欲非所當欲，其初曰：『是小過耳，吾何害之有？』積而不止，遂陷於大惡，爲君爲臣而有是念，則不得其爲君爲臣，父也子也亦然」〔註305〕，這一種「莫大於」的「天下之患」，表面與前一種不同，但有欲有私，實際上也是「有己」的一種表現。「臣聞：人無常心，由天理而行，則是心常明；爲人欲所蔽，則是心必昏。男女之欲，人情之所不能免也，溺於其所愛而忘其爲可戒，則本然之心日以昏蝕矣」〔註306〕。然而，「有己之心」「求足其欲」、「欲非所當欲」，此

〔註299〕《絜齋毛詩經筵講義》卷一《樛木篇》，第4頁。按：疑「疆爾界之別」中的「爾」字爲衍。

〔註300〕〔宋〕袁燮：《絜齋毛詩經筵講義》卷三《谷風篇》，叢書集成初編本，第26頁。

〔註301〕〔宋〕袁燮：《絜齋毛詩經筵講義》卷四《女曰雞鳴篇》，叢書集成初編本，第38頁。

〔註302〕《莊子·內篇·逍遙遊第一》。

〔註303〕《莊子·外篇·在宥第十一》。

〔註304〕《莊子·外篇·秋水第十七》。

〔註305〕〔宋〕袁燮：《絜齋毛詩經筵講義》卷三《泉水篇》，叢書集成初編本，第29頁。

〔註306〕〔宋〕袁燮：《絜齋毛詩經筵講義》卷四《雞鳴篇》，叢書集成初編本，第40～41頁。

「欲」又如何發動，賴什麼以存在〔註307〕，明顯與前論不一致，因爲是從《永樂大典》中鉤佚的資料，自然不夠全面，雖不能斷然判定袁燮思想有相互矛盾的地方，但似與上述「性情皆善」有衝突。

袁燮認爲「本心」極爲重要：

> 臣聞：人生天地之間，所以超然獨貴於群物者，以存是心焉爾。心者，人之大本也。是心苟存，雖至微之人，足以取重於當世；是心不存，雖貴爲王公，其又奚取焉？漢之遊女，可謂至微矣，能正固其守，而人皆愛之，敬之，豈非此心之良？天所以與我者，卓然不亂，故發形於外，有足以感動物者歟？〔註308〕

是心可存可去，則袁氏所論決不是一具體的物質的血肉的心，而是抽象的精神的倫理的心，也即善（心），即本心、良心、良知。「是心」可駕御支配形體，「夫公足以勝私，而不爲私蔽。心足以御形，而不爲形役」〔註309〕，「心足以御其形，而不爲形所役，心不懈則形不倦」〔註310〕，與郭店楚簡《五行》、《孟子》及荀子《解蔽》論述心與形關係的思想接近：

> 耳目鼻口手足六者，心之役也。心曰唯，莫敢不唯；諾，莫敢不諾；進，莫敢不進；後，莫敢不後；淺，莫敢不淺。（郭店楚簡《五行》第二十五章）

> 君子之志於道也，不成章不達。（《孟子·盡心上》）
> 養其小者爲小人，養其大者爲大人。（《孟子·告子上》）
> 心之官則思，思則得之，不思則不得也。（《孟子·告子上》）
> 道雖邇，不行不至。事雖小，不爲不成。（《荀子·修身》）
> 心不知道，則不可道而可非道。（《荀子·解蔽》）
> 心者，形之君也，而神明之主也，出令而無所受令。（《荀子·

〔註307〕這是比較有價值的問題和反思。宋代呂祖謙「貪吝二念孰非至理」，以後清代戴震論性與欲，就同樣給「欲」找了一個憑藉和依託——「性」，「人與物同有欲，欲也者，性之事也」，「欲不流於私則仁，不溺而爲慝則義，情發而中節則和，如是之爲天理。情慾未動，湛然無失，是爲天性」。

〔註308〕〔宋〕袁燮：《絜齋毛詩經筵講義》卷一《漢廣篇》，叢書集成初編本，第9頁。

〔註309〕〔宋〕袁燮：《絜齋毛詩經筵講義》卷一《螽斯篇》，叢書集成初編本，第5頁。

〔註310〕〔宋〕袁燮：《絜齋毛詩經筵講義》卷一《采蘩篇》，叢書集成初編本，第11頁。

解蔽》）

但更加注意和突出心的主宰性、本體性，是心學思想在心形關係上的邏輯表現或理論反映。「彼求諸外，所以似剛而非剛；此得之心，所以至柔而能剛也。夫莫剛於人心，嗟來之食，寧死而不受，非不愛身也，此心卓然，而忘其爲身也」﹝註311﹞，認爲女子操守剛勁，發之於心，遠勝「勃然震怒，無敢當者」「牽於利欲」的武夫，體現了心學家特有的致思方式。袁燮注重志節操守，見《宋史》本傳，《四庫提要》也這樣評價，僅由其論《詩》的出發點和歸宿，也可見一斑。甚至解詞亦多心學印痕，如「願言則嚏」、「願言則懷」中的「願」（愿）就解爲：「願者，善端初發之謂」﹝註312﹞。

（三）說義理

袁燮對「義理」不僅有強調，而且有一定的界定：

> 臣聞：人生天地間，所以異於群物者，以知有義理而已。義理，人心之所同，皆可以爲善，然無以講明之，則終日昏昏，淪於惡習，與蠢然無識者殆無以異，所謂飽食煖（暖）衣，逸居而無教，則近於禽獸。古人病其然，設爲庠序學校，漸摩陶冶，使人心曉然皆知義理之可貴，不爲物欲所遷，則教之功也。嗚呼！是豈可一日廢乎？
>
> ﹝註313﹞

雖然未以明確的語言揭示「義理」的具體所指，但由其憑藉於「教之功」、與「惡習」相對則應爲人倫之常，是指人所以爲人的社會道德，值得強調的是，袁燮將「義理」和「善」相提並論，作爲人心的共同本質，既是其性善論的延伸，又使義理與人心緊密地關聯起來，並與物欲相對，因此對人心的「漸摩陶冶」便可獲知義理的可貴。由「義理」的情感體驗（即「義理之樂」）的內在性，也可看出其作爲道德與良心的關係：

> 挑達之樂在外，義理之樂在內，在外之樂俄頃間爾，在內之樂生生不窮，而人心不明，昧於取捨，君子安得而不傷之？一日而廢飲食，不免於飢渴，一日而不務學，必放其良心。良心陷溺，將不

﹝註311﹞《絜齋毛詩經筵講義》卷一《漢廣篇》，第9頁。按：「彼」即所謂「勃然震怒」的武夫，「此」即指遊女。

﹝註312﹞〔宋〕袁燮：《絜齋毛詩經筵講義》卷二《終風篇》，叢書集成初編本，第21頁。

﹝註313﹞〔宋〕袁燮：《絜齋毛詩經筵講義》卷四《子衿篇》，叢書集成初編本，第40頁。

可以爲人。〔註314〕

　　袁燮對「義理」一詞的具體運用，比較多見，如：

　　　　所爲者卑污淺陋，而欲求光明俊偉之功，其可得乎？襄公以國
　　　　君之尊而躬爲鳥獸之行，瀆亂天倫，罪固不容誅矣。民事之不修，
　　　　田獵之是好，觀其所爲，無一合於義理者，此豈足以立非常之功乎？
　　　　妄意於圖大，而無可以圖大之實；妄意於服遠，而無可以服遠之具，
　　　　此詩之所以刺也。〔註315〕

　　　　然天下萬事不逃乎理。〔註316〕

　　　　天下之達道，人倫而已。人倫之外，焉有他道？〔註317〕

　　　　此心昭然於義理。〔註318〕

很清楚，袁氏通過揭示「所以爲刺」的原因探求作品的訓誡意義，即該詩的
義理所在。此心昭然於義理，即明於義理，而義理終歸於人倫。一般地說，
理學家多輕視婦女，認爲婦女難於教化，袁燮也如此，他說「至於婦人女子
世所難化者，亦明於斯義，豈不尤可貴歟？」〔註319〕也是從倫理角度肯定的。
這與袁氏兼重理論與實踐有關，而涵養本心則是關鍵，「誠心不至」，「明此心
之不放逸」，「誠敬爲本」，「古人純一不已之心，於是著見」〔註320〕，「心一而
不雜，凜凜乎如上帝之鑒臨」〔註321〕；「是心清明，無隱不燭」〔註322〕。袁
燮曾問學於張栻，也明顯有和同朱陸的傾向，與陸九淵已有不同。

〔註314〕〔宋〕袁燮：《絜齋毛詩經筵講義》卷四《子衿篇》，叢書集成初編本，第40
　　　　頁。

〔註315〕〔宋〕袁燮：《絜齋毛詩經筵講義》卷四《甫田篇》，叢書集成初編本，第42
　　　　頁。

〔註316〕〔宋〕袁燮：《絜齋毛詩經筵講義》卷二《行露篇》，叢書集成初編本，第13
　　　　頁。

〔註317〕〔宋〕袁燮：《絜齋毛詩經筵講義》卷一《汝墳篇》，叢書集成初編本，第10
　　　　頁。

〔註318〕〔宋〕袁燮：《絜齋毛詩經筵講義》卷一《汝墳篇》，叢書集成初編本，第10
　　　　頁。

〔註319〕《絜齋毛詩經筵講義》卷二《殷其雷篇》，第15頁。按：「斯義」指君臣之義。

〔註320〕〔宋〕袁燮：《絜齋毛詩經筵講義》卷一《采蘩篇》，叢書集成初編本，第11
　　　　頁。

〔註321〕〔宋〕袁燮：《絜齋毛詩經筵講義》卷一《汝墳篇》，叢書集成初編本，第10
　　　　頁。

〔註322〕〔宋〕袁燮：《絜齋毛詩經筵講義》卷二《行露篇》，叢書集成初編本，第13
　　　　頁。

強調「反躬自求」的修養方法：

> 臣聞：人之一心，警戒則其德日新，宴安則其過日積。〔註323〕

> 《孟子》曰：「行有不得者，皆反求諸己。」人不見知，不以為彼之失，而以為我之罪，恐懼修省，若無所容，而又敢怨乎？〔註324〕

> 臣聞：《中庸》曰「射有似乎君子，失諸正鵠，反求諸其身」，《孟子》亦言「行有不得者，皆反求諸己」，此言得失之殊途，未有不自己出者。〔註325〕

反省、積誠意、盡心，逐步推進，而歸本於心，「處順境者易，處逆境者難」，「於其易也而順受之，於其逆也而思所以處之，反求諸己，積其誠意，盡其在我而已」〔註326〕。「反求諸己」也即「明此心」：「臣聞：有一言而可以盡修身齊家之道者，曰：此心之明而已。人惟一心不明則昏。明則是非可否皆天理之正，昏則好惡取捨皆人為之私。較然如黑白之異色，燕越之殊途也，人心豈可以不明哉？」〔註327〕並結合詩文、《詩序》，認為衛莊公惑於嬖庶，疏於正嫡，「良心轉為無良，甚可惜也」，「嗚呼！使莊公本心常如日月之明，夫婦之間，豈至此極哉？」〔註328〕又「莊姜方且哀憐之，以為良心善性，人所均稟，而淪於惡習，顛冥至此，良可悼也」〔註329〕，認為性善習惡，先天之善，而後天之惡，也即對「性相近，習相遠」的改造，運用善惡區分使性和習對立了起來。

這種修養方法除「反躬自求」或「明此心」外，也可借助於外在的禮儀規範來防檢。前文曾就「義理」與「善」、「無邪」與「禮義」的同一及關係

〔註323〕〔宋〕袁燮：《絜齋毛詩經筵講義》卷四《女曰雞鳴篇》，叢書集成初編本，第37頁。

〔註324〕〔宋〕袁燮：《絜齋毛詩經筵講義》卷二《江有汜篇》，叢書集成初編本，第15頁。

〔註325〕〔宋〕袁燮：《絜齋毛詩經筵講義》卷二《凱風篇》，叢書集成初編本，第22頁。

〔註326〕〔宋〕袁燮：《絜齋毛詩經筵講義》卷二《終風篇》，叢書集成初編本，第20頁。

〔註327〕〔宋〕袁燮：《絜齋毛詩經筵講義》卷二《日月篇》，叢書集成初編本，第19頁。

〔註328〕〔宋〕袁燮：《絜齋毛詩經筵講義》卷二《日月篇》，叢書集成初編本，第20頁。

〔註329〕《絜齋毛詩經筵講義》卷二《終風篇》，第20頁。按：「哀憐之」的「之」指公子州吁。

作過論述，突出二而一；而此處則著眼於「心」與「禮」的對立，是一而二。實質是相同的，在袁燮看來，「人無常心」，「天下之達道，人倫而已」，作為人倫的符號和物化形式的禮自然與其所主張的「本心」、「是心」、「此心」一致，所以才可以用來檢防人心。這也是袁燮與陸九淵、楊簡不同的地方，可以糾正心學「狂」與「禪」的傾向，也是和同朱陸的又一表現。

　　袁燮論心禮關係，認為以禮防心之逸，以禮檢心之用：

　　　臣聞：禮者，人之大防，所以檢柅此心，不敢放逸也。故《書》曰「以禮制心」。禮之制人，猶堤之防水，不以堤為固，而驟決之，則潰裂四出，大為民害矣。不以禮自檢，而輕棄之，則縱橫放肆，淪胥為惡矣。〔註330〕

　　　古者，女子許嫁而笄，非有大故，不入其門。既嫁而返，兄弟弗與同席而坐，弗與同器而食，所以別嫌明微，防於未然者。〔註331〕

如此制禮，可見原始習俗的痕跡，如不明古今變化，以古人為愚迂，則失於苛刻；以齊襄公淫於其妹文姜例觀之，古人制禮，是有針對性的。

　　袁燮也主張「本末論」與「心一說」，實是以「四書」解《詩》，直接和間接引用《大學》的地方尤多。「臣聞：人君有大德，有末節。身修而家齊，家齊而國治，德之大者也。威儀之可觀，技藝之可喜，節之末者也。目不兩視而明，耳不兩聽而聰，於此有餘，則於彼不足。古之人君，深知是心之不可分也，朝夕念慮，惟躬行是急，惟家齊是務，而薄物細故皆不暇及。大者既立，小者略之，乃所以全其大者也」〔註332〕，與本立而道生、本固而末振的本末觀念不同，袁氏本末論具有一定的機械性，主張只是採取略末以全本的辦法，那麼克制外物之欲而全其內心之性，在邏輯上便是很自然的了。

　　總之，陸學的《詩經》學有大體近似的學術旨趣，儘管陸九淵、楊簡、袁燮（尤其是袁燮）之間還存在著一定的差異。這個旨趣即通過對《詩經》的涵泳來體悟本心，並將心學的「人同此心、心同此理」貫徹到對《詩經》的解讀中去，從而憑藉《詩經》來闡發陸學的心學思想。而在袁燮那裡，則

〔註330〕〔宋〕袁燮：《絜齋毛詩經筵講義》卷三《泉水篇》，叢書集成初編本，第28頁。

〔註331〕《絜齋毛詩經筵講義》卷三《泉水篇》，第28頁。按：「不入其門」的「入」疑或應為「出」。

〔註332〕〔宋〕袁燮：《絜齋毛詩經筵講義》卷四《猗嗟篇》，叢書集成初編本，第43頁。

帶有和同朱陸的傾向，這是不能不注意的。

第三節　呂祖謙的《詩經》學研究

在理學思想上，呂祖謙學風的兼容調和特點是很明顯的，著名的鵝湖辯論就能反映這一點。他希望能調和朱陸異同，自己也主張「理之在天下，猶元氣之在萬物」、「道與心一」、「明心窮理」、「求其放心」、「集義功夫」等。在《詩經》學研究上，也能體現出這種融合併收的學術特點。最典型的是《呂氏家塾讀詩記》三十二卷，呂祖謙引用漢唐至宋以來各家著述四十四家〔註333〕，漢唐九家，宋占三十五家，實爲宋代《詩經》學之淵藪。正如朱熹所評：

> 呂氏家塾之書，兼總眾說，鉅細不遺，挈領持綱，首尾該貫。
> 既足以息夫同異之爭，而其述作之體，則雖融會通徹，渾然若出於
> 一家之言。而一字之訓、一事之義，亦未嘗不謹其說之所自。及其
> 斷以己意，雖或超然出於前人意慮之表，而謙讓退託，未嘗敢有輕
> 議前人之心也。〔註334〕

呂祖謙精心剪裁，如出一轍，不僅表達了自己的學術見解，而且保存了豐富的《詩經》學史料，成爲今天輯佚、校勘的重要資料來源之一，如邱漢生《詩義鉤沉》、束景南《〈詩集解〉輯存》〔註335〕等。

一、《呂氏家塾讀詩記》與呂祖謙《詩經》學學術傾向

《呂氏家塾讀詩記》，共三十二卷，與陳振孫《直齋書錄解題》及《宋史·藝文志》所載卷數相符，《四庫全書總目提要》的作者根據呂祖謙去世不久此書版次更新推斷「知宋人絕重是書也」〔註336〕。呂氏未輕易發揮，解說多拘謹於《詩序》，但時有辨說，注重剪裁前人成果，也有不少體味很深入的見解。他批評鄭玄、王肅、孔穎達，如《呂氏家塾讀詩記》卷十四《檜風·素冠》〔註337〕等。

〔註333〕按所列姓氏統計，以作品標稱的量也很大，暫未統計。《呂祖謙文學研究》認
　　　　爲共多達八九十家。
〔註334〕《呂氏家塾讀詩記·原序》，叢書集成初編本，第1頁。
〔註335〕載《朱熹佚文輯考》，江蘇古籍出版社，1991年。
〔註336〕《呂氏家塾讀詩記·提要》，叢書集成初編本，第1頁。
〔註337〕〔宋〕呂祖謙：《呂氏家塾讀詩記》卷十四《檜·素冠》，叢書集成初編本，
　　　　第243～244頁。

　　呂祖謙曾對《呂氏家塾讀詩記》〔註 338〕進行過刊定，據其弟弟呂祖儉說，修訂至《公劉》第一章後去世，因此此章以前的釋文可以代表呂祖謙比較定型的《詩經》學思想和見解。如果仔細閱讀，今天看到的三十二卷《讀詩記》，體例實際上分爲三種，《公劉》第一章以後自不用說〔註 339〕，前二十六卷的體例也稍有不同，前十八卷，在章後較各家注解低一字按語，爲呂祖謙按，但不標姓氏名號；從卷十九到卷二十六《公劉》第一章，則在章後以「東萊曰」標誌呂氏的看法。通過這種細微的差別，可以推斷也許刪定非一時一人所爲。

　　至於始於淳熙元年（1174）和淳熙三年（1176）的《呂氏家塾讀詩記》一稿和二稿的關係〔註 340〕，明代至現代學術史上關於《公劉》第一章後是否爲呂氏原著的爭論，可見於杜海軍《呂祖謙文學研究》第六章《〈詩經〉之學》部分的追溯（包括明代的陸鈇、清代的《四庫》館臣、現代的陸侃如）〔註 341〕。筆者認爲，這個問題比較清楚，如結合朱彝尊《經義考》的梳理會更清楚。因此，不作考辨，主要依據其修訂的部分。另外，關於《呂氏家塾讀詩記》中朱熹的學術觀點是否盡爲朱熹早期的觀點，歷來因爲朱熹在給該書作的《序》中的早期聲明，似乎是沒有問題的。實際上，《呂氏家塾讀詩記》修訂時，後期的《詩集傳》也已在寫作中，朱熹「太不信《小序》一說，終思量未通也」，而呂祖謙也「多以《集傳》爲據」〔註 342〕，這就有吸收朱熹後期觀點的可能，而《讀詩記》中也能找到這樣的蛛絲馬迹。《鄭風·野有蔓草》，《讀詩記》引「朱氏曰：與子偕藏，猶言各得其所欲也」〔註 343〕，《鄭風·溱洧》，《讀詩記》引「朱氏曰：士與女既相與戲謔，又以勺（芍）藥爲贈，所以結恩之厚也」〔註 344〕，這兩首詩所引「朱氏曰」與《詩經集傳》並無太大出入，

〔註 338〕後文略稱《讀詩記》，不再出注。

〔註 339〕據呂祖儉在《公劉》第一章後按語，呂祖謙於己亥秋刊定至此而終，而「自《公劉》之次章，訖於終篇，則往歲所纂輯者，皆未及刊定，如《小序》之有所去取，諸家之未次先後……」（〔宋〕呂祖謙：《呂氏家塾讀詩記》卷二十六《公劉》，叢書集成初編本，第 588 頁）

〔註 340〕參見《東萊呂太史集附錄》卷一《年譜》，續金華叢書本。

〔註 341〕杜海軍：《呂祖謙文學研究》，學苑出版社，2003 年，第 184 頁。

〔註 342〕《東萊呂太史別集》卷八《與朱侍講元晦》，續金華叢書本。

〔註 343〕〔宋〕呂祖謙：《呂氏家塾讀詩記》卷八《鄭風·野有蔓草》，叢書集成初編本，第 164 頁。

〔註 344〕〔宋〕呂祖謙：《呂氏家塾讀詩記》卷八《鄭風·溱洧》，叢書集成初編本，第 165 頁。

並皆在朱熹的「淫詩」名單內。這是很有力的內證，原因是：一朱熹的「淫詩」說恰是非《小序》而以己意言《詩》的結果和表現，是朱熹受鄭樵影響後《詩經》學發生變化的典型標誌，也即其後期的《詩經》學研究；二是對待《小序》的態度和「淫詩」的問題是朱呂《詩經》學發生爭議的焦點，這一觀點未經較大剪裁和置疑就出現在《讀詩記》中，不能不說是對該書中朱熹觀點前期說的自我否定。

關於呂祖謙爲尊《序》派的看法，已有學者認爲不很全面，而溯至於夏傳才、顧易生等當代學者〔註345〕。實際上，這種二分的思維方式典型地成熟於《四庫》館臣對朱熹《詩集傳》問世以後《詩經》學學術流派的劃分（參見本章第一節朱熹部分），而被現當代《詩經》學史研究所繼承，金公亮在《詩經學 ABC》中就以五四後特有的激進表達明確過這一說法，劉師培和傅斯年也都是以兩條線索對立來劃分宋代《詩經》學的流變的，胡樸安雖將宋代《詩經》學劃爲三派，但前一、二派也屬於這個模式，第三派是名物訓詁派，前文已涉及相關討論，所以也可以歸爲二分的思路。

不過，就整體而言，呂祖謙對《詩序》、毛《傳》、鄭《箋》採取了一種獨立和反思的態度，儘管在《讀詩記》中三者佔有相當重要的地位。在這種意義上理解朱熹對呂祖謙「毛鄭之佞臣」〔註346〕的指責，是比較合適的，也能體現宋代《詩經》學的理性精神，即使朱熹後期的《詩集傳》也有不少因襲《序》、《傳》、《箋》的說法，道理是相同的，而不是如《四庫全書總目提要》指責的「刪改未盡者」（詳可參見本章第一節朱熹部分）。儘管「尊《序》派」的說法容易引起歧義，但是如果用來界定和表徵《讀詩記》的基本學術傾向，也似乎不無道理。正因爲這一點，在當時（如黃佐、嚴粲、魏了翁等）以至後來（如《越縵堂讀書記》等）該書都有「精審」的美譽。

清代李慈銘在給朋友的覆信中說：

> 《毛詩》之學，以注疏及呂氏《詩紀（記）》、嚴氏《詩緝》爲之綱，〔註347〕以國朝陳氏《輯古編》、胡氏《後箋》、李氏《紬義》、馬氏〔註348〕《傳箋通釋》爲之緯。他書可不讀矣。〔註349〕

〔註345〕杜海軍：《呂祖謙文學研究》，學苑出版社，2003 年，第 194 頁。
〔註346〕〔宋〕黎靖德編：《朱子語類》卷一百二十二，王星賢點校本，第 2950 頁。
〔註347〕原注：「近時有合刻嚴呂《詩》說者，於廠市見之，甚佳。」
〔註348〕原注：「瑞辰。」
〔註349〕〔清〕李慈銘：《越縵堂讀書記》，由雲龍輯本，世紀出版集團上海書店出版

對宋代呂祖謙、嚴粲表彰甚力，當然也包含著評價者自身尊《序》的漢學（廣義的）傾向。

不能否認呂祖謙對《毛詩》與《小序》很重視，認爲「魯、齊、韓、毛，師讀既異，義亦不同，以魯、齊、韓之義尙可見者較之，獨《毛詩》率與經傳合。《關雎》，正風之首，三家者乃以爲刺，餘可知矣，是則《毛詩》之義最爲得其眞也。間有反覆煩重，時失經旨，如《葛覃》、《卷耳》之類，蘇氏以爲非一人之辭，蓋近之，至於止存其首一言，而盡去其餘，則失之易矣」〔註350〕，有一定的尊《序》傾向。但是，呂祖謙並不完全維護《小序》。如《衛風·碩人》，針對《小序》，指出「美反正，刺淫泆（佚），此兩語煩贅。見棄而悔，乃人情之常，何美之有？」〔註351〕呂氏指責《衛風·伯兮》篇《小序》「『爲王前驅』，特詩中之一語，非大義也」〔註352〕。關於《王風·君子于役》，《小序》稱「大夫思其危難以風焉」，呂祖謙指出「考經文不見『思其危難以風』之意」〔註353〕。既能看到呂祖謙並非一味維護《小序》，又反映了他受歐陽修「因文見義」的明顯影響，諸如「以文義考之」〔註354〕、「以詩之所敘考之」〔註355〕等類似表達。《行葦》，《詩序》作「《行葦》，忠厚也。周家忠厚，仁及草木，故能內睦九族，外尊事黃耈，養老乞言，以成其福祿焉」，呂祖謙認爲《詩序》「自『周家忠厚』以下，論成周盛德至治，則得之，然非此詩之義也。意者講師見《序》有忠厚之語而附益之歟？」〔註356〕《既醉》，《詩序》作「《既醉》，大（太）平也。醉酒飽德，人有士君子之行」，呂祖謙認爲「『醉

社，2000 年，第 34～35 頁。

〔註350〕〔宋〕呂祖謙：《呂氏家塾讀詩記》卷二《周南》，叢書集成初編本，第 24～25 頁。

〔註351〕〔宋〕呂祖謙：《呂氏家塾讀詩記》卷六《衛風·碩人》，叢書集成初編本，第 115 頁。

〔註352〕〔宋〕呂祖謙：《呂氏家塾讀詩記》卷六《衛風·伯兮》，叢書集成初編本，第 122 頁。

〔註353〕〔宋〕呂祖謙：《呂氏家塾讀詩記》卷七《王風·君子于役》，叢書集成初編本，第 129 頁。

〔註354〕〔宋〕呂祖謙：《呂氏家塾讀詩記》卷二十六《行葦》，叢書集成初編本，第 576 頁。

〔註355〕〔宋〕呂祖謙：《呂氏家塾讀詩記》卷二十六《行葦》，叢書集成初編本，第 578 頁。

〔註356〕〔宋〕呂祖謙：《呂氏家塾讀詩記》卷二十六《行葦》，叢書集成初編本，第 575 頁。

酒飽德」以下，皆講師附益之辭」〔註357〕。這樣，兩首詩的《詩序》就分別剩下「《行葦》，忠厚也」、「《既醉》，大（太）平也」，而認爲後面的歷史解釋是引申的結果，雖然不無道理，但並非詩歌的本義。可見，在一些詩歌的《詩序》上，呂祖謙比成伯嶼、蘇轍走得更遠，態度更果斷，不是存《詩序》前兩句，而是前一句。因其高度概括，既未點明時世，又未點明原因和人物，所以與詩歌本義貼合的可能性更大。因此，簡單地將呂祖謙劃爲尊《序》或崇《序》是不甚妥貼的。

二、「識見得正心」與「準則在人心」

呂祖謙認爲「古人之詩聲與義合，相發而不可偏廢。至於後世，義雖存而聲則亡矣。大抵詩人之作詩，發乎情性，止乎禮義，固其義也。至聲依永、律和聲，則所爲詩之義又賴五音六律以發揚之，然後鼓舞動蕩，使人有興起之意。如《清廟》之詩，其義雖存，而一唱三歎之音何在？然音雖亡而義存，學者亦可涵泳其音節使有所興起也」〔註358〕，不僅強調《詩》的「發乎情性，止乎禮義」的特點，而且指出《詩》與樂的結合，尤其是《詩》義與樂的結合以「興起」人意的「聲詩」本質。但又指出，儘管「音雖亡而義存」，學者可以通過「涵泳其音節」來實現「興起」的功能。

但這個功能則是如何「治心」，即要在《詩》中識見「正心」和合乎中庸的「準則」。而這個準則也在「人心」，這裡有調劑朱陸的明顯印痕和更加傾向於心學的學術主張。

> 看《詩》須是以情體之，如看《關雎》詩，須識見得正心，一毫過之，便是私心。如「窈窕淑女，寤寐求之」，此樂也，過之則爲淫；「求之不得，展（輾）轉反側」，此哀也，過之則爲傷；「天生蒸民，有物必有則」，自有準則在人心，不可過也。〔註359〕

體現出中庸的精神和思想，正如朱熹在淳熙壬寅（1182）九月己卯爲《呂氏家塾讀詩記》寫的《序》〔註360〕中的評價，「烏（嗚）乎（呼）！如伯恭父者，

〔註357〕〔宋〕呂祖謙：《呂氏家塾讀詩記》卷二十六《既醉》，叢書集成初編本，第580頁。

〔註358〕〔宋〕呂祖謙：《左氏傳說》卷九，《四庫全書》本。

〔註359〕〔宋〕呂喬年編《麗澤論說集錄》卷三《門人所記詩說拾遺》，《四庫全書》本。

〔註360〕叢書集成初編本稱爲「原序」。

眞可謂有意乎溫柔敦厚之教矣。學者以是讀之，則於可群可怨之旨，其庶幾乎？」〔註361〕《漢廣》，呂祖謙認爲這首詩有「窒欲之大用」，認爲「思秣其馬、秣其駒」：

> 蓋義理未勝，故雖明知其不可求，而欲念數起也。窒欲之道，當寬而不迫，譬如治水，若驟遏而急絕之，則橫流而不可制矣。故教人不禁欲之起而速禮之復〔註362〕。心一復則欲一衰，至於二至於三，則人欲都亡，而純乎天理也。〔註363〕

《漢廣》，今多視作情詩，陳子展先生認爲「當爲江漢流域民間流傳男女相悅之詩」〔註364〕，呂祖謙的認識和朱熹、陸九淵及楊簡比較接近，既有朱熹「人欲」與「天理」相對，又有陸楊「復其本心」的因素，因而也是其思想學術融合的標誌。

呂祖謙反思秦漢以至唐五代的《詩經》學學術狀況，認爲字字追究附會的訓詁和「義例」已不合時宜，而必須採取涵泳的方法，從歷史的角度提出自己《詩經》學主張的理論依據，而這正是宋代《詩經》學乃至宋學的基本方法和方法論。認爲《詩經》「火於秦，雜於漢，別之以《齊》《魯》，汩之以讖緯，亂之以五季，狹之以專門，銖銖而析之，寸寸而較之，豈復有《詩》？」「詩者本發乎閭巷草野之間，衝口而發，舉筆而成」「非可以義例而局以訓詁也。義例訓詁之學至《詩》而盡廢」，「看《詩》且須諷詠，此最治心之法」〔註365〕，值得注意的是，這裡「詩者本發乎閭巷草野之間，衝口而發，舉筆而成」明顯吸收了朱熹「民謠」說的思想，「凡《詩》之所謂風者，多出於里巷歌謠之作，所謂男女相與詠歌，各言其情者也」〔註366〕，不過外延較朱熹要大得多，因此「諷詠」也就成爲他基本的、一貫的方法。這種吟詠使他感受到文學作品「重章疊唱」與「表意」之間不對稱不對應的關係，這也是「民歌」（「風」之體）的基本藝術特徵，與「雅」「頌」之體比較更加分明。他在

〔註361〕《呂氏家塾讀詩記·原序》，叢書集成初編本，第 1 頁。

〔註362〕呂氏原注：「每章有秣馬秣駒之思，是不禁欲之起也。終之以不可方思，是速禮之復也。」

〔註363〕〔宋〕呂喬年編《麗澤論說集錄》卷三《門人所記詩說拾遺》，《四庫全書》本。

〔註364〕陳子展：《詩經直解》，復旦大學出版社，1983 年。

〔註365〕〔宋〕呂喬年編《麗澤論說集錄》卷三《門人所記詩說拾遺》，《四庫全書》本。

〔註366〕〔宋〕朱熹：《詩經集傳·原序》。

《豳風・九罭》中認爲「凡《詩》之體，初言者本意也，再言者協韻也。『與女（汝）信處』，本意也；『與女（汝）信宿』，協韻也〔註367〕」〔註368〕。

　　但是畢竟朱熹和呂祖謙某些具體的《詩經》學觀點出入很大，主要集中在對《小序》的態度，特別是對「淫詩」及「鄭衛之聲」的認定上，南宋末年王柏擬刪32首（實爲31首）「淫詩」，直接的推動力即是「協調朱呂二公」異同。這個思路對陸鈇有啓發，古鄞陸鈇於嘉靖辛卯（1531）爲《讀詩記》：《序》曰：

> 夫《三百篇》，微詞奧義，藐哉遐矣。齊、魯、韓、毛，譬則蹊
> 徑之始分也，其適則同也。注疏所由以適也，譬則轍也。朱氏、呂
> 氏，蓋灼迷而導之往也，譬則炬與幟也。呂宗毛氏，朱取三家，固
> 各有攸指矣，安得宗朱而盡棄呂耶？朱説《記》採之，呂説《傳》
> 亦採之。二子蓋同志友也。非若夫立異説以求勝也。〔註369〕

明江寧顧起元則主要系統地比較了朱呂二人的不同，較王柏更加細緻系統。他在萬曆癸丑（1613）上元日寫的《讀詩記・序》〔註370〕中指出朱、呂二人《詩經》學的四大不同：

> 文公取夾漈鄭氏詆諆《小序》之説，多斥毛鄭，而以己爲之《序》；
> 成公則尊用《小序》，且謂《毛詩》率與經傳合，爲獨得其眞，其異
> 一也。文公醒「思無邪」，謂勸善懲惡，究乃歸正，非作詩之人皆無
> 邪；成公則直謂詩人以「無邪之思」作之云耳，其異二也。文公以
> 《桑中》、《溱洧》即是鄭衛，《二雅》乃名爲雅；成公則謂二詩並是
> 雅聲，彼桑間濮上，聖人固已放之，其異三也。文公以《二南》房
> 中之樂，正大、小《雅》朝廷之樂，《商頌》、《周頌》宗廟之樂，《桑
> 中》、《溱洧》之倫不可以薦鬼神、御賓客；成公則謂凡詩皆雅樂也，
> 祭祀朝聘皆用之，唯桑濮、鄭衛之音乃世俗所用，元不列於三百篇

〔註367〕呂氏原注：「《詩》亦有初淺後深，初緩後急者，然大率後章多是協韻。」
〔註368〕《呂氏家塾讀詩記》卷十六《豳風・九罭》，叢書集成初編本，第279頁。按：有學者注意到呂祖謙理學解釋和文學欣賞之間不即不離的關係。杜海軍認爲「呂祖謙作爲一個理學家，也提出了吟詠的方法，我們不否認，他提倡以吟詠説《詩》的目的，完全是爲他理學服務的，是爲『治』而提，而不是文學。但吟詠實在是文學鑑賞的主要方法」（杜海軍：《呂祖謙文學研究》，第 211頁）。
〔註369〕《呂氏家塾讀詩記・序》，叢書集成初編本，第1頁。
〔註370〕叢書集成初編本稱爲「舊序」。

數，其異四也。〔註371〕

又說：

> 今用己見隃度《靜女》、《採蒕》諸詩爲若後世《子夜》之歌、
> 估客之樂者，鄭樵、章俊卿之論，是且奚據哉？有善有惡，詩詞固
> 爾。作者之志，非美善則刺惡，何邪之有？故均一淫泆（佚）之辭
> 也，出奔者之思則邪，出刺奔者之思則正。〔註372〕

實際上是調和朱呂，將「思無邪」的理解角度和兩種主體（主人公和創作者）
聯繫起來，比較清晰，但依然是道德倫理評價。「士君子生千載之後，讀古人
書，政自未易，詩又多微辭，尤難臆決，要在衷諸理而是、質諸心而安耳。
苟其有得於心與理，即璅語稗說，持之有故，猶不可棄，況於賢人君子之言、
重席解頤之論，確有師承、可俟百世而不惑者哉？」〔註373〕在《詩經集傳》
獨興的科舉時代，已爲《讀詩記》申辯不已，緊接著《越縵堂讀書記》獨標
呂、嚴爲綱，則是這種看法的進一步發展。

三、中和爲則，復歸本心

　　由前文所述，這種準則具體來說是中和之道，是人倫義理。同時，呂祖
謙又認爲這個準則在人心裏，所以進一步反思其思想的歸宿，「復歸本心」自
是情理中的了。而實際上，這又是對朱陸學說融合的具體化和深化。「識見得
正心」與「準則在人心」側重其理論的風格和旨趣，「中和爲則」、「復歸本心」
則是這個理論的精髓和核心。

　　呂祖謙解《關雎》，「后妃之德，坤德也。『關關雎鳩，在河之洲』，擬諸
形容者也。『窈窕淑女，君子好逑』，詠歎其眞王者之良匹也。唯天下之至靜，
爲能配天下之至健也，萬化之原，一本諸此。未得之也，如之何其勿憂；既
得之也，如之何其勿樂也。『悠哉悠哉，輾轉反側』，憂之不過其則也；『琴瑟
友之，鐘鼓樂之』，樂之不過其則也，所謂『樂而不淫，哀而不傷』者也。友
亦樂也。鐘鼓有時而奏，琴瑟無時而不在側，若朋友然，故曰友」〔註374〕。
呂祖謙論此詩時，以乾動坤靜、相感相生的「易道」論爲基礎，以中和爲準

〔註371〕《呂氏家塾讀詩記·舊序》，叢書集成初編本，第 1 頁。
〔註372〕《呂氏家塾讀詩記·舊序》，叢書集成初編本，第 1～2 頁。
〔註373〕《呂氏家塾讀詩記·舊序》，叢書集成初編本，第 2 頁。
〔註374〕《呂氏家塾讀詩記》卷二《周南·關雎》，第 26～27 頁。按：「樂而不淫，哀
　　　　而不傷」出自《論語·八佾》。

則，與張載極爲接近。

而呂祖謙的人倫秩序與遞衍層次也是建立在這個陰陽（天地）相感相生、中和爲則的基礎上的。

《陳風・澤陂》，呂祖謙自問自答，認爲「變風始於《雞鳴》，終於《澤陂》，凡一百二十八篇，而男女夫婦之詩四十有九，抑何多耶？曰：有天地然後有萬物，有萬物然後有男女，有男女然後有夫婦，有夫婦然後有父子，有父子然後有君臣，有君臣然後有上下，有上下然後禮義有所錯（措）。男女者，三綱之本，萬事之先也。正風之所以爲正者，舉其正者以勸之也。變風之所以爲變者，舉其不正者以戒之也。道之升降，時之治亂，俗之污隆，民之死生，於乎在，錄之煩悉，篇之復重，亦何疑哉？」〔註375〕此條《詩集傳》亦有引用：

> 東萊呂氏曰：「變風終於陳靈，其間男女夫婦之詩，一何多耶？」
> 曰：「有天地然後有萬物，有萬物然後有男女，有男女然後有夫婦，
> 有夫婦然後有父子，有父子然後有君臣，有君臣然後有上下，有上
> 下然後禮義有所錯（措）。男女者，三綱之本，萬事之先也。正風之
> 所以爲正者，舉其正者以勸之也，變風之所以爲變者，舉其不正者
> 以戒之也。道之升降，時之治亂，俗之污隆，民之死生，於乎在。
> 錄之煩悉，篇之重複，亦何疑哉？」〔註376〕

和《讀詩記》所載幾完全相同。將男女作爲五常（夫婦、父子、君臣、上下、朋友）的基礎，尤其是作爲前三者（所謂的「三綱」）的基礎，而這個男女的陰陽二分又是內置於「天地→萬物」這樣一個由二而至多的易學思維模式內，從而從思維模式上溝通了天人之間的關係，較王安石「天道」與「人道」二分的方式更加細密。

但是，呂祖謙又未將這些人倫作爲外在的靜止的僵死的準則和規範，而是深置於人的內心。所以恪守五常的至關重要的因素，就是如何「致本心」，恢復不受欲望牽繞的「赤子之心」。這種致思方式，正是抓住了朱陸差異的要害，而以綜合的面目出現的學術思路。

〔註375〕〔宋〕呂祖謙：《呂氏家塾讀詩記》卷十三《陳風・澤陂》，叢書集成初編本，第 239 頁。

〔註376〕〔宋〕朱熹：《詩經集傳》卷三《國風一》，《四庫全書（文淵閣本）》（第 72 冊），第 800～801 頁。

呂祖謙根據《詩序》強解《秦風・蒹葭》,「此詩全篇皆比,猶《鶴鳴》之類。所謂伊人,猶曰所謂此理也,蓋指周禮也」,「詩人諷之以禮甚易且近,特人求之非其道爾」〔註377〕。呂祖謙將「理」「禮」合而爲一,不是一個語言文字遊戲,「禮甚易且近」,即是說這個「理」也是「甚易且近」的,而不是繁瑣累贅的,這就得訴諸反思,反循其本。《檜風・隰有萇楚》,《詩序》作「疾恣也。國人疾其君之淫恣,而思無情慾者也」,呂祖謙解爲:

> 夭,如厥草惟夭之夭,謂萇楚始生之時也。「隰有萇楚,猗儺其
> 枝」,柔弱牽蔓,蓋如人之多欲者矣。反思始苗其牙(芽),未有牽
> 蔓之時,生意沃沃然,蓋甚可愛也,此所謂赤子之心也。此檜君未
> 有知識未有室家之時也。曰「無知」、「無家」、「無識」者,蓋疾其
> 君之多欲,故其辭過而激。〔註378〕

呂祖謙的解釋基本遵循《詩序》,但將「人欲」與「赤子之心」對立起來,假之以「反思」,卻是《詩序》中沒有的內容,體現了呂祖謙的理學思想,克制欲望、復歸赤子之心,「反循其本」就很自然了。所以,在解讀《詩經》中,他很注意體味詩歌本身所傳達出來的「詩人之情(心)」與詩歌「主人公之情(心)」,並與「本心」對照,賦予義理的價值評判,如《鄭風・大叔于田》,呂祖謙議論「摯鳥將擊,必匿其形。二詩所載,段之輕淺如此,宜其爲莊公之所易也。詩人乃若憂其不能制者,豈其未得莊公之情也哉?憂之云者,兄弟之心也,欲止其惡者也,涕泣而道之者也;易之云者,仇敵之心也,欲養其惡者也,談笑而道之者也。詩人直以兄弟之心,爲莊公憂耳,豈知其他哉?」〔註379〕又如《唐風・綢繆》,呂祖謙解爲「三星見(現)則非昏(婚)姻之時,在天在隅在戶,隨所見而互言之,不必以爲時之先後。方束薪而見三星,慨然有感於男女失時,而其不期而見,又似於男女適然相遇也。故歎息而言曰:『是夕也,男女倘相見,其樂當如何?』曰『良人』,曰『粲者』,蓋互爲男女之辭,以極其思望之情耳」〔註380〕;《出車》,呂祖謙通過反覆體會認爲「『喓

〔註377〕〔宋〕呂祖謙:《呂氏家塾讀詩記》卷十二《秦風・蒹葭》,叢書集成初編本,第219頁。

〔註378〕〔宋〕呂祖謙:《呂氏家塾讀詩記》卷十四《檜風・隰有萇楚》,叢書集成初編本,第244～245頁。

〔註379〕《呂氏家塾讀詩記》卷八《鄭風・大叔于田》,第147頁。按:「二詩」指《叔于田》和《大叔于田》兩詩。

〔註380〕〔宋〕呂祖謙:《呂氏家塾讀詩記》卷十一《唐風・綢繆》,叢書集成初編本,第200頁。

喓草蟲』以下六句，說者以《草蟲》之詩有之，遂亦以爲室家之語。觀其斷句，曰『赫赫南仲，薄伐西戎』，其辭奮張，豈室家思望之語乎？『毋逝我梁，毋發我笱，我躬不閱，遑恤我後』，兩見於《谷風》、《小弁》之詩，其一夫婦也，其一父子也」〔註381〕。對詩歌本文體味得很深入細緻，並作出了合乎人情的解釋，對解決一些詩歌的理解疑難不無啓發。

遵守倫常要反思其「赤子之心」（或「本心」），尋求簡易之道。反之，違背倫常則是「失其本心」的表現，解決的辦法自然是「反循其本」。呂祖謙解《齊風・甫田》「苟由其道，而循其敘，則小者俄而大，微者俄而著。『厥德修罔覺』，非計功求獲者所能與也」，這樣，「本心既得，則由親及疏，秩然有敘」〔註382〕。

《常棣》，呂祖謙認爲「『常棣之華，鄂不韡韡』，諸家文義雖小不同，然詩中皆包此意，學者所當遍察熟味也」〔註383〕。在該詩中，呂祖謙還認爲：

　　疏其所親而親其所疏，此失其本心者也，故此詩反覆言朋友之不如兄弟。蓋示之以親疏之分，使之反循其本也。本心既得，則由親及疏、秩然有敘，兄弟之親既篤，而朋友之義亦敦矣。初非薄於朋友也。苟雜施而不孫（遜），雖曰厚於朋友，如無源之水，朝滿夕除，胡可保哉？〔註384〕

這段文字也被朱熹引用，《小雅・常棣》朱熹注第三章「脊令在原，兄弟急難。每有良朋，況也永歎」引：

　　東萊呂氏曰：「疏其所親，而親其所疏，此失其本心者也。故此詩反覆言朋友之不如兄弟，蓋示之以親疏之分，使之反循其本也。本心既得，則由親及疏，秩然有序，兄弟之親既篤，朋友之義亦敦矣。初菲薄於朋友，苟雜施而不孫（遜），雖曰厚於朋友，如無源之水，朝滿夕除，胡可保哉？」〔註385〕

〔註381〕《呂氏家塾讀詩記》卷十七《出車》，第312～313頁。按：兩處「毋」當爲「母」，叢書集成初編本誤。

〔註382〕《呂氏家塾讀詩記》卷九《齊風・甫田》，第176頁。按：「厥德修罔覺」出自《尚書・商書・說命下》。

〔註383〕《呂氏家塾讀詩記》卷十七《常棣》，第293頁。按：「皆包此意」指兄弟相親、相覆相持之意。

〔註384〕〔宋〕呂祖謙：《呂氏家塾讀詩記》卷十七《常棣》，叢書集成初編本，第294頁。

〔註385〕〔宋〕朱熹：《詩經集傳》卷四《小雅二・常棣》，《四庫全書（文淵閣本）》

文字略有出入，但基本相同。旨在強調遵守或違背人倫的實質是「得其本心」或「失其本心」，將禮儀規範和人心聯繫起來，「本心」才是人倫的要害。理學發展至這一步，已表現出相當深入精微的特點了。在這首詩的傳注中，朱熹還補充了一段今本《讀詩記》中未見的文字，朱熹注第八章「宜爾室家，樂爾妻帑。是究是圖，亶其然乎」引：

> 東萊呂氏曰：「告人以兄弟之當親，未有不以爲然者也，苟非是究是圖，實從事於此，則亦未有誠知其然者也。不誠知其然，則所知者特其名而已矣。凡學蓋莫不然。」〔註386〕

聯繫人倫的「理」，認爲不僅要「知」而且要「行」，否則就不能算「誠知其然者」。並認爲求學也應該是這樣，注重「知曉」與「踐履」的結合，不能僅限於名辭章句，這是宋代理學家和理學感人之處，也是其區別於漢代學術的又一個關鍵所在。

將外在規範和內在心性緊密聯繫在一起把握，呂祖謙試圖彌合漢唐學者與宋代學者解釋差異的原因，也就可以理解了。《皇皇者華》「孔氏曰：『臣之出使，當光顯其君，常不辱命於彼。』程氏曰：『天子遣使四方，以觀省風俗，採察善惡，訪問疾苦，宣道化於天下。下國蒙被聲教，是以光華。』」呂祖謙評析道「孔氏之說，作詩之意也；程氏之說，用詩之意也。作是詩以遣使臣，在文王時；至於周公制禮作樂之後，凡遣使臣，無不用是詩以遣之也。二家之說，雖有廣狹，其義一也」〔註387〕。

此外，呂祖謙繼承家學，特別長於史學，借《詩》論史的現象也時有出現。如《秦風・車鄰》二章，呂祖謙解爲「『既見君子，並坐鼓瑟』，簡易相親之俗也；『今者不樂，逝者其耋』，悲壯感歎之氣也。秦之強以此，而止於爲秦者亦

（第 72 冊），第 813 頁。

〔註386〕 〔宋〕朱熹：《詩經集傳》卷四《小雅二・常棣》，《四庫全書（文淵閣本）》（第 72 冊），第 813 頁。

〔註387〕 《呂氏家塾讀詩記》卷十七《皇皇者華》，第 289 頁。按：「孔氏」指孔安國。筆者疑應爲孔穎達。根據《鹿鳴》「孔氏曰：『王肅曰：群臣嘉賓，飲食以享之。琴瑟以樂之，幣帛以將之，則庶乎好愛我而示我以道矣。』」（《呂氏家塾讀詩記》卷十七《鹿鳴》，第 285 頁）《漸漸之石》「孔氏曰：『王肅云，言遠征戎狄，戍役不息，乃更漸漸之高石，長遠之山川，維其勞苦也。』」（《呂氏家塾讀詩記》卷二十四《漸漸之石》，第 515 頁）可以判斷《讀詩記》中的「孔氏曰」的「孔氏」實爲孔穎達，而叢書集成初編本《讀詩記姓氏》作「孔氏安國」，疑誤。

以此」〔註388〕，正如王夫之《詩廣傳》所言「秦無燕婉媟情之詩」〔註389〕；解《秦風・晨風》「秦之寡恩，於《晨風》、《權輿》二詩見之」〔註390〕，但依然恪守《詩序》進行解釋，不過作了進一步的引申罷了，即將詩歌和秦國的歷史、民俗聯繫起來，如果說《詩經》的風俗研究，這是比較自覺的了，儘管是「可以觀」的體現。又如《無羊》「東萊曰」「以《斯干》、《無羊》之卒章〔註391〕觀之，所願乎上者，子孫昌盛；所願乎下者，歲熟民滋，皆不願乎其外也。彼秦漢好大喜功之主，肯以是為可願哉？」〔註392〕

　　總之，呂祖謙《詩經》學在思想上也體現出和同朱陸的傾向。單純從對待《詩序》的態度將其劃為「尊序」或「崇序」派是不很全面的。呂祖謙《詩經》學調劑朱陸的學術思想特徵體現在對「則」和「心」的雙重肯定上，他主張在閱讀《詩經》詩篇中要「識見得正心」，又主張「準則在人心」，所以他的治學工夫論也集中在「中和為則」與「復歸本心」上。也許可以說，呂祖謙的《詩經》學在思想上以調劑朱陸的面目出現，但更傾向於陸學。

〔註388〕　〔宋〕呂祖謙：《呂氏家塾讀詩記》卷十二《秦風・車鄰》，叢書集成初編本，第 212 頁。

〔註389〕　〔清〕王夫之：《詩廣傳》，王孝魚點校本，中華書局，1964 年，第 56 頁。

〔註390〕　〔宋〕呂祖謙：《呂氏家塾讀詩記》卷十二《秦風・晨風》，叢書集成初編本，第 223 頁。

〔註391〕　《斯干》卒章為「大人占之：維熊維羆，男子之祥；維虺維蛇，女子之祥。乃生男子，載寢之床。載衣之裳，載弄之璋。其泣喤喤，朱芾斯皇，室家君王。乃生女子，載寢之地。載衣之裼，載弄之瓦。無非無儀，唯酒食是議，無父母詒罹」，《無羊》之卒章為「牧人乃夢，眾維魚矣，旐維旟矣。大人占之：眾維魚矣，實維豐年；旐維旟矣，室家溱溱」。

〔註392〕　〔宋〕呂祖謙：《呂氏家塾讀詩記》卷二十《無羊》，叢書集成初編本，第 373 頁。

第九章　宋代《詩經》學理學解釋的 衰落和影響

　　寧宗慶元年間，理學受挫，「道學」黨案迭起，對理學是一打擊，《吹劍錄》有較詳細的記載〔註1〕。《詩經》學的理學解釋在此也有所變化。理宗登基不久，即「褒表老儒」，「以傅伯成爲顯謨閣學士，楊簡寶謨閣直學士，並提舉南京鴻慶宮」，寶慶三年春「己巳，詔：『朕觀朱熹集注《大學》、《論語》、《孟子》、《中庸》，發揮聖賢蘊奧，有補治道。朕勵志講學，緬懷典刑，可特贈熹太師，追封信國公。』三月庚戌朔，詔郡縣長吏勸農桑，抑末作，戒苛擾。工部侍郎朱在進對，奏人主學問之要，上曰：『先卿《中庸序》言之甚詳，朕讀之不釋手，恨不與同時。』」〔註2〕理學雖在理宗寶慶三年（1227）得到表彰（體現在《四書》上）〔註3〕，而理學的創新性已漸衰弱，《詩經》學也是如此。《詩經》學學者對朱、呂皆有繼承，朱學後學如王柏、王應麟等，呂

〔註1〕〔宋〕俞文豹：《吹劍錄全編》，張宗祥校訂本，古典文學出版社，1958年，第95—97頁。
〔註2〕《宋史》卷四十一《本紀第四十一·理宗一》，第789頁。
〔註3〕同時還體現在對朱熹的態度以及理學道統的劃定上，從寧宗嘉泰二年（1202）到理宗寶慶三年（1227），朱熹死後受到日益尊隆的褒賜追封（《宋史》卷四百二十九《列傳第一百八十八·道學三》，第12768頁），「理宗紹定末，秘書郎李心傳乞以司馬光、周敦頤、邵雍、張載、程顥、程頤、朱熹七人列於從祀，不報。淳祐元年正月，上視學，手詔以周、張、二程及熹從祀孔子廟」（《宋史》卷四百二十九《列傳第一百八十八·道學三》，第12769頁），理宗手詔在淳祐元年（1241），距李心傳的初次請求已近十年，但人員的選定和道學淵源的認定已基本形成。

學如嚴粲、戴溪、段昌武等〔註4〕，但創新性已不如前。陸學後學多有融合朱陸者。理學解釋的系統性和創新性已變弱，文學體味的部分在不斷增強，有些甚至接近點評、詩話類，出現了《毛詩玄談》之類的作品。

第一節　王柏的《詩經》學和理學

康熙年間的納蘭成德（容若）在《王魯齋〈詩疑〉序》中，根據《吳禮部正傳節錄行實》認為王柏的《詩經》學著作主要有《讀詩紀》（十卷）、《詩可言》（二十卷）、《詩辨說》（二卷），並認為《詩疑》「殆即《詩辨說》」〔註5〕。王柏的《詩疑》，今有《四庫全書》本，叢書集成初編本，顧頡剛先生校點本等。

一、王柏學術淵源與擬刪《詩》

王柏為朱熹的三傳弟子，朱熹傳黃榦，黃榦傳何基，何基傳王柏。王柏繼承朱熹的衣缽比較明顯，但並未拘泥朱說。

（一）朱學衣缽與擬刪《詩》

顧頡剛先生認為「宋儒的見解比漢儒強得多，雖是用了我們的理性看來還嫌宋儒的不澈（徹）底」〔註6〕。

他評價王柏「惟其篤信朱熹，所以才能用了朱熹的方法作比朱熹進一步的研究。這才是真正研究學問的態度。這才是真正繼續大師的工作的態度」〔註7〕。這也許是有一定道理的。王柏評朱熹《詩經集傳》與呂祖謙《呂氏家塾讀詩記》，在《伐檀》詩中認為「《詩記》說於《序》為近，《詩傳》說於理為高，但未有以必其詩之果何如也」〔註8〕，評呂朱短長，能顯示自己的

〔註4〕又如李公凱，字仲容，宜春人。《毛詩句解》（二十卷），又名《東萊毛詩句解》，林葉連先生認為其「尊尚《小序》，以東萊《讀詩記》為宗，而隱括其意」（林葉連：《中國歷代詩經學》，第256頁）。

〔註5〕顧頡剛先生具體指出此書上卷應是《詩說》，下卷應是《詩辨》，合稱《詩辨說》，不知何時何人改為《詩疑》（顧頡剛：《序》，載〔宋〕王柏：《詩疑》，顧頡剛校點本，景山書社，1930年，第22頁）。

〔註6〕顧頡剛：《序》，載〔宋〕王柏：《詩疑》，顧頡剛校點本，景山書社，1930年，第1頁。

〔註7〕顧頡剛：《序》，載〔宋〕王柏：《詩疑》，顧頡剛校點本，景山書社，1930年，第24頁。

〔註8〕顧頡剛校點《詩疑》，第13頁。按：「《詩記》」、「《詩傳》」分別指《呂氏家塾

學術偏好。他高度讚揚《詩傳》,「《詩傳》之釋名義,精矣;其釋草木蟲魚也密矣」〔註9〕。但又未完全恪守朱說,如解《將仲子》,「序者固妄矣,而莆田鄭氏謂此實淫奔之詩,而朱子從之,愚謂其有所未盡也。此乃淫奔改行之詩也」〔註10〕。

　　清同治年間,胡鳳丹月樵甫在《重刻王魯齋〈詩疑〉序》中評「王魯齋先生之學淵源朱子,而說《詩》獨與朱子異。朱子所攻駁者《小序》耳,於本經未嘗輕置一議也。先生黜陟《風》《雅》,竄易篇次,非惟排詆漢儒,且幾幾乎欲奪宣聖刪定之權而伸其私說,其自信之堅抑何過哉!雖然,讀書固貴於善信,尤貴於善疑,使妄挾所疑而蔑視古人之說以爲概不足信者,其失也誣;然絕不知疑而抱殘守闕甘受古人之愚者,其失也又陋。是書設論新奇,雖不盡歸允當,而本其心所獨得,發爲議論,自成一家」〔註11〕。如疑《行露》「前章亂入無疑」〔註12〕,根據是首、二章「意全不貫,句法體格亦異」〔註13〕,劉向《列女傳》所引無前一章;疑錯簡,《下泉》「末章全與上二章不類,乃與《小雅》中《黍苗》相似,疑錯簡也」〔註14〕;「三衛諸詩錯亂顛倒,殊無意義」〔註15〕等。

　　歷史上對王柏爭議最大的大概是關於王柏刪《詩》和進退聖人吧,納蘭成德(容若)評王柏刪退詩篇〔註16〕,「此則漢唐以來群儒莫之敢爲者也」〔註17〕,側重進退詩篇。至於刪削詩篇,顧頡剛先生認爲「僅有這一個擬議而已,否則這幾十篇古詩已不會再見於《詩經》了!」〔註18〕王柏就說「愚敢記其

　　讀詩記》和《詩經集傳》。

〔註9〕　〔宋〕王柏:《詩疑》,顧頡剛校點本,景山書社,1930年,第17頁。

〔註10〕　〔宋〕王柏:《詩疑》,顧頡剛校點本,景山書社,1930年,第10頁。

〔註11〕　〔宋〕王柏:《詩疑》,顧頡剛校點本,景山書社,1930年,第73～74頁。

〔註12〕　〔宋〕王柏:《詩疑》,顧頡剛校點本,景山書社,1930年,第1頁。

〔註13〕　〔宋〕王柏:《詩疑》,顧頡剛校點本,景山書社,1930年,第1頁。

〔註14〕　〔宋〕王柏:《詩疑》卷一,叢書集成初編本,第8頁。按:「末章全與上二章不類」的「二」,顧氏校點本作「三」(第16頁),義爲長。今多認爲末章筆調跌宕,欲揚先抑,「寫出一派生氣勃勃的景象」(程俊英、蔣見元:《詩經注析》,中華書局,1991年,第403頁)。

〔註15〕　〔宋〕王柏:《詩疑》,顧頡剛校點本,景山書社,1930年,第7頁。

〔註16〕　如將《二南》中的《野有死麕》、《何彼襛矣》、《甘棠》等歸於《王風》。

〔註17〕　〔宋〕王柏:《詩疑·附錄》,顧頡剛校點本,景山書社,1930年,第68頁。

〔註18〕　顧頡剛《序》,載〔宋〕王柏:《詩疑》,顧頡剛校點本,景山書社,1930年,第2頁。

目以俟有力者請於朝而再放黜之，一洗千古之蕪穢云」〔註 19〕，這是符合實際的，而王柏之後直至當代學者卻多有誤解。

針對朱熹和呂祖謙關於《桑中》、《溱洧》（鄭衛之詩）性質的爭論，王柏認爲：

> 竊意夫子已刪去之詩容有存於閭巷浮薄者之口。蓋雅奧難識，淫俚易傳。漢儒病其亡逸，妄取而攙雜，以足三百篇之數，愚不能保其無也。不然，則不奈聖人「放鄭聲」之一語終不可磨滅，且又復言其所以放之之意，曰「鄭聲淫」，又曰「惡鄭聲之亂雅樂也」。愚是以敢謂淫奔之詩，聖人之所必削，決不存於雅樂也審矣。妄意以刺淫亂，如《新臺》、《牆有茨》之類凡十篇，猶可以存之懲創人之逸志；若男女自相悅之詞，如《桑中》、《溱洧》之類，悉削之以遵聖人之至戒，無可疑者。所去者亦不過三十有二篇，使不得溷穢《雅》、《頌》，殽（淆）亂《二南》，初不害其爲全經也。如此，則二先生之疑亦俱釋矣。〔註 20〕

> 若淫奔之詩，不待智者而能知其爲惡行也，雖閭閻小夫亦莫不醜之，但欲動情勝，自不能制爾；非有疑似難明，必待存其迹而後知。今夫童子淳質未漓，情慾未開，或於誦習講說之中，反有以導其邪思，非所以爲訓。且學者吟哦其醜惡於唇齒間，尤非雅尚。讀書而不讀淫詩，未爲缺典。〔註 21〕

後一則材料中「閭閻」的「閻」，顧氏校點本作「巷」；「欲動情勝」的「勝」，顧氏校點本作「盛」；「必待存其迹而後知」的「迹」，顧氏校點本作「家」。王柏協調朱呂，試圖通過刪削詩篇的辦法恢復《詩經》所謂「無邪」的原貌，甚至認爲「讀書而不讀淫詩，未爲缺典」，這和王柏對待《詩經》的態度有關。

王柏本著對「孔子刪詩」、「詩教」和朱熹「淫詩說」的篤信，認定今本《詩經》中的「淫詩」爲漢儒竄入，並據此將《詩》的變化分爲三個階段〔註 22〕。

〔註 19〕　〔宋〕王柏：《詩疑》，顧頡剛校點本，景山書社，1930 年，第 28 頁。按：叢書集成初編本將「記其目」的「目」誤作「自」（第 13 頁），已改。

〔註 20〕　〔宋〕王柏：《詩疑》，顧頡剛校點本，景山書社，1930 年，第 27～28 頁。

〔註 21〕　〔宋〕王柏：《詩疑》，顧頡剛校點本，景山書社，1930 年，第 28 頁。

〔註 22〕　「《詩》凡三變矣。《正風》，《正雅》，周公時之詩也。周公之後，《雅》、《頌》龐雜，一變也。夫子自衛反（返）魯，然後樂正，再變也。秦火之後，諸儒各出所記者，三變也」（〔宋〕王柏：《詩疑》，顧頡剛校點本，景山書社，1930 年，第 26 頁）。

在他看來，同遭秦焚之禍，《書》亡佚錯亂不堪而《詩》保存完整似舊，「《詩》《書》同禍而存亡之異遼絕乃如此，吾斯之未能信」〔註23〕，《書》口授於伏生二十八篇，參考孔壁所出又增二十五篇，且存者不勝錯亂舛訛，成為後世治學的遺憾，而《詩經》不知如何保存，似完整如初，不僅沒有亡失〔註24〕，未免不合情理，引起王柏的懷疑。同時他又堅信朱熹對部分詩篇的「淫詩」性質認定，「自朱子黜《小序》，始求之於詩，而直指曰此為淫奔之詩。予嘗反覆玩味，信其為斷斷不可易之論。律以聖人之法，當放無疑」〔註25〕，並自覺生朱子後有重新整理《詩經》典籍的責任，「在朱子前，《詩》說未明，自不當放。生朱子後，《詩》說既明，不可不放。與其遵漢儒之謬說，豈若遵聖人之大訓乎！」〔註26〕

在這種情況下，王柏擬刪詩歌三十二篇，但今之《詩疑》目錄只有三十一篇，似後又改動一篇。

（二）王柏擬刪而重改的一首詩篇目考

王柏擬刪的詩篇總共 32 篇，而所列篇目只有 31 篇，略有出入。茲據叢書集成初編本《詩疑》所製目錄形式〔註27〕抄錄如下（將豎排改為橫排）：

野有死麕（召南）	靜女（邶）	桑中（鄘）
氓	有狐（並衛風）	
丘中有麻（王）	將仲子	遵大路
有女同車	山有扶蘇	籜兮
狡童	褰裳	東門之墠
丰	風雨	子衿
野有蔓草	溱洧（鄭風）	大車（王）
晨風（秦）	東方之日（齊）	綢繆
葛生（唐）	東門之池	東門之枌
東門之楊	防有鵲巢	月出
株林	澤陂（並陳風）	

〔註23〕〔宋〕王柏：《詩疑》，顧頡剛校點本，景山書社，1930 年，第 37 頁。
〔註24〕六首笙詩不是亡詩，非「有其義而亡其辭」，本就是樂曲，本無辭。
〔註25〕〔宋〕王柏：《詩疑》卷一，叢書集成初編本，第 14 頁。按：顧校點本「直指之曰」無「之」（第 32 頁）。
〔註26〕〔宋〕王柏：《詩疑》，顧頡剛校點本，景山書社，1930 年，第 32 頁。
〔註27〕〔宋〕王柏：《詩疑》卷一，叢書集成初編本，第 13～14 頁。

　　另一篇到底是怎麼回事，爲什麼會出現這種情形呢？《四庫全書總目提要》認爲「疑傳刻者脫其一篇」，今有人認爲此兩數字「必有一誤」〔註28〕。而事實上未必如此簡單，在這個欲刪又未刪的變化中能反映出王柏的思想和治學態度。所以應首先清理出這未列入名單的詩篇名稱。

　　洪湛侯先生根據這些詩歌目錄「所缺空格在全文當中，即第二行下端」推測「當爲作者寫成以後，自覺未妥，又重新抹去留下的痕迹」〔註29〕，是很有道理的。他猜想改動的這首詩在《木瓜》、《揚之水》、《采葛》、《叔於田》四篇中，根據王柏的認識，先排除掉《叔于田》和《揚之水》，《木瓜》、《采葛》二詩「爲淫奔，而情款未明」（《詩疑》卷一），洪先生雖沒有給以明確結論，但在此基礎上卻意味深長地說「王柏在《詩疑》中亦從未指《木瓜》爲淫詩」〔註30〕，或許是傾向於《木瓜》詩了；如果將此句理解爲也可將《木瓜》排除出去，那麼就指向了《采葛》，洪先生未作明示，但顯而易見論據不足。

　　顧頡剛先生校點本《詩疑》未追究此問題，而且他製的目錄形式掩蓋了兩點，即所刪詩篇的具體位置和因按《國風》體例合併詩篇而改動了原有目錄的面貌，使這種考察的線索變得模糊了。但《四庫全書》本和叢書集成初編本保留著這個格式：第一，在《有狐》（並《衛風》）下與上行《桑中》（《鄘》）並列有一空格，這是被刪詩目的準確位置，緊接這個空格下行第一首爲《丘中有麻》（《王》），說明很有可能被刪詩在「三衛」詩與《王風》中，根據前邊「並《衛風》」字眼判斷，表面似爲《王風》的可能性最大；第二，在《溱洧》（《鄭風》）與下行《晨風》（《秦》）之間竄有一條《大車》（《王》），說明《王風》中的兩首詩未同時考慮，同時說明這個目錄整體上有嚴格國別順序，但也有例外。

　　這兩點很有價值，有助於縮小範圍，但還不能明確地指定詩篇名目。如果注意到這個目錄後王柏的解說也許會發現解決此問題的關鍵：

　　　　蓋序者於此三十餘詩，多曰「刺時也」，或曰「刺亂也」，曰「刺
　　　　周大夫也」，「刺莊公」，「刺康公」，「刺忽」，「刺衰」，「刺昏亂」，「刺
　　　　好色」，「刺學校廢」，亦曰「刺奔也」，「止奔也」，「惡無禮也」，否

〔註28〕檀作文：《朱熹詩經學研究》，學苑出版社，2003年，第101頁。
〔註29〕洪湛侯編：《詩經學史》，中華書局，2002年，第392頁。
〔註30〕洪湛侯編：《詩經學史》，中華書局，2002年，第392頁。

　　則曰「憂讒也」,「懼讒也」,或曰「思遇時也」,「思見君子也」,未
　　嘗指為淫詩也。〔註31〕

涉及十七項《詩序》的評價,我們試讓其一一對應於各自的詩篇,竭澤而漁,
則被掩蓋者不難水落石出。詳見表9。

　　表9《王柏擬刪詩篇與〈詩序〉評價對照簡表》中,《詩序》「思見君子也」
沒有完全對應的項目,但有與之意義相同、表述形式幾乎一致的「思君子也」
對應的兩首詩篇,同時在「三衛」詩與《王風》中也沒有這樣的表述,因此此
條不予考慮。所以在這個表中出現的刪掉的詩篇就可能是所謂「止奔也」的《鄘
風·蝃蝀》或所謂「懼讒也」的《王風·采葛》。結合前文目錄的格式暗示的
兩點,《鄘風·蝃蝀》的可能性很小;從內容角度分析,這首詩,《詩序》、程
頤、朱熹等皆未認作「淫詩」而是「刺詩」,因第三人稱很明顯,不是抒情主
人公自道,不符合「淫者自道」的標準。但是因為它所涉及的對象是「淫奔」,
因此由前面王柏的解說可以證明他曾經考慮過將其列入目錄。《王風·采葛》,
原為朱熹認定的「淫詩」,「蓋淫奔者託以行也」(朱熹《詩經集傳》)。王柏刪
淫詩是在朱熹淫詩的基礎上增刪而成的。一般認為朱熹的淫詩有 24 首(如馬
端臨、周予同等),也有 26 首的說法(如曹虹),還有 30 首的說法(如洪湛侯),
但比較有說服力的是 28 首(如檀作文),另《鄭風·叔于田》介於是與否之間,
王柏也未考慮;在這 28 首詩中,王柏削去了《衛風·木瓜》、《王風·采葛》、
《鄭風·揚之水》,而補入了《召南·野有死麕》、《衛風·有狐》、《秦風·晨
風》、《唐風·綢繆》、《唐風·葛生》、《陳風·株林》〔註32〕。根據這裡的統計
和分析,王柏在刪去《王風·采葛》時很猶豫,也說明比較慎重。這是極為明
智的學術態度。據今人程俊英、蔣見元二先生的研究,認為這首《采葛》是「是
一首思念情人的詩。這位情人可能是一位採集植物的姑娘,因為採葛織夏布。
採蕭供祭祀,採艾以療疾,這些在當時都是女子的工作」,「朱熹糾正《毛序》
的錯誤,認為這是思念情人的詩,並將第一句改標為賦〔註33〕,但是他卻又將
這位被思念的情人說成是『淫奔者』,姚際恒斥之為『尤可恨』,實在有道理」
〔註34〕,從這個角度來理解王柏也是比較合適的。

〔註31〕　〔宋〕王柏:《詩疑》,顧頡剛校點本,景山書社,1930 年,第 32 頁。
〔註32〕　參見檀作文:《朱熹詩經學研究》,學苑出版社,2003 年,第 90～91 頁,第
　　　　　101 頁。
〔註33〕　《詩序》作「興」。
〔註34〕　程俊英、蔣見元:《詩經注析》(上冊),中華書局,1991 年,第 211 頁。

表9：王柏擬刪詩篇與《詩序》評價對照簡表

	詩篇名稱	小計（含備註）	備　注	總計
刺時也	《邶・靜女》、《衛・氓》、《衛・有狐》、《陳・東門之池》、《陳・・東門之楊》、《陳・澤陂》	6		
刺亂也	《鄭・東門之墠》、《鄭・丰》、《鄭・溱洧》	3＋1	「疾亂也」：《陳・東門之枌》	
刺周大夫也	《王・大車》	1		
刺莊公	《鄭・將仲子》	1		
刺康公	《秦・晨風》	1		
刺忽	《鄭・有女同車》、《鄭・山有扶蘇》、《鄭・蘀兮》、《鄭・狡童》	4		
刺衰	《齊・東方之日》	1		
刺晉亂	《唐・綢繆》	1＋1	「刺晉獻公」：《唐・葛生》	
刺好色	《陳・月出》	1＋1	「刺靈公也」：《陳・株林》	31
刺學校廢	《鄭・子衿》	1		
刺奔也	《鄘・桑中》	1		
止奔也		0	說明：此爲《鄘・蝃蝀》。	
惡無禮也	《召南・野有死麕》	1		
憂讒也	《陳・防有鵲巢》	1		
懼讒也		0	說明：此爲《王・采葛》。	
思遇時也	《鄭・野有蔓草》	1＋2	「思賢也」：《王・丘中有麻》；「思見正也」：《鄭・褰裳》	
思見君子也		0＋2	「思君子也」：《鄭・遵大路》、《鄭・風雨》	

　　因此，整體而言，王柏後來刪掉的這一首詩目應爲《王風・採葛》。「32」和「31」之間實際蘊藏著豐富的學術信息。至於《大車》何故竄入《鄭風》與《秦風》之間，個中詳情不能臆斷，故闕疑。

二、王柏《詩經》學的理學思想與文學傾向

（一）理學思想

　　與其他理學家相同，王柏解《詩》有顯著的倫理化和心性義理特徵。

　　王柏認爲《衛風・碩人》「第二章，形容莊姜之色亦太褻矣」〔註35〕。又譏宣姜以「有年矣」之齡「通乎公子頑」、「不良之甚也」〔註36〕，無論歷史有無其事〔註37〕，關鍵是王氏評論顯示的思想和態度，「不夫而舉四子〔註38〕，無恥尤甚，衛之人倫掃地」〔註39〕，但自己也深感困惑，「所不可曉者，稟不淑之氣而子女之多賢，此又何也？」〔註40〕可見，他也認爲氣有善惡，但難以解釋「子女多賢」的現象，這是理學的一大難題，因爲賦予遺傳之氣以善惡評價，並忽略了後天的社會因素，王柏已經意識到了這個問題，但未能解決。類似的例子，見《陳風》，祖先聖賢而子孫昏庸、「閨門之訓，不宜有是」〔註41〕。

　　《定之方中》「其要盡在『秉心塞淵』一句上」〔註42〕，顯示的依然是理學旨趣，《干旄》「以見尙賢樂善，尤爲中興之本」〔註43〕。重教化，《大車》「善政之不如善教」〔註44〕。王柏以道德衡量《詩》的次序〔註45〕。《出其東門》見如雲之女，不敢起犯義之思，而自安室家之貧陋，「尤可見天理之在人心」〔註46〕，爲「得性情之正」〔註47〕。他甚至以「義理」精熟與否來區分和衡量作詩與用詩，「蓋一吟一詠，聲轉機萌，事形詩中，意形詩外，眞情故態不能矯誣；

〔註35〕　〔宋〕王柏：《詩疑》，顧頡剛校點本，景山書社，1930年，第1頁。
〔註36〕　〔宋〕王柏：《詩疑》，顧頡剛校點本，景山書社，1930年，第5頁。
〔註37〕　見陳子展《詩經直解》，有爭議。
〔註38〕　指戴公、文公、許穆夫人、宋桓夫人。
〔註39〕　〔宋〕王柏：《詩疑》，顧頡剛校點本，景山書社，1930年，第5頁。
〔註40〕　〔宋〕王柏：《詩疑》，顧頡剛校點本，景山書社，1930年，第5頁。
〔註41〕　〔宋〕王柏：《詩疑》，顧頡剛校點本，景山書社，1930年，第16頁。
〔註42〕　〔宋〕王柏：《詩疑》，顧頡剛校點本，景山書社，1930年，第5頁。
〔註43〕　〔宋〕王柏：《詩疑》，顧頡剛校點本，景山書社，1930年，第6頁。
〔註44〕　〔宋〕王柏：《詩疑》卷一，叢書集成初編本，第3頁。
〔註45〕　〔宋〕王柏：《詩疑》卷一，叢書集成初編本，第5頁。
〔註46〕　〔宋〕王柏：《詩疑》，顧頡剛校點本，景山書社，1930年，第11頁。
〔註47〕　〔宋〕王柏：《詩疑》卷一，叢書集成初編本，第11頁。

自非義理素明於胸中，而其能勉強不失於金石籩豆之間哉！」〔註48〕

　　將《小雅》中雜有怨誚之語的「不雅」詩篇歸到《王風》，「得《小雅》粲然整潔」〔註49〕。王柏將「變雅」歸於《王風》的主要原因，是認為《雅》之條目紊亂，並列出三種不同以證成之，即「發之於人心者既不同，形之於語言者亦且異，施之於事者俱無所合。有是三不同而得以同謂之《雅》，可乎？」〔註50〕從緣起、形式、功能三個角度進行了概括。同時，王柏指出朱子《小雅》「盡情說」（「朱子所謂歡忻（欣）和悅以盡群下之情者也」）、《大雅》「發德說」（「朱子所謂恭敬齊莊以發先王之德者也」），並對漢儒見解多有評議（「漢儒臆度之說何可憑哉！」）〔註51〕，以「情」、「德」側重點的不同來區分大、小《雅》。但王柏斥責以往用《左傳》來印證《詩》的做法，「大抵左氏之言多失誣，而春秋之禮亦失之僭，不可引為《三百篇》之證。愚故曰：『宴享而奏宗廟之樂，謂之褻可也；諸侯而用朝會之樂，謂之僭可也：雖有事證，不得謂之當然。』」〔註52〕即合禮樂而觀，褒貶立現。

　　另外，宋代《詩經》學在主張「義理之說」的同時，還有「聲歌之說」。鄭樵便主張《詩》皆可「入樂」，而王柏則認為《詩》以義理而存。王柏說：

> 近世儒者乃謂：「義理之說勝而聲歌之學日微。古人之詩用以歌，非以說義也。不能歌之，但能誦其文而說其義，可乎？」究其為說，主聲而不主義，如此，則雖鄭衛之聲可薦於宗廟矣，《天作》、《清廟》可奏於宴豆之間矣，可謂舍本而逐末！凡歌聲悠揚於喉吻而感動於心思，正以其義焉爾。苟不主義，則歌者以何為主，聽者有何味？豈足以薰蒸變化人之氣質，鼓舞動蕩人之志氣哉？〔註53〕

（二）文學傾向

　　王柏受歐陽修的影響，《四庫全書》的編者這樣追溯不是沒有道理的。歐陽修將《詩》的意（詩人之意）、志（聖人之志）、職（太師之職）、說（經師之說）以本末二分的方式區別開來，用以解決《詩經》在不同角度理解的差異和關聯，從而為宋代《詩經》學研究的展開提示了途徑，也能作為評價此

〔註48〕　〔宋〕王柏：《詩疑》，顧頡剛校點本，景山書社，1930年，第46頁。
〔註49〕　〔宋〕王柏：《詩疑》，顧頡剛校點本，景山書社，1930年，第18頁。
〔註50〕　〔宋〕王柏：《詩疑》，顧頡剛校點本，景山書社，1930年，第45頁。
〔註51〕　〔宋〕王柏：《詩疑》，顧頡剛校點本，景山書社，1930年，第43、44頁。
〔註52〕　〔宋〕王柏：《詩疑》，顧頡剛校點本，景山書社，1930年，第48頁。
〔註53〕　〔宋〕王柏：《詩疑》，顧頡剛校點本，景山書社，1930年，第39頁。

前《詩經》學研究價值的基礎，由此可見解《詩》的目的、方法與結果之間的緊密聯繫。王柏就引用歐陽修的話，並稱讚「其說得之矣」〔註54〕。

王柏評朱熹「退黜《小序》，刪夷纏繞」而作的《詩集傳》「一旦洗出本義，明白簡直，可謂駿功，無復遺憾」〔註55〕，「《楚辭》之《集注》，後《詩傳》二十年。風雅頌之分，其說審矣。其言曰：『風則閭巷風土男女情思之詞，雅則燕享朝會公卿大夫之作，頌則鬼神宗廟祭祀歌舞之樂。』」〔註56〕，朱子的分類突出《詩》的功能、特點、作者、存在方式，用詞很講究，基本在來源上區分了民歌、宮廷創作、歌舞樂的區別，當然先秦「賦詩言志」，有時也在宴飲外交等場合引用《風》詩，已是「斷章取義」的用詩了，而不是就詩歌的本質來說的。肯定《詩經》中《國風》的民歌性質，是宋代的一大突破。王柏基本繼承了朱熹對《國風》的界定，但又賦以義理，認為：「詩何自而始乎？」堯之時「出於老人兒童之口」，「衝口而出，轉喉而聲，皆有自然之音節」，舜時體各不同，夏商以來，格調紛雜，至周公而「取其聲詩義理深長、章句整齊者，定為一體」「名之曰『風』」〔註57〕，這裡明顯有假託周公整理《詩經》而蘊聖人之志的意思，如剝去這一迷霧，則王柏以歷史發展的眼光看待《詩經》的產生，即由民間歌謠而經有文化的學者整理刪汰的一個歷史過程，符合文學發展的實際，同時也就蘊含著《詩經》起源於民歌的基本前提〔註58〕。

王柏《詩疑》正像宋代的詩話類，寥寥數語以作評點。多體會《詩經》文學的特點，《雄雉》「第三章從容閒雅，優柔不迫。此正風也。末章愛之切，期之深，理亦甚明，大有學識之人也。『不忮不求』之句，夫子固嘗稱之。雖曰『何足以臧』，此是欲進子路一步，故云耳。學者亦須從此用功可也」〔註59〕。王柏重體悟，雖多歸心性義理之途，但對詩歌意味、語意、節奏、情感的體味很深入，也比較準確，可能與理學的方法有關，認為研究《詩經》「當涵泳而研究之」〔註60〕。三衛詩《谷風》「婦人為夫所棄，委曲敘其悲怨之情，反覆

〔註54〕〔宋〕王柏：《詩疑》，顧頡剛校點本，景山書社，1930年，第53頁。

〔註55〕〔宋〕王柏：《詩疑》，顧頡剛校點本，景山書社，1930年，第38頁。

〔註56〕〔宋〕王柏：《詩疑》，顧頡剛校點本，景山書社，1930年，第40頁。

〔註57〕〔宋〕王柏：《詩疑》，顧頡剛校點本，景山書社，1930年，第41頁。

〔註58〕朱東潤先生曾質疑《國風》出於民間，認為「自來相傳以為《國風》出於民間，今一旦擴而清之，謂其多為統治階級之作品」（朱東潤：《詩三百篇探故》，上海古籍出版社，1981年，第46頁）。

〔註59〕〔宋〕王柏：《詩疑》，顧頡剛校點本，景山書社，1930年，第3頁。

〔註60〕〔宋〕王柏：《詩疑》，顧頡剛校點本，景山書社，1930年，第58頁。

極其事爲之苦。然終無絕之之意，與《柏舟》思奮飛大有間矣。此聖人所以製『三不去』之義，其意深矣」〔註61〕，前半部分體味頗深，深得詩歌神韻，後半部分深歎『三不去』之義，而體味不過是探究義理的途徑，有濃鬱的理學氣息。王柏評《伐檀》「造語健而興寄遠」〔註62〕，此類語言，還很多，可見受到先秦「詩以言志」、漢唐「風骨興寄」文論思想的影響。

整體上，在文學及理學之間的關係，即「文」與「道」上，王柏的認識也比較自覺和辯證。這個問題已見於前文，茲不贅述。

總之，隨著理學的變化，《詩經》學的義理解釋也在發生變化，即義理性不斷如縷，仍然得到關注和重視，但創新性已大不如前，文學體味的因素在不斷增加。王柏繼承朱熹衣缽，但又不受朱學範圍，他的《詩經》學重視詩篇的義理解說，將朱熹的「淫詩」說向前推進了一步，進一步明確了《國風》一些詩篇的民歌性質，儘管擬刪詩篇的主張屢受指責，值得注意的是，王柏所列擬刪詩目中「空白」（或改動）的一首應爲《王風·采葛》，體現了他較愼嚴的學術態度和理學思想。同時，在王柏《詩經》學中，對《詩經》的義理解說與文學體味同時並存，雖然多終歸宿於義理解說。

第二節　戴溪的《詩經》學與理學

《續呂氏家塾讀詩記》，三卷，宋戴溪撰。溪字肖望或少望，號岷慧，永嘉人。今傳本爲輯佚本，係《四庫全書》的編撰者從《永樂大典》中鉤沉所成，並依例釐爲三卷。

不少文獻載《續呂氏家塾讀詩記》是發明呂祖謙《呂氏家塾讀詩記》之作，而「實則自述己意」〔註63〕。戴溪解《摽有梅》爲擇婿之辭，父母之心，黃震認爲「善」〔註64〕。黃震的《黃氏日抄》引「召伯行省」，認爲較鄭箋爲勝，與朱熹、王質、嚴粲俱合〔註65〕。《黃氏日抄》稱讚戴溪，還見於《讀邶風·擊鼓》、《讀衛風·有狐》、《讀齊風·東方之日》、《讀鄭風·大叔于田》、

〔註61〕〔宋〕王柏：《詩疑》，顧頡剛校點本，景山書社，1930年，第3頁。
〔註62〕〔宋〕王柏：《詩疑》，顧頡剛校點本，景山書社，1930年，第13頁。
〔註63〕〔宋〕戴溪：《續呂氏家塾讀詩記》卷一《提要》，叢書集成初編本，第2頁。
〔註64〕《四庫全書》編者按：「黃震云，諸家皆以爲女子之情，不如岷慧說爲善」（《續呂氏家塾讀詩記》卷一）。
〔註65〕〔宋〕戴溪：《續呂氏家塾讀詩記》卷一《讀召南·摽有梅》，叢書集成初編本，第4頁。

《讀大雅・假樂》等。如黃震對《鄭風・大叔于田》的「公所」作莊公或公私之公解進行判斷，認為戴氏的後一種看法為勝〔註66〕；《讀大雅・假樂》，黃震讚頌戴溪以「四句為章，文義甚順」〔註67〕，而諸家皆以六句為章。當然，黃震偶也糾正戴溪說法，認為《讀齊風・雞鳴》「當從古說」〔註68〕。

在訓詁方面戴溪也有不少貢獻，《讀唐風・羔裘》「居居然者，置其人於不問之地也」，「究究然者，窮甚而莫之救也」〔註69〕；《讀秦風・蒹葭》「采采，非謂其盛而可採，大抵物未蕭則其葉鮮明，故曰采采」〔註70〕，甚為妥貼，今費振剛先生等著《詩經詩傳》注為「鮮亮繁茂的樣子」〔註71〕，雖為折中的看法，但也可見其深遠影響。《讀陳風・月出》「窈糾、憂受、夭紹三者，其辭雖異，皆有繾綣之意。悄、慅、慘三者，亦有憔悴困苦之狀焉」〔註72〕，解釋平易簡明，準確通俗，較今人（如高亨先生等）的「新解」耐人尋味。《讀豳詩・九罭》「九罭，密網。鱒魴大魚，言網疏者不足以得大魚也」〔註73〕，似較歐陽修解為九囊小網更貼切一些。《讀小雅・巷伯》「捷捷，機警之意。幡幡，反覆之貌」〔註74〕，《讀小雅・蓼莪》也有訓詁的例證〔註75〕。《讀大雅・民勞》「玉女，言王將成就女，則國於女乎賴，安得而不大諫之乎？」〔註76〕陳子展

〔註66〕　〔宋〕戴溪：《續呂氏家塾讀詩記》卷一《讀鄭風・大叔于田》，叢書集成初編本，第 19 頁。

〔註67〕　〔宋〕戴溪：《續呂氏家塾讀詩記》卷三《讀大雅・假樂》，叢書集成初編本，第 81 頁。

〔註68〕　〔宋〕戴溪：《續呂氏家塾讀詩記》卷一《讀齊風・雞鳴》，叢書集成初編本，第 23 頁。

〔註69〕　〔宋〕戴溪：《續呂氏家塾讀詩記》卷一《讀唐風・羔裘》，叢書集成初編本，第 28 頁。

〔註70〕　〔宋〕戴溪：《續呂氏家塾讀詩記》卷一《讀秦風・蒹葭》，叢書集成初編本，第 31 頁。

〔註71〕　費振剛、趙長征、廉萍、檀作文：《詩經詩傳》，吉林人民出版社，2000 年，第 78 頁。

〔註72〕　〔宋〕戴溪：《續呂氏家塾讀詩記》卷一《讀陳風・月出》，叢書集成初編本，第 35 頁。

〔註73〕　〔宋〕戴溪：《續呂氏家塾讀詩記》卷一《讀豳詩・九罭》，叢書集成初編本，第 40 頁。

〔註74〕　〔宋〕戴溪：《續呂氏家塾讀詩記》卷二《讀小雅・巷伯》，叢書集成初編本，第 60 頁。

〔註75〕　〔宋〕戴溪：《續呂氏家塾讀詩記》卷二《讀小雅・蓼莪》，叢書集成初編本，第 61 頁。

〔註76〕　《續呂氏家塾讀詩記》卷三《讀大雅・民勞》，第 81 頁。按：「玉女」的「女」

先生的《詩經直解》也繼承了這種說法。

戴溪解《詩》多因循《詩序》，相當一部分鮮有新意。但也有疑《詩序》處，只是分量不多罷了。戴溪對《江有汜》解釋相當簡明，親切，有情有理，黃震《黃氏日抄》作「諸家皆泥《序》文，此說得之」〔註77〕，《讀邶風‧北門》「非不得志也」〔註78〕，即針對《詩序》《毛傳》。《讀陳風‧墓門》「詩人追咎陳侯，且刺佗也。詳觀《詩序》，似以誰〔註79〕昔然矣，為無良師傅，詩意未必然也」〔註80〕，也是懷疑《詩序》。可見，以往學者認為呂祖謙尊《序》，戴溪本發明呂氏，但並不泥《序》，多有與《序》相左之處，可見當時確無師法、門戶之弊，而是以己意解《詩》。同時，這也可進一步說明僅以尊《序》、反《序》貫穿宋代《詩經》學值得深入反思和商榷。

在思想上，戴溪不完全與呂祖謙一致，有綜合朱陸、漢宋的傾向，思想和概念要較典型的理學家解《詩》駁雜一些，但能反映出理學的影響。

一、天命與天理

《續呂氏家塾讀詩記》中圍繞「天」出現了一組概念，諸如「天理」、「天威」、「天道」、「天心」等，而貫通天人、體現天人合一思想的則是連接「天心」與「人心」的「仁心」。

《讀大雅‧文王》「人之一身，萬善具備，無自壅遏，使善端形見於外」〔註81〕，祖述《孟子》性善論的思想，但又表示如果克服外在阻隔，善端就會顯彰、流露出來，與「五行形於內之謂善」的「善」相近。「夫上天之始，無聲無臭，言其發端甚微，不可意而度，但能儀刑文王，則萬邦作信矣。蓋文王與天為一故也」〔註82〕，探討幽邈之自然的「天」以及天命意

讀為「汝」，下二例同此。

〔註77〕〔宋〕戴溪：《續呂氏家塾讀詩記》卷一《讀召南‧江有汜》，叢書集成初編本，第5頁。

〔註78〕〔宋〕戴溪：《續呂氏家塾讀詩記》卷一《讀邶風‧北門》，叢書集成初編本，第10頁。

〔註79〕疑為「推」之訛。

〔註80〕〔宋〕戴溪：《續呂氏家塾讀詩記》卷一《讀陳風‧墓門》，叢書集成初編本，第34頁。

〔註81〕〔宋〕戴溪：《續呂氏家塾讀詩記》卷三《讀大雅‧文王》，叢書集成初編本，第74頁。

〔註82〕〔宋〕戴溪：《續呂氏家塾讀詩記》卷三《讀大雅‧文王》，叢書集成初編本，第74頁。

義上的道德的「天」是宋學的興趣，混合二者，使「天」成爲信仰的宗教的而非認知的科學的對象。周邵程張朱皆有妙論，而此處言「文王與天」合而爲一，不合周人的思想邏輯（參見侯外廬《中國思想通史》卷一），也不符合戴溪在同文中指出的「文王此心，一陟一降，常在帝旁，他何所容心焉」〔註83〕，「天」意指天命，但「無聲無臭」又似言一自然之天，可見戴氏雖論及此，卻不如理學家「高明」（「道中庸而極高明」之「高明」），但受其影響是自不待言的。

《讀大雅・大明》「明明在下，赫赫在上，言天理可畏，在下之善惡昭明，而在上之威命赫然也」〔註84〕，《讀大雅・板》「末章總言天威可畏，日監左右，一遊一豫，臨之在上」〔註85〕，《讀大雅・抑》「天道無差，可不畏夫」〔註86〕，此處的「天理」、「天威」與「天道」皆有「可畏」的品格，儘管還不能魯莽地判斷它們是相同或相伴的概念，但至少相關，都顯示了「天」或「天心」的功能或品格，庶幾不差。

同時還有一「天心」的概念，《讀大雅・大明》「文王之德，應天心而受多福」〔註87〕，反映了宋代學者注重心性義理的特徵。《讀大雅・皇矣》王季「克順克比，不自驕大，以和協人心」〔註88〕，此處的「人心」與「得人」的「人」同，與前述「天心」相對，按戴溪的思想，英明的君主便是上效天心、下齊人心，而關鍵都放在行爲主體的內在的善（即德性）上，「默然與天爲一」〔註89〕，可見前文「與天一也」即是與「天心一也」，是心之同一，非體之同一。強調德性和遜謙順，與宋學的注重內聖一致！同文有「天心灼見文王，謂其無畔援

〔註83〕〔宋〕戴溪：《續呂氏家塾讀詩記》卷三《讀大雅・文王》，叢書集成初編本，第73頁。

〔註84〕〔宋〕戴溪：《續呂氏家塾讀詩記》卷三《讀大雅・大明》，叢書集成初編本，第74頁。

〔註85〕〔宋〕戴溪：《續呂氏家塾讀詩記》卷三《讀大雅・板》，叢書集成初編本，第82頁。

〔註86〕〔宋〕戴溪：《續呂氏家塾讀詩記》卷三《讀大雅・抑》，叢書集成初編本，第85頁。

〔註87〕〔宋〕戴溪：《續呂氏家塾讀詩記》卷三《讀大雅・大明》，叢書集成初編本，第74頁。

〔註88〕〔宋〕戴溪：《續呂氏家塾讀詩記》卷三《讀大雅・皇矣》，叢書集成初編本，第77頁。

〔註89〕〔宋〕戴溪：《續呂氏家塾讀詩記》卷三《讀大雅・皇矣》，叢書集成初編本，第78頁。

歆羨，其心泊然，世念不形，獨濟人於險，此心不忘爾」〔註90〕。但又言「天心又謂文王」〔註91〕，「天心」可人格化，《讀周頌·桓》「兵所以毒天下而曰『綏萬邦』，用兵必有凶年而曰『屢豐年』，蓋周之用武，合於天心，天命眷之，至今而不解〔註92〕故也」〔註93〕，這裡的「天心」就是一人格化的意志力量，類同於《大雅·文王》中的「天」、「帝」（即「天帝」）。

因此，戴溪所稱的「天心」有兩重性，一指至高的善心，一指人格化的天帝，而二者又是體與用的關係，心為體，帝為用，所以也是一而二、二而一的關係。《讀大雅·板》「六章言天之牖民，蓋天本與民相通也」〔註94〕，《讀大雅·桑柔》「夫天所以立王業之基，繫稼穡是賴」〔註95〕，不難發現，這裡的「天」同時既指自然的天（往往以人格化的形態出現），又指德性的天。

同時也可以發現，這裡隱藏著「天心—仁心—人心」的三位一體格式，通過「效」和「齊」的方式使其契合一致，也就可達到《讀大雅·思齊》所謂的「不二其心」〔註96〕與「盡善盡美」〔註97〕的境界。又如《讀周頌·維天之命》「歌文王之德以告也。極聖人之德，維天其配之，故稱聖人者多言天。天命生物，至和無極。聖人默默，與天同功，蓋純則無間，惟無間，故不已，相因之理也」〔註98〕。戴溪以「仁」解詩篇，《騶虞》作「備禮不殺，又何其仁也，仁心感人」〔註99〕，那麼「仁心」與「天心」、「人心」有無關係呢？

〔註90〕〔宋〕戴溪：《續呂氏家塾讀詩記》卷三《讀大雅·皇矣》，叢書集成初編本，第 77 頁。

〔註91〕〔宋〕戴溪：《續呂氏家塾讀詩記》卷三《讀大雅·皇矣》，叢書集成初編本，第 77 頁。

〔註92〕「解」似通「懈」。

〔註93〕〔宋〕戴溪：《續呂氏家塾讀詩記》卷三《讀周頌·桓》，叢書集成初編本，第 96 頁。

〔註94〕〔宋〕戴溪：《續呂氏家塾讀詩記》卷三《讀大雅·板》，叢書集成初編本，第 82 頁。

〔註95〕〔宋〕戴溪：《續呂氏家塾讀詩記》卷三《讀大雅·桑柔》，叢書集成初編本，第 86 頁。

〔註96〕〔宋〕戴溪：《續呂氏家塾讀詩記》卷三《讀大雅·思齊》，叢書集成初編本，第 76 頁。

〔註97〕〔宋〕戴溪：《續呂氏家塾讀詩記》卷三《讀大雅·思齊》，叢書集成初編本，第 76 頁。

〔註98〕〔宋〕戴溪：《續呂氏家塾讀詩記》卷三《讀周頌·維天之命》，叢書集成初編本，第 91 頁。

〔註99〕〔宋〕戴溪：《續呂氏家塾讀詩記》卷一《讀召南·騶虞》，叢書集成初編本，第 6 頁。

《讀大雅‧行葦》「牧者有仁心」〔註100〕，如果通過這種三位一體格式和戴溪對情的看法來理解，就比較豁然，仁心居於內，乃先天所稟，與「天心」相符，所以君主上效「天心」而得者不可指爲「天心」，即爲「仁心」。每個人都有這種仁心，即《讀大雅‧行葦》「人之一身，萬善皆備」〔註101〕的意思，如被阻隔淤塞，就成爲一般的「人心」，爲情之惡所困，在戴氏看來就多易於流縱〔註102〕。

　　與上述天人關係相關，戴溪繼承王安石、蔡卞等人的解《詩》風氣。以陰陽解《詩》，在《讀邶風‧柏舟》中就解爲：「日，陽也。月，陰也。陽當常盛，陰當常微，胡乃疊爲盛衰耶？」〔註103〕這裡的陰陽概念距宋代理學的陰陽概念還有距離，只是主次輕重、君子小人的比喻說法，不是抽象幽微的理學概括，沒有成爲構成世界的兩種因素和力量；又以常變論《詩》，但不及王、蔡等具有哲學化的意味。《讀檜風‧素冠》「禮廢已久，不行者以爲常，行之者以爲怪」〔註104〕，「常」「怪」並論，可見「常」與「正常」近，具有強烈的心理感受性，是心理學意義上的術語，不是完全的哲學術語，但已接近哲學意義上的常變問題。《讀曹風‧鳲鳩》「其儀既一，有常而不差」，並引申出待人接物的「自然之理」〔註105〕，注重人的心理感受，但膚淺不經。

二、對「情」的雙重理解

　　人性本善，流爲惡迹，則是自己堵遏的結果；堵遏者是「情」和「意」，這是宋代學者比較普遍的認識。《讀衛風‧考槃》「碩大之人，其性寬閒」，「性」也不是理學家所說至善至正至中、爲本爲體的「性」，而是一般的性情，屬於經驗的層次，不是純粹的理學概念，但聯繫亦屬顯見。戴溪多涉及「情」，對

〔註100〕〔宋〕戴溪：《續呂氏家塾讀詩記》卷三《讀大雅‧行葦》，叢書集成初編本，第79頁。

〔註101〕〔宋〕戴溪：《續呂氏家塾讀詩記》卷一《讀邶風‧北門》，叢書集成初編本，第10頁。

〔註102〕「人之一身，萬善具備，無自壅遏，使善端形見於外」（《續呂氏家塾讀詩記》卷三《讀大雅‧文王》）。

〔註103〕〔宋〕戴溪：《續呂氏家塾讀詩記》卷一《讀邶風‧柏舟》，叢書集成初編本，第6頁。

〔註104〕〔宋〕戴溪：《續呂氏家塾讀詩記》卷一《讀檜風‧素冠》，叢書集成初編本，第35頁。

〔註105〕〔宋〕戴溪：《續呂氏家塾讀詩記》卷一《讀曹風‧鳲鳩》，叢書集成初編本，第37頁。

「情」在心性意義上的看法也多類似前者，但又不完全相同。

解《芣苢》爲「同輩相樂，一時嬉戲，當可想也」〔註106〕。在《漢廣》詩中說「情不能自克也」，未漠視情，解釋較爲允當，認爲男子終知難求遊女，「反而歸於正」，「非特遊女閒靜，使人望而畏之，男子能自克於禮，亦賢矣」〔註107〕，《讀邶風・匏有苦葉》「引禮義而歸於正」〔註108〕，《讀唐風・綢繆》「述昏（婚）姻之不正也，與《野有蔓草》類」〔註109〕，此處的「情」、「反」、「正」、「克」皆具有較強的理學意味，儘管不一定是嚴格的理學概念，如袁燮運用的「本心」「心」等。

解《邶風・終風》護《序》而漏洞百出，讀出仁愛，「願言則嚏，心本感通；願言則懷，愛心常存」〔註110〕，主張仁愛，但又流於神秘難測之論。《讀邶風・雄雉》將「理」解爲道理，「人患不生存爾，生存則必有相見之理」，「夫人有忮害貪求之心，賈禍實多，在軍旅尤甚」〔註111〕，此處的「心」，如按理學家的表述，應爲「欲」或「私」，戴氏著一「心」字，雖與「心統性情」不相衝突，但畢竟含混了些，說明不是嚴格的理學概念。同時他又認爲君子則應當「自貴重，去忮與求，雖兵間而無害，不但使之強食自愛而已。此所謂發乎情，止乎禮義也」，雖佐以《詩序》，但表達出來的觀念是「去欲」「自愛」，與典型理學家同一氣息。《讀陳風・月出》「夫禮義消亡，淫風盛行，固有快意肆欲以縱其心者，若《桑中》、《溱洧》之類是也。亦有沉溺於情，不能自克，至於繾綣憔悴而不可支者，《月出》之類是也」〔註112〕，此處有一系列概念，「意」、「欲」、「心」、「情」，因心統攝意欲，所以縱其欲實爲「縱其心」，

〔註106〕〔宋〕戴溪：《續呂氏家塾讀詩記》卷一《讀周南・芣苢》，叢書集成初編本，第3頁。

〔註107〕〔宋〕戴溪：《續呂氏家塾讀詩記》卷一《讀周南・漢廣》，叢書集成初編本，第3頁。

〔註108〕〔宋〕戴溪：《續呂氏家塾讀詩記》卷一《讀邶風・匏有苦葉》，叢書集成初編本，第8頁。

〔註109〕〔宋〕戴溪：《續呂氏家塾讀詩記》卷一《讀唐風・綢繆》，叢書集成初編本，第28頁。

〔註110〕〔宋〕戴溪：《續呂氏家塾讀詩記》卷一《讀邶風・終風》，叢書集成初編本，第7頁。

〔註111〕〔宋〕戴溪：《續呂氏家塾讀詩記》卷一《讀邶風・雄雉》，叢書集成初編本，第7頁。

〔註112〕〔宋〕戴溪：《續呂氏家塾讀詩記》卷一《讀陳風・月出》，叢書集成初編本，第35頁。

沉溺於情，失於正，不合乎「中」的原則，便要克，不能過度，已是理學家的路數，但較典範的理學家解《詩》要駁雜一些。

《讀唐風・杕杜》「刺不能睦族也」，「蓋非其眞情，自然不親，雖欲勉強，不可得也。觀此，可以省矣」〔註 113〕，讀《詩》重反省，乃理學家的讀詩法；戴溪雖未明確認識，系統表述，但也有受影響的痕迹。《讀唐風・無衣》「外示強大，中實歉然。眞情所見，不可掩也」〔註 114〕，對眞情有獎掖的意味，但卻痛詆情詩，可見其情是「發乎情，而止乎禮義」的情〔註 115〕，而不是素樸的未經禮義化的「人情」（欲），與理學家的評價標準一致。《讀秦風・車鄰》與同甘共苦者「握手道故舊，慷慨悲歌，以盡平生歡，此亦人情之常也」〔註 116〕，《讀秦風・小戎》「君子行役，婦人思念，情之常也。惟觀其辭之怨否，知其國之治亂爾」〔註 117〕，雖未脫離《詩》「觀」的功能，但畢竟未否定情。戴溪有時在有意識區別情與欲，如《讀鄭風・野有蔓草》「是不能以禮自防也，一見之初，各得其欲，治世無是事也」〔註 118〕，自然認爲這首詩爲亂世之詩，雖未用「刺詩」之名，但「刺意」已見。與前一例比較，可見戴溪對「情」與「欲」已作了區分，這是宋人尤其是理學家的基本態度。

如果單純從文學角度分析，不辨情慾之分，認爲宋人解《詩》爲迂腐，實際上反多曲解古人。《讀陳風・宛丘》陳幽公「游蕩於宛丘之上，流連光景，信有情矣，特無威儀爾」〔註 119〕，此處的「情」與上述不同，與「人情之常」、

〔註 113〕　〔宋〕戴溪：《續呂氏家塾讀詩記》卷一《讀唐風・杕杜》，叢書集成初編本，第 28 頁。

〔註 114〕　〔宋〕戴溪：《續呂氏家塾讀詩記》卷一《讀唐風・無衣》，叢書集成初編本，第 29 頁。

〔註 115〕　這種源自《詩序》「發乎情止乎禮義」的評詩觀，貫穿始終。《讀邶風・谷風》「意雖怨而辭猶婉，非枚數其夫之過者比也」（《續呂氏家塾讀詩記》卷一《讀邶風・谷風》，第 8 頁），深得該詩的風格意趣，持論平正。他如《讀邶風・旄丘》「意雖怨而辭不怒，此聖人所以有取也」（《續呂氏家塾讀詩記》卷一，第 9～10 頁），還見於《讀邶風・二子乘舟》、《讀邶風・牆有茨》等。

〔註 116〕　〔宋〕戴溪：《續呂氏家塾讀詩記》卷一《讀秦風・車鄰》，叢書集成初編本，第 30 頁。

〔註 117〕　〔宋〕戴溪：《續呂氏家塾讀詩記》卷一《讀秦風・小戎》，叢書集成初編本，第 30 頁。

〔註 118〕　〔宋〕戴溪：《續呂氏家塾讀詩記》卷一《讀鄭風・野有蔓草》，叢書集成初編本，第 23 頁。

〔註 119〕　〔宋〕戴溪：《續呂氏家塾讀詩記》卷一《讀陳風・宛丘》，叢書集成初編本，

「不合人情」之情同，不是純粹的理學概念，戴氏在有關「情」的概念使用上不及程朱統一、自覺。戴溪論《詩》多重人情，「情」、「人情」一語也比較多見。《讀鄭風・狡童》「謂其君爲狡童，亦非人情也」〔註120〕，用是否合乎人情論詩。《讀衛風・河廣》「夫情之疏者，室邇而甚遠；情之切者，地遠而實近」〔註121〕，重體味，微細準確。又如《讀檜風・素冠》「貌稱其情」〔註122〕，「望其情」〔註123〕，《讀陳風・防有鵲巢》「夫讒人者，非直致其情，一日而遂也，必架造砌疊而後成，故積之也有漸；必延蔓組織而後就，故受之者不覺」〔註124〕，結合詩歌內容，體會頗細頗深。《讀小雅・四牡》「人情曲折，具述無遺。如其自言，不過此也，人情豈不感悅矣乎？」〔註125〕《讀小雅・杕杜》「極道人情之曲折宛轉於歌詠之間，戍役安得而不悅也？」〔註126〕，《讀大雅・綿》「人情皆然」〔註127〕。歐陽修也重視人情，可見宋代解《詩》的兩條基本路向：一言情，一言理，並時有交叉，以言理爲主體。

《讀小雅・桑扈》「人情雖若易縱，猶思謙下之道，無傲慢之意」〔註128〕。《讀小雅・角弓》「人情不善，易於放肆，猶矯揉〔註129〕以爲弓，稍縱則反矣」〔註130〕，對「情」「不善」的評價，認爲情易於放肆，因而應謹慎，與前文「合

第 33 頁。
〔註120〕〔宋〕戴溪：《續呂氏家塾讀詩記》卷一《讀鄭風・狡童》，叢書集成初編本，第 21 頁。
〔註121〕〔宋〕戴溪：《續呂氏家塾讀詩記》卷一《讀衛風・河廣》，叢書集成初編本，第 16 頁。
〔註122〕〔宋〕戴溪：《續呂氏家塾讀詩記》卷一《讀檜風・素冠》，叢書集成初編本，第 35 頁。
〔註123〕〔宋〕戴溪：《續呂氏家塾讀詩記》卷一《讀檜風・素冠》，叢書集成初編本，第 36 頁。
〔註124〕〔宋〕戴溪：《續呂氏家塾讀詩記》卷一《讀陳風・防有鵲巢》，叢書集成初編本，第 34 頁。
〔註125〕〔宋〕戴溪：《續呂氏家塾讀詩記》卷二《讀小雅・四牡》，叢書集成初編本，第 43 頁。
〔註126〕〔宋〕戴溪：《續呂氏家塾讀詩記》卷二《讀小雅・杕杜》，叢書集成初編本，第 45 頁。
〔註127〕〔宋〕戴溪：《續呂氏家塾讀詩記》卷三《讀大雅・綿》，叢書集成初編本，第 74～75 頁。
〔註128〕〔宋〕戴溪：《續呂氏家塾讀詩記》卷二《讀小雅・桑扈》，叢書集成初編本，第 66 頁。
〔註129〕「揉」，或應爲「楺」。
〔註130〕〔宋〕戴溪：《續呂氏家塾讀詩記》卷二《讀小雅・角弓》，叢書集成初編本，

乎人情」似有牴觸，實際上，「人情不善」更主要是從心性角度對情的道德評價，而「合乎人情」則是從心理角度進行的，是合理合情的同義語，兩者有聯繫但不同。可見戴溪的人情觀也受理學的影響。這首《角弓》詩，歐陽修也曾論述過，「《論》曰：……弓之爲物，其體往來，張之則內向而來，弛之則外反而去，詩人引此以喻九族之親，王若親之以恩則內附，若不以仁恩結之則亦離叛而去矣」〔註131〕，如和戴溪比較，很清楚地看到，戴溪以心性釋義的變化，自然較歐陽修更深入一步，其理學色彩也就更濃鬱，從微觀角度可視作理學對宋代《詩經》學影響的明證。

　　《讀小雅・湛露》「夫情不親者，常生於上之隔下；禮有虧者，每起於下之悖上。兩得其道，此所謂和樂而不流也」〔註132〕，《讀小雅・楚茨》「禮嚴而情洽，於是感格於神」〔註133〕，在禮情關係上，與漢代「發乎情，止乎禮義」的禮情相對的觀念不同，而是認爲二者可以協調兼得，即「兩得其道」或「禮嚴而情洽」。《讀大雅・泂酌》引《易》「樽酒簋貳用缶，納約自牖，終無咎」〔註134〕，強調簡質平易，認爲「禮節繁多，其意曖隔，謂之尊嚴則可，謂之豈（愷）弟（悌）則非也」〔註135〕，主張內外相符，誠意爲本，不以禮異化人的誠心。《讀大雅・卷阿》「德性豈（愷）弟（悌），何以祈吾君哉？俾充其德性之所固有，似先公主百神，常保純嘏，皆此一性充之也」〔註136〕，七章詩中的第「六章言德性內充，耀光外發」〔註137〕，與前德性論一致，爲內充外發之論。

　　此外，按蒙培元先生確定「真正的理學家或成熟的理學家」的標準，即

　　　　　　第 70 頁。

〔註131〕〔宋〕歐陽修：《詩本義》卷九《角弓》，《四庫全書（文淵閣本）》（第 70 冊），第 247 頁。

〔註132〕〔宋〕戴溪：《續呂氏家塾讀詩記》卷二《讀小雅・湛露》，叢書集成初編本，第 46 頁。

〔註133〕〔宋〕戴溪：《續呂氏家塾讀詩記》卷二《讀小雅・楚茨》，叢書集成初編本，第 63 頁。

〔註134〕出自《易經・上經》卦二十九《坎》。

〔註135〕〔宋〕戴溪：《續呂氏家塾讀詩記》卷三《讀大雅・泂酌》，叢書集成初編本，第 81 頁。

〔註136〕〔宋〕戴溪：《續呂氏家塾讀詩記》卷三《讀大雅・卷阿》，叢書集成初編本，第 81 頁。

〔註137〕〔宋〕戴溪：《續呂氏家塾讀詩記》卷三《讀大雅・卷阿》，叢書集成初編本，第 81 頁。

要同時具備系統的宇宙論、人性論和修養論〔註138〕。據能看到的戴溪《詩經》學資料，如果前兩個問題或多或少可以符合蒙先生前兩項標準的話，戴溪也很注意修養工夫，即敬和誠，那麼，他雖不能稱爲完全意義上的理學家，但總顯示了與理學較強的關係，有相當的理學家色彩。戴溪以「敬」之「肅然如一」解《兔罝》，並說武夫被君主視爲心腹一定要仰仗「精誠」〔註139〕。解《草蟲》「以禮自防」，「警懼者終其身」，「婦人獨居，睹物思懼。始也其心忡忡然，終也至於悲傷」〔註140〕，就加進去了不少內心的反省和警懼成分。以理學思想解《羔羊》，認爲大夫「職事整暇，心志寧謐，門無私謁，出無躁競，此之謂正直矣」〔註141〕，這些都是體味所得，反映了解釋者的「正直」觀念。《讀陳風・東門之池》「思賢女也。夫子曰：『可與共學，未可與適道。』孟子曰：『不仁者，可與言哉？』事至於可與如此，其人可知也。池可以漚麻，久而能柔其質；淑姬可與晤歌，久而能化其心，蓋必有浸潤之功矣」〔註142〕，與朱熹較相近，但又不是純粹地談心性義理，只是引孔孟之語，卻不知何意。主張漸染之功，如朱熹格致之功，漸次而行。

　　《讀小雅・鶴鳴》戴溪解爲「大要言事無隱而不彰。安於美者，當知其惡。察於逆己者，惡其順己者，可也」〔註143〕，似求一中道，有理學氣息。

　　《讀大雅・棫樸》「作人之效，久而後見」〔註144〕，「作人之道，如金如玉，因其質而成其文。昔文王作人若此，爲今王者，可不自勉以綱紀四方乎？得人則可以維持天下也」〔註145〕，此處的「作人」有治人、教人義，與自己

〔註138〕蒙培元《緒論　論理學形成三階段》，載蒙培元：《理學的演變——從朱熹到王夫之戴震》，福建人民出版社，1998年，第2版，第15頁。

〔註139〕〔宋〕戴溪：《續呂氏家塾讀詩記》卷一《讀周南・兔罝》，叢書集成初編本，第2頁。

〔註140〕〔宋〕戴溪：《續呂氏家塾讀詩記》卷一《讀召南・草蟲》，叢書集成初編本，第4頁。

〔註141〕〔宋〕戴溪：《續呂氏家塾讀詩記》卷一《讀召南・羔羊》，叢書集成初編本，第5頁。

〔註142〕〔宋〕戴溪：《續呂氏家塾讀詩記》卷一《讀陳風・東門之池》，叢書集成初編本，第34頁。

〔註143〕〔宋〕戴溪：《續呂氏家塾讀詩記》卷二《讀小雅・鶴鳴》，叢書集成初編本，第50頁。

〔註144〕〔宋〕戴溪：《續呂氏家塾讀詩記》卷三《讀大雅・棫樸》，叢書集成初編本，第75頁。

〔註145〕〔宋〕戴溪：《續呂氏家塾讀詩記》卷三《讀大雅・棫樸》，叢書集成初編本，第75頁。

的「做人」不同，是戴溪引申出的治國道理，並積極對君主進諫，與朱熹、袁燮、謝枋得等相同。《讀大雅·靈臺》「《大雅》述文王，其要皆歸於作人，此致治之本也」〔註146〕，讀《詩經》讀出「作人」的道理，與漢代以《詩經》為諫書的傳統不同，這裡已深入到心性的層次，因為所謂文王「作人」主要依靠於自己德行的薰陶與教化，《讀大雅·思齊》「文王之德，無怨怒於明神，故能刑於寡妻，家齊而國治也。婦人至寡弱，乃至難化也，惟無愧於幽明者能之」〔註147〕，甚至連對婦人的偏見，都幾與理學家同。

　　總之，戴溪《詩經》學雖較典型理學家的《詩經》學所反映的學術思想要駁雜一些，但有明顯受到理學影響的因素。在天人關係上，重視天心、仁心、人心的三位一體格式，通過「效」和「齊」的方式使它們契合一致。戴溪對「情」有雙重理解，既肯定了情的合理性，又往往將其與「欲」混為一談。其他諸如治學工夫及女性觀等方面都能反映出與理學的緊密關聯。

第三節　宋代《詩經》學義理解《詩》的餘波和影響

　　南宋末年，學術弊端「滋起」，所謂「鹵莽之學」、「蕪穢之文」、「高虛之論」〔註148〕，一些理學家推溯至嘉定以後，也就是朱熹死後十餘年間，雖然不無學術偏見，但學術的漸變應有迹可尋。

一、宋代《詩經》學義理解《詩》的餘波

（一）段昌武的《詩經》研究

　　段昌武，字子武，廬陵人。除《詩義指南》（一卷）外，段昌武還有《叢桂毛詩集解》（三十卷，僅存二十一卷）、《詩序解》（一卷）、《讀詩總說》（一卷，未見）〔註149〕。

　　段昌武《詩經》學兼採朱呂二家。陸元輔認為《讀詩總說》「大抵如東萊

〔註146〕〔宋〕戴溪：《續呂氏家塾讀詩記》卷三《讀大雅·靈臺》，叢書集成初編本，第 78 頁。

〔註147〕〔宋〕戴溪：《續呂氏家塾讀詩記》卷三《讀大雅·思齊》，叢書集成初編本，第 76 頁。

〔註148〕〔明〕危素：《危太僕集》卷七《漢藝文志考證序》，劉氏嘉業堂 1914 年刊本。

〔註149〕劉毓慶：《歷代詩經著述考（先秦——元代）》，中華書局，2002 年，第 321～324 頁。

《讀詩記》例而較明暢」〔註 150〕，還很難判斷他對二家《詩經》學的態度。
而段昌武的姪子段維清在所寫的《狀略》中說「先叔以《毛詩》口講指畫，
筆以成編，本之東萊《詩》說，參以晦庵《詩傳》，以至近世諸儒一話一言苟
足發明，率以錄焉，名曰《叢桂毛詩集解》」〔註 151〕。

清代朱彝尊說「《詩義指南》一卷，《宋史‧藝文志》暨諸家書目俱未之
載。康熙甲子五月，購之慈仁寺……有《叢桂毛詩集解》三十卷，惜未見其
全書。此則爲舉業發題作也，竹垞識」〔註 152〕。這部書比較蹊蹺，不排除僞
作的可能。前世未見而後世突然出現，又十分粗疏，同理學背景下的《詩經》
解說也有一段距離，論心性不細緻，缺乏創見，或許爲明代科場備考的產物，
而託以段昌武《詩義指南》之名。如視爲宋代典籍，也已標誌理學解《詩》
的衰落了。阮元《四庫未收書目提要》認爲《詩義指南》「自《關雎》以至《鳧
鷖》，或取詩中一章一節發其義，語簡而深，義約而盡。自《篤公劉》以下，
惜未之及耳」，評價還比較高，而《續修四庫全書總目提要》倫明則說「語至
簡略，了無精義，以其撰之宋人，故傳者亦罕見爲珍也」〔註 153〕，幾乎否定
了該作內在的學術價值，而只是強調其版本價值。

段昌武《段氏詩義指南》類同於佳句點撥，語句簡約，略作提示，往往
以對仗句的形式出現，有的甚至特意押韻，便於誦記，多從道德入手，故被
視作「爲舉業發題作也」〔註 154〕。《淇奧》「瑟兮僩兮，赫兮咺兮。有匪君
子，終不可諼兮」，段氏解爲「君子之德既有以著於身，則君子之德常有以
在乎人」，「有匪君子，如金如錫，如圭如璧」，段氏解爲「即物以喻君子學
精而質美，此詩人善言德行也」，「觀君子爲學之精，斯可觀君子生質之美」
〔註 155〕。《羔裘》「羔裘如濡，洵直且侯。彼其之子，捨命不渝」，段氏解爲
「知君子之身美其服，當知君子之心安於理」，「羔裘豹飾，孔武有力。彼其
之子，邦之司直」，段氏解爲「觀君子之才有以稱其服，當觀君子之心可以

〔註150〕〔清〕朱彝尊編，朱昆田校：《經義考》卷一百零九，乾隆四十二年（1777
　　　　年）本，第 5 頁。
〔註151〕〔清〕朱彝尊編，朱昆田校：《經義考》卷一百零九，乾隆四十二年（1777
　　　　年）本，第 4 頁。
〔註152〕《段氏詩義指南‧序》，叢書集成初編本，第 41 頁。
〔註153〕劉毓慶：《歷代詩經著述考（先秦──元代）》，第 324 頁。按：「故傳者亦罕
　　　　見爲珍」的「亦」，疑爲「以」。
〔註154〕《段氏詩義指南‧序》，叢書集成初編本，第 41 頁。
〔註155〕〔宋〕段昌武：《段氏詩義指南》，叢書集成初編本，第 3 頁。

正於國」〔註156〕。《小戎》「文茵暢轂，駕我騏馵。言念君子，溫其如玉」，段氏解爲「出師固貴乎武備之修，尤貴乎德性之美也」〔註157〕。《羔裘》「羔裘逍遙，狐裘以朝。豈不爾思，勞心忉忉」，段氏解爲「爲君者惟致飾於外，愛君者常不忘於中」〔註158〕。《鳲鳩》「鳲鳩在桑，其子七兮。淑人君子，其儀一兮。其儀一兮，心如結兮」，段氏解爲「物類之有常，固出於天性。君子之有常，亦出於天性」，「淑人君子，其帶伊絲。其帶伊絲，其弁伊騏」，段氏解爲「君子存於己者有常德，故飾於外者有常制」〔註159〕，「淑人君子，其儀不忒。其儀不忒，正是四國」，段氏解爲「君子之常德，自心而著於身，自身而推於天下」〔註160〕。綜合起來，實際上是以《大學》解《詩》。

《小雅·常棣》「常棣之華，鄂不韡韡。凡今之人，莫如兄弟」，段氏解爲「觀物類既有以遂其天性，則人心當有以念其天倫」〔註161〕。《小雅·菁菁者莪》「菁菁者莪，在彼中沚。既見君子，我心則喜」〔註162〕，段氏解爲「知物之在地，自有以遂其生，則知人之見賢，自有以盡其樂」，「物之得夫地，遂其天性之自然；人之好夫賢，出於天性之本然」〔註163〕。《小雅·鶴鳴》「鶴鳴于九皋，聲聞于野。魚潛在淵，或在於渚」，段氏解爲「詩人即物以誨乎君，則知誠不可掩，理無定在也」〔註164〕，因襲朱熹《詩》說。《小雅·角弓》「騂騂角弓，翩其反矣。兄弟婚姻，無胥遠矣」，段氏解爲「觀物勢不能免於變，則人情不可使之變」，「物理固有變其常，人道則當保其常」〔註165〕，人物二分，人不能簡單效法自然，在《常棣》中又勸誡當效法而反躬自省，前後不一致，不能一概而論。

解《行葦》「醓醢以薦，或燔或炙。嘉殽脾臄，或歌或咢」爲「親愛之情，固非禮文之能盡，必因禮文而後見也」，「敦弓既堅，四鍭既鈞。舍矢既均，序賓以賢」爲「合射固所以盡燕樂之情，亦所以觀德也」〔註166〕，以文質、

〔註156〕〔宋〕段昌武：《段氏詩義指南》，叢書集成初編本，第 4 頁。
〔註157〕〔宋〕段昌武：《段氏詩義指南》，叢書集成初編本，第 5 頁。
〔註158〕〔宋〕段昌武：《段氏詩義指南》，叢書集成初編本，第 6 頁。
〔註159〕〔宋〕段昌武：《段氏詩義指南》，叢書集成初編本，第 6 頁。
〔註160〕〔宋〕段昌武：《段氏詩義指南》，叢書集成初編本，第 7 頁。
〔註161〕〔宋〕段昌武：《段氏詩義指南》，叢書集成初編本，第 9 頁。
〔註162〕〔宋〕段昌武：《段氏詩義指南》，叢書集成初編本，第 15 頁。
〔註163〕〔宋〕段昌武：《段氏詩義指南》，叢書集成初編本，第 16 頁。
〔註164〕〔宋〕段昌武：《段氏詩義指南》，叢書集成初編本，第 19 頁。
〔註165〕〔宋〕段昌武：《段氏詩義指南》，叢書集成初編本，第 28 頁。
〔註166〕〔宋〕段昌武：《段氏詩義指南》，叢書集成初編本，第 39 頁。

本末論情理關係，雖不算新見，但頗中肯綮。

　　將《棫樸》前三章依次解爲「物之盛者，自爲人之所取；德之盛者，自爲人之所附」、「德之盛者，當得其臣之助；人之賢者，當得其君之用」、「器之濟險者，人不期而盡力；君之有德者，人不期盡情」〔註167〕，雖多附會，不成體系，有些淺顯，近乎格言警句，但聯繫詩文，卻似體味所得。又解《旱麓》「瑟彼柞棫，民所燎矣。豈（愷）弟（悌）君子，神所勞矣」爲「物之盛者，自爲人所用；德之美者，自爲福所歸」〔註168〕，「莫莫葛藟，施于條枚。豈（愷）弟（悌）君子，求福不回」爲「觀物有相依之勢，則知聖人所以得福之道矣」〔註169〕。所談內容已與《棫樸》篇所解相近，像這樣重複迭出的現象在《段氏詩義指南》中很普遍，不僅反映了解釋的粗略，忽視了詩篇的的獨特性，而且在更深層次上啓示我們思考理學帶給《詩經》學研究的負面影響，儘管在理學家那裡，《詩經》在解讀中傳達出了更多精微的心性義理，但也因爲抽象至德性，賦予了普遍的道德倫理，所以解讀的倫同性就很難避免。即使像程朱陸楊，辨之甚細甚微，不像這樣粗疏，也難免出現這種情況，這是以理學解《詩》的共同不足。

　　段昌武反覆陳述，終不出君臣朋友兄弟等倫常範圍，君子德行一致、內外相副的主題，雖然不善於闡說義理，往往前後判斷不類，不能構成內在的邏輯聯繫，而是勉強形成推論，因此顯得膚淺、機械，有比附德行之嫌。但角度一致，內容集中，屢陳德性誠敬之說，受到理學重視道德心性的影響。

（二）謝枋得的《詩經》研究

　　謝枋得解《詩》旨趣、方法與袁燮比較接近，借《詩》以言時事。謝枋得《詩傳注疏》，清代吳長元輯自《永樂大典》（164 條）及諸書（137 條），存詳去略，分上、中、下三卷，見吳長元《詩傳注疏·弁言》。吳長元介紹「先生生《板》、《蕩》之朝，抱《黍離》之痛，說《詩》見志，於《小雅》憂傷哀怨之什，恒致意焉，而於經義發明透暢，又非空作議論者比，解《無衣》之『與子同仇』寓高宗南遷之失，論《皇父》之『不遺一老』刺似道誤國之奸，至疏《蓼莪》之四章，詳明愷惻，令人讀之欲淚。孔子興觀群怨事父事

〔註167〕〔宋〕段昌武：《段氏詩義指南》，叢書集成初編本，第 32 頁。
〔註168〕〔宋〕段昌武：《段氏詩義指南》，叢書集成初編本，第 33 頁。
〔註169〕〔宋〕段昌武：《段氏詩義指南》，叢書集成初編本，第 33 頁。

君之旨，先生蓋深有契焉。讀是編者，可以論世，可以知人矣」〔註170〕。

　　謝枋得解《詩》也明顯受理學的影響，並能反映理學的基本觀念和思想。《周南‧漢廣》謝枋得解爲「遊女獨行，非有師傳範其前，法制禁其後也，恭敬羞惡之心積於中，形於外，動容周旋自然中理，凜乎不可犯，使行道之人愛而敬，敬而畏。閒其邪、窒其欲於人所不知之地，是孰使之然哉？文王之德本諸身，征諸庶民者，盡是矣。道化明於上，風俗成乎下，性不待節而皆善，心不待閒而皆良，婦人女子，生長其間，正如堯衢之童不識不知而順帝之則，天保之民日用飲食而遍爲爾德，彼亦不自知其行乎天理之中也。王道之勝，至此極矣」（輯自《永樂大典》）〔註171〕。《鄘風‧相鼠》「人而無禮，不死何俟？」，謝枋得解爲「《左傳》劉子曰：『民受天地之中以生，所謂命也。是以有動作威儀之則，以定命也。能者養之以福，不能者敗以取禍。』故君子勤禮莫如致敬，敬在養神。人無威儀，則無以定命，死期將至，故曰『不死何俟』」（輯自《永樂大典》）〔註172〕。《曹風‧鳲鳩》中有一則（已輯得三則）解首章爲「子七，言其多也。劉子曰：『民受天地之中以生，所謂命也。是以有動作威儀之則，以定命也。能者養之以福，不能者敗以取禍。』是故君子勤禮，勤禮莫如致敬，敬在養神，惟養神以致敬，致敬以勤禮，然後，可以定命。此『其儀一兮』，必本於『心如結兮』也」（輯自《永樂大典》）〔註173〕。《大雅‧板》有一則（已輯得三則）解「靡聖管管，不實於亶」爲「朱子初解云：『人苟知聖人之度，則必戰戰兢兢，不敢苟作；此心若無聖人矣，則管管然無所依據，矯誣詐僞，何所不至？』其出言行事，不以眞實而歸於誠信，無怪也」（輯自《詩經通釋》）〔註174〕。

　　此處有幾點需要注意，謝氏解《詩》的主導思想，重敬窒欲，百姓日用而不知，徜徉於天理之中，皆係理學觀念和思想，受程朱之學影響尤大；認爲文王之德本諸身而征諸人，將「二南」之風看作文王之德內修和外顯的結果，與朱子解《詩》相合，此段「《左傳》劉子曰」也是朱子《集傳》中常見的引用，並明確地引用朱子《詩經》學觀點，因此，謝氏解《詩》與朱子《詩經集傳》有一定的內在關係，說明其與理學及在理學影響下的《詩經》學的

〔註170〕〔清〕吳長元《詩傳注疏‧弁言》，叢書集成初編本，第1頁。
〔註171〕〔宋〕謝枋得：《詩傳注疏》卷上，叢書集成初編本，第1頁。
〔註172〕〔宋〕謝枋得：《詩傳注疏》卷上，叢書集成初編本，第6頁。
〔註173〕〔宋〕謝枋得：《詩傳注疏》卷上，叢書集成初編本，第18～19頁。
〔註174〕〔宋〕謝枋得：《詩傳注疏》卷下，叢書集成初編本，第49頁。

發展有關。此外，謝氏還涉及「敬」與「禮」的關係問題，認爲「致敬」是「勤禮」的途徑，即「勤禮莫如致敬」，「勤禮」是「致敬」的目的，即「致敬以勤禮」，從而使外在的「動作威儀皆有其則」，所言所行皆循守一定的倫常規則，歸宿則是「定命」，關鍵則是「養神」，也可以將謝枋得思想簡要地概括爲「養神以定命」的思想學說，與理學、心學有關，而表述略有差異。

謝枋得甚至以具體的理學思想解釋《詩經》中的個別語句，《小雅·湛露》有一則（已輯得三則）解「顯允君子」爲「古者，用人多取明允。舜舉八元，曰『明允篤誠』，《采芑》曰『顯允方叔』，而此詩曰『顯允君子』。顯者，其心明白洞達。允者，其心忠信誠愨，無一毫可疑也」（輯自《附錄纂疏》）〔註175〕，同時，《小雅·采芑》有一則（已輯得四則）與此近似，只是「無一毫可疑也」前多「上不欺君，下不欺心」（輯自《永樂大典》）罷了〔註176〕。

謝枋得在《論秦風》中還具體地談論了「天理」和「人欲」對人和集體的影響作用：

> 中國而純乎人欲，則化爲夷狄；夷狄而知有天理，則化爲中國。秦本戎狄，不得齒中國之會盟。春秋夷之，邑於岐豐，用文武成康之遺民，習文武成康之舊俗。一旦惡人俗而崇天理，其發於詩者，有尊君親上之義，有趨事赴功之勇，故季札聽其樂曰：「是謂能夏。」能夏，始大，憂其將有中國矣。〔註177〕

該段文字輯自元代劉瑾的《詩經通釋》，文中的「人欲」與「天理」似爲野蠻與文明的同義語，但實質是高標尊君親上、趨事赴功的義勇精神，單獨揪出這兩各方面可能和當時的時代背景有關。在謝枋得眼中，「人欲」和「天理」儘管是可變的，但卻是對立的、不可調和的。

《小雅·常棣》有一則（已輯得二則）解「兄弟既具，和樂且孺」，謝氏認爲「凡人飲燕，待親戚朋友之禮常盛，待兄弟之禮常簡，愛有餘者，敬或不足，恩情稔熟者，禮文有時而脫略也。籩豆畢陳，飲酒而至於厭飫，亦可樂矣，何如兄弟無故飲酒於家庭之間？不惟和樂，其情義親厚，無異於孺子相慕也。孺子之無不愛其親，無不敬其兄者，人欲未萌，天理昭著也」（輯自

〔註175〕 〔宋〕謝枋得：《詩傳注疏》卷中，叢書集成初編本，第24頁。

〔註176〕 〔宋〕謝枋得：《詩傳注疏》卷中，叢書集成初編本，第27頁。

〔註177〕 〔宋〕謝枋得：《詩傳注疏》卷上，叢書集成初編本，第17頁。按：「一旦惡人俗」的「俗」疑應爲「欲」。

《詩經疏義》）〔註178〕，無疑，「人欲未萌，天理昭著」，謝枋得的理論基礎是性善論，即孺子之心，並視其爲天理的體現，此時人欲並未產生，不能成一對待的狀態，純然一天理，一旦人欲產生，對立的情形就出現了。既然如此，由純然的天理得以寄寓的孺子之心中何以能產生出人欲，其邏輯基礎和現實基礎是什麼，廣而言之，理學家的理氣性命、善惡之間的關係是怎樣的，這是理學的一個重要理論問題。

謝枋得也探討了「詩人之法度」和「風人之法度」的問題，前者見《召南》之《草蟲》、《甘棠》、《殷其雷》等，後者如《召南》之《采蘩》、《羔羊》、《何彼穠矣》，《邶風》之《北風》等。《邶風‧凱風》謝枋得解爲「不怨母而責己，孝之至也。韓文公《文王羑里操》曰『臣罪當誅兮，天王聖明』，蘇文忠公《詔獄寄弟詩》曰『聖主如天萬物春，小臣愚闇（暗）自亡身』，皆從此詩變化來，見爲子爲臣忠厚之至」（輯自元劉瑾《詩經通釋》）〔註179〕，今劉毓慶認爲謝氏「對於《詩經》文學之研究，實具先驅意義」〔註180〕，不爲無見，雖先驅判斷適當與否還可進一步研究。謝氏很注意詩人與風人的法度，即詩歌形式的藝術性與思想內容的義理性之間的密切關係，與其他理學家相同的是，借《詩》以發揮君臣大義，突出天理流行的理學思想則是主導。

謝枋得成功地運用了比較的研究方法，但支撐這個方法的依然是其理學思想。《邶風‧雄雉》謝枋得解爲「初憂其征役而犯難，終信其善良而獲福。《殷雷》之婦人曰『振振君子，歸哉歸哉』，其夫振振然信厚，可以保其必早歸矣；《雄雉》之婦人曰『不忮不求，何用不臧』，其夫不忮不求，則皆仁義，可以保其動與吉會矣，二詩末章同一意」，並在末章部分引「胡氏《春秋傳》：『春秋之時，用兵者非懷私復怨則利人土地爾。』《詩》云：『百爾君子，不知德行。不忮不求，何用不臧？』不忮則能懲忿，不求則能窒欲，然後貪忿之兵亡矣」（輯自《永樂大典》）〔註181〕。《邶風‧新臺》「蘧篨不鮮」，謝枋得有一新穎解釋，「蘧篨，乃惡疾。宣公非有此病，國人惡其無禮義，亂人倫，

〔註178〕〔宋〕謝枋得：《詩傳注疏》卷中，叢書集成初編本，第22頁。

〔註179〕〔宋〕謝枋得：《詩傳注疏》卷上，叢書集成初編本，第4頁。

〔註180〕劉毓慶：《歷代詩經著述考（先秦——元代）》，中華書局，2002年，第318頁。

〔註181〕〔宋〕謝枋得：《詩傳注疏》卷上，叢書集成初編本，第4頁。按：胡氏《春秋傳》朱子《集傳》也有引用，如果此段後半部分整個出自胡氏，即可作爲胡氏的《詩》學觀點，標點就應該有所變化。

故以惡疾比之，既無人道，亦非人形也」（輯自《欽定詩傳纂說》）〔註182〕雖未如他人明確地界定惡疾的性狀，但卻將其與道德評價緊密聯繫起來，視爲「比」的手法。《鄘風‧蝃蝀》「大無信也，不知命也」，謝枋得解爲「《禮》曰：『飲食男女，人之大欲存焉。』目好好色，耳好好聲，支（肢）好安逸，皆氣質之性，動於欲者也。孟子教人曰：『性也，有命焉，君子不謂性也。』人能知有命，而不爲欲所移，則無犯非禮矣。今也縱慾而不知命有所制，所謂不知命也」（輯自《永樂大典》）〔註183〕，認爲「動於欲」者是「氣質之性」，正是理學家的口吻和看法。

謝枋得認爲《定之方中》、《公劉》、《緜》三詩「精神心術之運動，謀猷計慮之深長，規模節目之精密」「皆可爲來者師也，學者合三詩並觀，可以長才識」（輯自《永樂大典》）〔註184〕。與朱熹、袁燮等相同，經世致用，有明確的「格王之心」的價值取向，與理學的影響和經筵講習風氣有關。謝枋得解《齊風‧還》：「千萬人之習俗，原於一人之好尚；數百年之敝化，生於一時之放心。齊俗好田如此，爲人上者，可不謹哉？」（輯自《永樂大典》）〔註185〕受《孟子》的影響顯而易見。

謝枋得的《詩經》解說包容著不少時代內容，也是經世致用的一種體現。解《齊風‧甫田》首章：

> 揚雄云：「田甫田者莠驕驕，思遠人者心忉忉。」不度德，不量力，欲求大功，心愈勞而終無成也。人君能誠意正心修身齊家，則家齊而國自治，國治而天下平。感者近而應者遠，誠者一而化者萬，如幼者倏然而長，小者倏然而大，初不必勞心勞力以求之也。〔註186〕

這段文字輯自《永樂大典》，不難發現，謝枋得的確與袁燮等接近，重誠，執一。解《秦風‧無衣》：「幽王沒（歿）於驪山，此中國之大恥，周家萬世不可忘之大仇也。讀《文侯之命》，可以知諸侯無復仇之志矣。獨《無衣》一詩，毅然以天下大義爲己任，其心忠而誠，其氣剛而大，其詞壯而直。吾知岐豐之地，被文王周公之化最深，雖世降俗末，人心天理不可泯沒者，尚異於列國也。秦國何人所作，千載而下，聞其風，莫不興起，況親炙其人乎？」（輯

〔註182〕〔宋〕謝枋得：《詩傳注疏》卷上，叢書集成初編本，第5頁。
〔註183〕〔宋〕謝枋得：《詩傳注疏》卷上，叢書集成初編本，第6頁。
〔註184〕〔宋〕謝枋得：《詩傳注疏》卷上，叢書集成初編本，第5～6頁。
〔註185〕〔宋〕謝枋得：《詩傳注疏》卷上，叢書集成初編本，第12頁。
〔註186〕〔宋〕謝枋得：《詩傳注疏》卷上，叢書集成初編本，第13頁。

自《詩經疏義》）〔註187〕讀來錚錚有聲。謝枋得將《周頌‧執競》解爲「爲人君者，當持其自強不息之心，操之不捨，守之不失，斯可以立天下之大事，成天下之大功，若把握不堅，勤怠不常，非所謂執競也」（輯自《永樂大典》）〔註188〕，不無心學的意味，反映了當時偏安及收復失地的現實。

謝枋得的解《詩》方法也很自覺，在《衛風‧有狐》「心之憂矣，之子無裳」解中說「見鰥夫無人縫裳而有憂，則其情可知矣。因其有言，以探其不言者，可以言風人之旨矣」（輯自元劉瑾《詩經通釋》）〔註189〕。《王風‧中谷有蓷》有一則（已輯得五則）就解爲「夫婦，人之大倫。饑饉而相棄，人道之大變，婦無一語怨其夫，而有哀矜惻怛之意焉。知其無可奈何而安之於命，此義婦也，與忠臣孝子同道！人不幸而處此，三綱之變，以此存心，則綽綽然有餘裕矣」（輯自元劉瑾《詩經通釋》）〔註190〕，不容諱言，理學有維護綱常的一面，在理學家的《詩經》解釋中也自然能流露出來。

《小雅‧鶴鳴》「他山之石，可以爲錯，可以攻玉」，謝氏解爲「只此兩句，斷章取義，亦有一說。君子如玉，小人如石，他山者，邪類與善類非同氣，猶玉石不同一山也，他山之石爲錯而攻玉，乃所以成玉之精粹也，是猶小人誣君子以有過，乃所以儆君子而進於無過之地也，小人謗君子之無德，乃所以儆君子而進於成德之域也，小人欺君子之無才，乃所以儆君子而勉爲全才之人也」（輯自《附錄纂疏》）〔註191〕，可見，謝氏是不反對「斷章取義」而言義理的。「儆」，讓人自己覺悟而不犯過錯，與理學的「敬」、「誠」、「慎獨」在理論上易於溝通。

謝枋得比較集中的以理學解《詩》反映在《王風‧揚之水》的釋解〔註192〕中，一則爲：

> 天不言而能制萬物之命，純乎天理而已矣。天非積氣，乃理之聚。天統氣，乃理之宗。東風動則草木不得不萌，涼風至則草木不得不落，雷發聲則蟄蟲不得不奮，雷收聲則蟄蟲不得不藏，萬物則聽命於天，聽命於理也。王者執天命、天討以制六合，一賞而天下

〔註187〕〔宋〕謝枋得：《詩傳注疏》卷上，叢書集成初編本，第17頁。
〔註188〕〔宋〕謝枋得：《詩傳注疏》卷下，叢書集成初編本，第54頁。
〔註189〕〔宋〕謝枋得：《詩傳注疏》卷上，叢書集成初編本，第6頁。
〔註190〕〔宋〕謝枋得：《詩傳注疏》卷上，叢書集成初編本，第9～10頁。
〔註191〕〔宋〕謝枋得：《詩傳注疏》卷中，叢書集成初編本，第28頁。
〔註192〕〔宋〕謝枋得：《詩傳注疏》卷上，叢書集成初編本，第8～9頁。

莫不勸，一罰而天下莫不懲，豈有號令不行於諸侯哉？孟津之師，不期而會者八百國，庸、蜀、羌、矛、微、盧、彭、濮，何所見而來？武王一心統乎天理，有人心者當知所向背矣。東遷之初，有王而無霸，吾觀命文侯一書，文武成康之典則未墜，禮樂征伐尚自天子出也，使當平王能以天理爲君道，安得不爲西周乎？申后爲幽王所廢，雖依申侯以生，幽王爲犬戎所滅，實由申侯而死，母恩固可念，父仇豈可忘？以天子自衛之兵而寵靈不共戴天之仇國，一人之私意，豈能滅古今不變之天理哉？天王既不知有父，臣子亦豈知有君？

另一則爲：

> 《書》有《文侯之命》，此一時也。《詩》有《揚之水》，又一時也。世道愈降，人心日非，《揚水》之後必有《兔爰》，《兔爰》之後必有五霸，五霸之後必有七雄，皆平王以私意滅天理有以啓之。桓王之後，不足責矣。

這兩則文字均輯自《永樂大典》，謝枋得的觀點與朱熹很相近，尤其是關於平王派兵衛申一事，所見幾完全相同。宋代對此事爭論頗多，蘇軾《東坡志林》中也有批評平王東遷的文字，但側重歷史的角度，朱、謝則側重理學的角度，在一定程度上反映了宋代學者的歷史共識與不同的認知途徑。南宋以理解《詩》之盛也可見一斑。謝氏認爲天是理之聚，天理則是自然人事不得不遵守的規則，將天理還看得很實，又近乎張載，而遠乎程朱，但主張體認和實踐天理於人事則一同於張程朱陸。關於氣和理的關係，也見於《大雅·生民》一則（已輯得二則），釋「其香始升，上帝居歆」，解爲「天地間惟理與氣，有此理則有此氣，有此氣則有此理。鬼神無形與聲，惟有理有氣，在冥漠之間耳，凡祭皆以心感神，以氣合神者也。黍稷必馨香，酒肴必芬芳，用椒、用桂、用蕭、用鬱金草，皆以香氣求神，神以歆饗此氣耳」（輯自《詩經通釋》）〔註193〕，受張程影響很明顯，主張理氣不離，不無調和的意味。

《王風·兔爰》也有相同的表達，謝氏曰：「叛臣之大無忌憚，豈其本心哉？皆天子有以成之，始於無是是非非之心，終於無善善惡惡之道。天命自我，不能章之，天討自我，不能用之，賞而人不知勸，罰而人不知懲。忠臣以忠而受禍者有之矣，忠臣既以忠而受禍，叛臣遂以叛爲得計，天下之亂，

〔註193〕〔宋〕謝枋得：《詩傳注疏》卷下，叢書集成初編本，第47頁。

於是不可救，『有兔爰爰，雉罹于羅』，諸侯之叛自此始」（輯自《永樂大典》）〔註194〕。同時，上述例子也反映了「誠己」的重要性，這種觀念也可見於《大雅·靈臺》的一則釋文（已輯得二則）中，謝枋得解「麀鹿濯濯」四句，認爲「文王之民，既歡樂之矣，鳥獸魚鼈亦各得其樂。鹿在囿，何如在山林？魚在沼，何如在江湖？今也麀鹿濯濯，白鳥翯翯，於牣魚躍，無不遂其性者矣，至誠能盡其性，則能盡人之性，可以贊天地之化育，可與天地參，文王以之」（輯自《永樂大典》）〔註195〕。重視「本於人心天理而感動」的由己及人的原則，《大雅·江漢》一則（已輯得三則）「不責臣子以事功，惟勉臣子以忠孝，本於人心天理而感動之也，《盤庚》亦得此意」（輯自《詩經通釋》）〔註196〕。

謝枋得解《詩》思想雖駁雜不純，但多受理學的影響，似亦不必諱言。

二、王應麟的《詩經》學轉向

王應麟的《詩經》學著作較多，除佚失的《毛詩草木鳥獸蟲魚廣疏》（六卷）、《詩辨》外，現存有《詩經天文編》（一卷，見王應麟《六經天文編》）、《玉海紀詩》（一卷，王應麟撰，胡文煥編，源於王氏《玉海》）、《困學紀詩》（一卷，王應麟撰，胡文煥編，源於王氏《困學紀聞》）、《詩考》（一卷）、《詩地理考》（六卷）〔註197〕等。

王應麟長於考證，學風質實，所以不少研究者認爲他開清代考證之學的先河，並觸及清代《詩經》學考證所及的相當領域。至於他的《詩地理考》、《詩考》的寫作目的和理論旨趣，前文已有所涉及，在此主要根據《詩考》略作敘述，試窺學風的變化。

針對三家《詩》的亡佚現象，王應麟說：

> 諸儒說《詩》一以毛鄭爲宗，未有參考三家者，獨朱文公《集傳》閎意眇指，卓然千載之上，言《關雎》則取康衡，《柏舟》「婦人之詩」則取劉向，笙詩「有聲無辭」則取《儀禮》，「上天甚神」則取《戰國策》，「何以恤我」則取《左氏傳》，《抑》「自戒儆」、《昊

〔註194〕〔宋〕謝枋得：《詩傳注疏》卷上，叢書集成初編本，第10頁。
〔註195〕〔宋〕謝枋得：《詩傳注疏》卷下，叢書集成初編本，第46頁。
〔註196〕〔宋〕謝枋得：《詩傳注疏》卷下，叢書集成初編本，第53頁。
〔註197〕劉毓慶：《歷代詩經著述考（先秦——元代）》，中華書局，2002年，第292～300頁。

天有成命》「道成王之德」則取《國語》，「陟降庭止」則取《漢書注》，
《賓之初筵》「飲酒悔過」則取《韓詩序》，「不可休思」、「是用不就」、
「彼岨者岐」皆從《韓詩》，「禹敷下土方」又證諸《楚辭》，一洗末
師專己守殘之陋，學者諷詠涵濡而自得之，躍如也。文公語門人《文
選注》多《韓詩章句》，嘗欲寫出。應麟竊觀《傳》、《記》所述三家
緒言尚多有之，罔（網）羅遺軼，傳（附）以《說文》、《爾雅》諸
書，秤（粹）爲一編，以扶微學，廣異義，亦文公之意云爾，讀《集
傳》者或有考於斯。〔註198〕

王應麟認爲朱熹獨探三家之說，其先未有參考三家者，實則不確，蔡卞《毛
詩名物解》就多引劉向《列女傳》及《齊詩》。不過，王應麟《詩考》受朱熹
《詩經集傳》的啓發，其編此書的目的除「扶微學，廣異義」之外，更重要
的是擴充朱熹之意，以備讀者閱讀《詩經集傳》時參考，在這種意義上，也
可將其納入輔翼《詩經集傳》之列，與《詩童子問》不同的是，《詩考》側重
文獻角度，因此，由朱熹開端，王應麟張大其風，宋代的「三家《詩》」研究
已漸次展開和發展，至清范家相《三家詩拾遺》、近代王先謙《三家詩集釋》
而成爲此項研究的頂峰，而朱、王在「三家《詩》」學術研究上的重視與開創
之功，自不可抹，以往研究史多評及王應麟《詩考》，少及朱熹，今試作補正。
同時，也進一步反映了宋代《詩經》研究不拘門戶師法，深探義理，另開新
面。

　　王應麟輯得的三家《詩》研究成果以《韓詩》最多，《齊詩》次之，《魯
詩》最少，其實後兩者都比較少，合起來不及前者的四分之一。他自己也說
就文字角度「《詩》四家異同，唯《韓詩》略見於《釋文》，而《魯》、《齊》
無所考」〔註199〕。所以有學者認爲王應麟《詩考》「以存三家佚文。顧搜採未
周，頗多漏略」〔註200〕。

　　《詩考》所涉及的著作很廣泛。如《韓詩》部分，就涉及到《毛詩正義》、
《文選注》、《韓詩外傳》、《太平御覽》、《經典釋文》、《後漢書注》、《儀禮疏》、
《初學記》、《周禮疏》、《藝文類聚》、《漢書·王吉傳》、《禮記·經解注》、《爾

〔註198〕〔宋〕王應麟：《詩考》，叢書集成初編本，第1～2頁。
〔註199〕〔宋〕王應麟：《詩考》，叢書集成初編本，第128頁。
〔註200〕胡樸安：《詩經學》，商務印書館，1928年初版，1933年第1版，第21、69
　　　　頁。

雅注》、《爾雅疏》、《國語》、《古樂志》、《儀禮注》、《禮記正義》、《史記注》、
《公羊傳注》、《白虎通》、《史記索隱》、《讀詩記》、《宋書・符瑞志》、《呂氏
春秋》、《中庸》、《說苑》、《荀子》、《水經注》、《韓詩內傳》等。可以得出兩
點結論，一是至《詩考》產生時《韓詩內傳》似乎還存在，今已獨剩《韓詩
外傳》，關於《韓詩》具體亡佚的時間，這項論據有無價值，還需要進一步反
思；一是三家《詩》也各自有《序》（或《敘》）「韓嬰敘詩之」（輯自《水經
注》）〔註 201〕。《魯詩》部分涉及到《漢書・杜欽傳》、《經典釋文》、《禮記・
坊記注》、《毛詩正義》、《禮記正義》、《石經魯詩殘碑》、《公羊傳注》、《爾雅
注》、《後漢書・輿服志注》、《文選注》、《漢書・谷永傳》、《說文解字》等。《齊
詩》部分涉及到《漢書・地理志》、《經典釋文》、《後漢書・陳忠雲》、《毛詩
正義》、《漢書・郊祀志・匡衡奏議》、《後漢書・伏湛傳》、《漢書・蕭望之傳》、
《容齋四筆》、《曹氏詩說》、《解頤新語》等。

　　「晁氏《詩序》論齊、魯、韓三家，以《王風》為《魯詩》」「亦見《新
序》云『壽閔其兄之且見害，作憂思之詩，《黍離》之詩是也』」（輯自《容齋
四筆》）〔註 202〕。「奉又曰：『《詩》之為學，情性而已。』」（輯自《毛詩正義》）
〔註 203〕。「《齊詩章句》騶虞為天子掌鳥獸官」（輯自《解頤新語》）〔註 204〕。
《氓》，《韓詩》作「氓，美貌」（輯自《經典釋文》）〔註 205〕，而朱熹訓為年
輕男子的通稱。諸如這些具體的學術問題都值得不斷比較和研究，王應麟則
為後人提供了比較的思路和例子。

　　《伐木》，《韓詩》解作「伐木廢，朋友之道缺」，「飢者歌食，勞者歌事」
（輯自《太平御覽》、《初學記》、《古樂志》），「《序》曰『勞者歌其事』」〔註 206〕，
這些帶有現實主義聲音的主張原來出自《韓詩》，也許可以認為白居易「文章合
為時而著，詩歌合為事而作」與《韓詩》有一定的關聯。《大東》，《韓詩》解作
「新廟奕奕，奚斯所作。奚斯，魯公子也。言其新廟奕奕然盛，是詩公子奚斯
所作也」（輯自《薛君傳》、《後漢書・曹褒傳注》、《文選注》）〔註 207〕，對理解

〔註 201〕〔宋〕王應麟：《詩考》，叢書集成初編本，第 48 頁。
〔註 202〕〔宋〕王應麟：《詩考》，叢書集成初編本，第 54 頁。
〔註 203〕〔宋〕王應麟：《詩考》，叢書集成初編本，第 56 頁。
〔註 204〕〔宋〕王應麟：《詩考》，叢書集成初編本，第 58 頁。
〔註 205〕〔宋〕王應麟：《詩考》，叢書集成初編本，第 16 頁。
〔註 206〕〔宋〕王應麟：《詩考》，叢書集成初編本，第 26 頁。
〔註 207〕〔宋〕王應麟：《詩考》，叢書集成初編本，第 47 頁。

「奚斯」的身份有一定的參考價值。「鄭詩二十一篇，說婦人者十九」（輯自《公羊疏》「許氏云」）〔註208〕，與朱熹、王柏的統計相近，有助於加強理解。

「《左傳・襄公十四年》引『行歸于周，萬民所望』，服虔曰：『逸詩也。』」〔註209〕而在《詩考》第五部分《逸詩》中，王應麟則集中考察了歷史文化典籍中留傳下來的「逸詩」，包括《支》、《貍首》、《轡之柔矣》、《驪駒》、《祈招》、《徵招角招》、《麥秀》、《九夏》〔註210〕、《繁遏渠》、《采薺》、《招》、《雅》、《肆夏》、《孝成》、《新宮》〔註211〕、《鳩飛》、《河水》〔註212〕（以上詩篇輯自《左傳》）、《九德之歌》、《明明》、《崇禹》、《生開》（後三首見《周書・世俘篇》）〔註213〕、《武宿夜》（《禮記注》）、《茅鴟》（《左傳》）。此處有據樂曲名，有為逸詩名，與今傳《詩經》本也多有重複處，有些典籍的真偽也值得進一步考辨，但是，據此，可有助於理解「《詩》皆為樂聲」或「《詩》可入樂」的觀點。同時，逸詩的存在，雖不能證明《詩三百篇》的篇次錯落，但隱約可見《詩三百》為選詩之集，且成熟定形較早。司馬遷主張的刪《詩》說，認為《詩》原有三千云云，雖難以驗證其誇張與否，但在肯定《詩》的選集性質上，與此一致！

總之，段昌武、謝枋得的《詩經》研究也同樣體現了理學對《詩經》學的影響，儘管這時的義理創新性已大為遜色，而王應麟另開新途，致力於《詩經》學的鈎沉輯佚和歷史地理學研究，則昭示了一種新的學術方法和途徑。

三、宋代《詩經》學義理解《詩》的影響

前人曾說王應麟開啓清代樸學的先河，如果從訓詁考證與三家《詩》研究方面來看，的確如此。強調訓詁考證，如戴震、胡承珙、陳奐、馬瑞辰等，而繼承宋學以己意解經的精神，並對漢宋《詩經》學進行進一步反思，從而推進了《詩經》研究的文本化和文學性解讀，則以姚際恒的《詩經通論》、崔述的《讀風偶識》、方玉潤的《詩經原始》為代表，即「獨立思考派」的《詩經》研究。宋代《詩經》學的這兩種精神或學術淵源都在清代乃至現當代（尤

〔註208〕〔宋〕王應麟：《詩考》，叢書集成初編本，第71頁。
〔註209〕〔宋〕王應麟：《詩考》，叢書集成初編本，第37頁。
〔註210〕《周禮注》「《頌》之族類」，共九篇。
〔註211〕輯自《儀禮・燕禮下》，屬《小雅》逸篇。「朱文公曰：或曰『恐即《斯干》詩』。」（《詩考》，第112頁）
〔註212〕《國語注》作「《沔水》」。
〔註213〕按：今本《周書》無此篇，不知何故？

其是「以己意解詩」）得到了繼承和發揚。這是宋代《詩經》學對《詩經》學史的特別貢獻，屬於宋代具有時代價值的思想——理學也內蘊其中，不能不引起我們的重視。

元代郝經在給《朱子（熹）毛詩集傳》作的《序》中說：

> 蓋毛氏之學，規模正大，有三代儒者之風，非三家所及也。卒之，三家之說不行，《毛詩》之《詁訓傳》獨行於世，惜其闊略簡古，不竟其說，使後人得以紛更之也，故滋蔓於鄭氏之《箋》，雖則云勤而義猶未備；總革於孔氏之《疏》，雖則云備而理猶未明。嗚呼！《詩》者，聖人所以〔註214〕天下之書也，其義大矣，性情之正，義理之萃，已發之中，中節之和也。……《詩》之為義，根於天道，著於人心，膏於肌膚，藏於骨髓，庬澤渥浸，浹於萬世，雖火於秦，而在人心者未嘗火之也，顧豈崎嶇訓辭、鳥獸蟲魚草木之名，拘拘屑屑而得盡之哉？〔註215〕

除簡要地對幾部具有劃時代意義的《詩經》學著作進行了評價和歷史勾勒外，主要強調了從理學角度對《詩經》的認識和理解，可視為對宋代以義理解《詩》的繼承和發展。即使對朱熹「淫詩」說進行大肆筆伐的馬端臨，其出發點和歸宿依然是理學思想，反映了理學經典闡釋的價值觀念，前文第三章《宋代學者的〈詩經〉觀與理學》第三節《宋代學者對「淫詩」的認識和評價》部分已經論及。

元明清三代通過對《詩經》的研究闡發自己的學術思想乃至哲學思想者不乏其人，比較有代表性的是明末清初王夫之及其《詩經》學著作《詩廣傳》。該著的點校者王孝魚先生認為《詩廣傳》是「船山的重要思想論著之一」，王先生並作了較為詳細的勘察：

> 在卷五論《周頌・思文》篇中，提出歷史進化觀點，認為燧農以前尚無文明可言，昏墊以前尚未火食，文明的開端是在后稷提倡農業生產之後。卷二論《魏風・碩鼠》篇中，指出自秦併天下以來，二千年間，全是貪吏豪強的天下，人民「一日未死，一日寄命於碩鼠」之手。卷四《大雅・皇矣》篇第四論中認為人的「認知之能」

〔註214〕原著此處有一墨塊，筆者疑缺一字。

〔註215〕〔清〕朱彝尊編，朱昆田校：《經義考》卷一百零八，乾隆四十二年（1777年）本，第3頁。

可以認識天則物理。卷三論《小雅・節南山》篇、卷四論《大雅・既醉》篇和《蕩》篇都闡述了「性日定，心日生，命日受」的論點。卷三論《小雅・天保》篇提出重文重用的論點，反對質樸自然和安於簡陋。卷四論《大雅・緜》篇中，提出用民之道，當「善用其氣，善用其情之動」的論點。〔註216〕

不難發現，王夫之借對《詩經》的傳釋，融入了自己豐富的哲學思想和社會主張，在方法上也能體現宋代《詩經》學的影響，據文求義，溝通古今，而且重視經世致用，繼承了宋學的經世精神，並對理學的命題「性」、「心」、「命」進行了反思和改造，而這種改造與理學又有某種剪不斷的糾葛，如所說「認知之能」也只是突出了對象的變化，至於「性」、「情」、「心」、「命」則是理學的姻親了，不過肯定和突出了「動」而已。

而乾隆時期的范家相則說：

> 申公之師浮丘伯，與毛本出一家，何至相懸如是，因集三家之說散見於經傳子史之引用者，反覆推覽，多與《禮記》、《周官》、《左》、《國》不合，而毛獨條條可復，此毛之所以得掩前人者，然三家之說，令人欣然頤解者固觸目皆是也，經師專己守殘，昌黎深嫉其弊。今之學者，視漢唐注疏若可覆瓿，不知注疏未可廢也。義理求而日出，古注亦探而彌新。……嗟乎！《詩》自《朱傳》之出，即《毛詩》尚束之高閣，何論三家？然《集傳》每取匡、劉、韓子之說，以糾《毛傳》之失矣，非其說之原有可信者在歟？今使三家之書與毛俱存，則朱子之駁三家者當甚於毛，惟僅存一二，見其有裨於經而採之，彌覺其可重，然則三家之說之是者固當信從，其非者亦不妨任其兩存也。余因毛鄭箋傳之不行於世，而有感於三家之亡，於是就深寧王氏之《詩考》，更為搜補，稍為推論其得失，附以《古文考異》及《逸詩》二卷，名之曰《拾遺》。……乾隆庚辰四月長至後十日，會稽范家相自序。〔註217〕

既顯示了乾隆二十五年即1760年學術已變的消息，同時也能顯示《毛詩》獨勝、朱子《詩》學的影響狀況，范氏雖兼重義理，實則更傾向於漢學，聯繫

〔註216〕〔清〕王夫之：《詩廣傳・點校說明》，王孝魚點校本，中華書局，1964年，第1頁。

〔註217〕〔清〕范家相：《三家詩拾遺・自序》，叢書集成初編本，第1頁。

《欽定詩義折中》的編纂就更能顯示漢宋學術轉向的問題，《三家詩拾遺》即是一個暗示和表徵。

由乾隆皇帝爲袁燮《絜齋毛詩經筵講義》的題詩也可以知覺這種學術變化的信息。

乾隆皇帝《御製題絜齋毛詩經筵講義》〔註218〕，以一首詩對袁燮的爲人與治學作了扼要的評價：

> 講義要當重切磋，絜齋不事頌辭阿。
> 解經依注無爲異，取古誠今有足多。
> 雅頌諸篇惜已失，風南數首出重羅。
> 黍離故國三致意，其奈屛王弗聽何？

這首詩作於乾隆乙未仲夏，即清高宗乾隆四十年（公元 1775 年），內涵異常豐富。乾隆題詩，首聯點風格，側重治學和爲人，雖未明顯地表彰袁燮治學的方法，倒多暗含批評，但很佩服其爲人的不苟和氣節。頷聯作評價，一貶一褒，突出袁氏解經離注爲說，在《欽定詩義折中》的指導者看來，自然是一種不足。實際上，清代《詩經》學的轉變端倪始自康熙時《欽定詩經傳說彙纂》（李光地主持），已有總括前代、另開新途的傾向，而緊接著的《欽定詩義折中》已公然號召改從毛鄭（參見洪湛侯《詩經學史》）。乾隆的這種評價體現了一種學術方法與旨趣的轉變，即由宋學向漢學的轉變。頸聯則指明《絜齋毛詩經筵講義》內容散佚不全，獨剩《風》《南》數首，且爲鉤輯之作。尾聯指出袁氏解《詩》的經世性質，懇切借《詩》勸誡帝王，有鮮明的社會問題意識和時代印痕。由此也可窺測宋代《詩經》學與現實的密切關係，是解《詩》者對現實問題發抒己見、進陳策論的憑藉之一，繼承先秦「詩言志」的傳統，雖未必盡合詩文本義，但其現實的價值取向則很明顯，尤其從心性角度論述，《詩經》文本的「言志傳情」功能便爲這種憑藉提供了基礎。

「五四」以後，現代《詩經》的文學研究和多樣化研究，借鑒於宋代《詩經》學的學術方法和成果者很多。如疑古思潮，「古史辨」派對《詩經》及《詩經》學的再認識（《古史辨》第三冊），顧頡剛先生對鄭樵、王柏的重視和推崇，聞一多先生對「淫詩」的文字訓釋和文化解讀，都和宋代《詩經》學的學術方法和學術觀點有著不解之緣。至於文學解《詩》，在宋代《詩經》學中已經漸露端倪，歷經明代和清代學者的體味點撥、逐漸積累，現當代《詩經》

〔註218〕〔宋〕袁燮：《絜齋毛詩經筵講義》，叢書集成初編本。

學側重文學藝術性，已是《詩經》及《詩經》學研究中最爲核心和熱烈的領域，但思想、文化、歷史、民俗、博物等領域的研究也不絕如縷。即使《詩經》的文學研究也能體現一定的宋代《詩經》學學術精神，這裡選胡適和陳寅恪先生爲例，以作此節和此書的結尾。

1925 年 9 月，胡適先生在武昌大學國文系演講時說：「你要懂得三百篇中每一首的題旨，必須撇開一切《毛傳》、《鄭箋》、《朱注》等等，自己去細細涵詠原文」〔註219〕，他對《關雎》「戀詩」的解釋、《小星》「妓女詩」的認定，都是這種不拘傳統注疏、重視獨立體味的結果，但明顯地繼承了宋代貫穿前後的兩種未必截然分離的讀《詩》方法，即「據文求義」和「古今人情一也」。

宋代學術精神的價值和意義，陳寅恪先生有段不無時代感和學術理想的精彩論說，1943 年他在《鄧廣銘宋史職官志考證序》（原載 1943 年 3 月《讀書通訊》第 62 期）中認爲：

> 吾國近年之學術，如考古歷史文藝及思想史等，以世局激蕩及外緣薰習之故，咸有顯著之變遷。將來所止之境，今固未敢斷論。惟可一言蔽之曰，宋代學術之復興，或新宋學之建立是已。華夏民族之文化，歷數千載之演進，造極於趙宋之世。後漸衰微，終必復振。〔註220〕

如果從宋代《詩經》學對後代《詩經》和《詩經》學研究的影響角度看，這種評價也許是不過分的，依然能給人以啓發和鼓舞。

〔註219〕胡適：《談談詩經》，載《古史辨》（第三冊），樸社，1931 年，第 587 頁。
〔註220〕陳寅恪：《陳寅恪集·金明館叢稿二編》，生活·讀書·新知三聯書店，2001年，第 277 頁。

結　論

　　雖然在古代並沒有明晰的文史哲分科觀念，但《詩經》畢竟不是系統的哲學著作，宋代理學家說《詩》也是將理學思想滲透其中，作爲解釋者的先見和預期，作品的解讀效果便發生了變化，終可在文本和解釋者的溝通、交流中生成新的義理之學，而天道性命是其中最鮮明的部分，儘管不是全部。在論文的論證方法上，取材不取斷章，而選帶有一般意義的，因爲古人釋經因經文或注疏以立義，所以自己的思想也就很自然地滲透在其中。因此，如果不是原文所有或明顯出自他人的觀點，即可斷爲是闡釋者自己或有同時代特色的思想。作爲義理之學，宋代《詩經》學的兩條時有交叉的線索是古今人情與天理性命討論，而貫通二者的則是宋代學者對《詩經》載「道」本質和功能的認識和觀念。歷史上古今溝通、以今會古、借古論今的經學意識，在宋代體現的也不是一味恪守古注與經典，而是闡發和賦予簡易而精微的爲人與處世的義理。

　　無論是縱向還是橫向上的考察，宋代《詩經》學的發展和理學都緊密相關，扼要概括如下：

　　一、宋代《詩經》學與理學發展相互作用、互相促進。

　　二、宋代《詩經》學研究著作程度不同地體現了研究者的學術思想，在理學家和心學家則反映了理學思想的影響。

　　三、理學思想的心性義理解釋視域也帶來宋代經典（「四書」、《詩經》等）心性義理研究，經典闡釋爲之一變。

　　四、理學的經世精神在宋代《詩經》學中也有一定的反映。

　　以理學解《詩》也帶來了一系列明顯的不足，如牽強附會、抽象解說、

重複迭出等。重複迭出的現象在段昌武《段氏詩義指南》中很普遍，不僅反映了解釋的粗略，忽視了詩篇的的獨特性，而且在更深層次上啓示我們思考理學帶給《詩經》研究的負面影響。儘管在理學家那裡，《詩經》在解讀中傳達出了更多精微的心性義理，但也因爲抽象至德性，賦予了普遍的道德倫理，所以倫同的解讀就很難避免。即使像程朱陸楊，辨之甚細甚微，不像這樣粗疏，但仍難免出現這種情況，這是以理學解《詩》的共同不足。

如果視《詩經》爲文學文本，注重個性和感性是文學的鮮明特徵，上述理學解讀是不合文學閱讀規則的，解讀結果也不是「文學的」，所以後人從文學研究角度看，對這個時期的《詩經》研究重視不夠，多認爲是「理學化」的過程〔註1〕；如果從思想學術史角度研究，《詩經》在古代傳統社會，不單被視爲文學文本，儘管《詩》《騷》並稱，開創了文學的兩大藝術風格和表現手法，而《詩經》的儒學經典地位，從漢至清基本未被動搖〔註2〕，因此，思考《詩經》學研究的思想學術意義很有價值，在某種意義上可以認爲，宋代《詩經》學的思想學術價值遠大於其文學價值，同時爲這個時期的《詩經》學成爲思想學術史的研究對象提供了內在的依據。

宋代解《詩》關注的焦點和對象也有所變化。略再舉一例，《蝃蝀》（《說文》作「蝃蝀」），《韓詩》作「刺奔女也。詩人言蝃蝀在東者邪色乘陽，人君淫佚之征，臣子爲君父隱藏，故言莫之敢指」（輯自《後漢書注》「《韓詩序》曰云云」）〔註3〕，《毛詩》解釋基本相近，但更側重世風。由《詩本義》至《詩經集傳》，鮮有只將其繫於君主一人，而是漸漸推至普通女子，以刺世風，以言天理命運之正。這也顯示了宋代「以義理解《詩》」的深刻、普及，與漢代言《詩》教重王化之風的狹隘、集中的差異，即使朱熹等人將《二南》繫於文王之政，也主要是從文王的德性入手的，反躬而內省，及人而外發，意味著新的學術趣味與學術風格，而反歸文本、據文求義與「古今人情一也」則使這種超越有了可能。

拙作涉及的思想學術問題較多，兩宋之際的《詩經》學研究因資料缺乏而比較薄弱，一些問題還有待進一步深入挖掘和研究，而主要突出宋代《詩

〔註1〕參見蕭華榮《中國詩學思想史》、戴維《詩經研究史》。
〔註2〕從這個角度也有助於理解《楚辭》在中國歷史上的地位和命運，雖其文學性和影響功不可抹，但屢遭非議，且往往以「宗經辨騷」的形式出現。參見蕭華榮《中國詩學思想史》。
〔註3〕〔宋〕王應麟：《詩考》，叢書集成初編本，第 14 頁。

經》學的思想學術史的合歷史與合邏輯的考察重點。

這個合歷史與合邏輯的過程大略可以勾勒如下：

宋學與理學的奠基者「宋初三先生」與歐陽修，前者未有專門的《詩經》學著作，只作適當鈎沉；蘇轍繼承唐代成伯嶼的《詩經》學主張，對宋代《詩經》學發展影響深遠，歐陽修、蘇轍在方法與觀點上皆有開創之功，其中還包括柳開、劉敞等，這是宋代《詩經》學與理學相互影響的準備階段。宋代有些學者將當時經學的實質性變化追溯至周濂溪，而據流傳典籍周敦頤並沒有集中的《詩經》學作品。宋代「義理化」的《詩經》學開端於王安石，但含有漢學的因素，體現出漢宋學術的轉折形態，他已主張側重義理的說解，代表性的是以樸素的二分的辯證思想研究《詩經》，論證天人、陰陽、常變、德仁等義理。這種風氣也影響到其門客蔡卞的《詩經》學名物研究。王安石將「道」分裂爲「天道」與「人道」的觀點與思維方式遭到二程的批評。二程與張載的《詩經》研究在思想上更加突出心性的重要，《四書》得到標榜，《四書》之學逐漸形成，並在思想上向《詩經》研究滲透。這是宋代《詩經》學「以義理解《詩》」方法的逐步確立階段。程門謝良佐、楊時的《詩經》研究體現了兩宋之際《詩經》學與理學緊密結合的延續。鄭樵斥《序》，啓迪朱熹後期《詩經》學廢《序》解《詩》，同時《四書》已形成，不僅影響至《詩經》學，而且成爲解釋儒家經典的理論根據，所謂「義理之淵藪」。作爲理學和《詩經》學的集大成者，朱熹《詩經》學已出現融合諸家的傾向。陸學與朱學在對「心」的論定上有差別，本體論、治學方法與風格迥異，理本論和心本論也反映在朱陸的《詩經》學中，《詩經》的心學研究以陸九淵、楊簡、袁燮爲代表。試圖調整朱陸之學的呂祖謙也以融合諸家爲特徵，其《詩經》學在當時也佔有顯著的地位。這是宋代《詩經》學逐步調整和集大成的階段。南宋末年，《詩經》學出現了兼採朱呂、和同朱陸的傾向。朱熹三傳弟子王柏主張刪《詩》，同時《詩經》學研究日漸空疏，王應麟在《詩經》義理研究的同時，逐漸涉及《詩經》的輯佚、歷史地理研究，《詩經》學出現了多樣化的發展階段，也意味著《詩經》學理學研究日益呈現出衰落氣象。「以詩言詩」的說法至南宋末較普遍了，或稱爲「即詩論詩」，不難發現與歐陽修「據文求義」的承革關係，但是更加重視對《詩經》文本的涵泳，甚至有的學者對諸家解說的紛紜已無調和興趣，「反古」的傾向進一步增強，不僅是擺落漢唐，

甚至連兩宋的《詩經》學也不理會了，出現了一些《毛詩玄談》〔註4〕之類的作品和「不說者爲上」〔註5〕的言論。《詩經》學的空疏衰落及某一家的獨尊可能已不可避免。其他人物則貫穿其中，包括程大昌、王質、葉適、陳亮、戴溪、謝枋得等。元明清《詩集傳》獨尊，除王夫之等外，《詩經》學義理研究創新不夠，明清「獨立思考派」的義理研究逐漸轉向文學的體味和鑒賞。

宋代《詩經》學具體的學術思想也可作進一步表述和小結。

歐陽修比較系統地確立了《詩經》學研究的「本末」觀念，使學者可以從「太師之職」及一些「經師之說」中擺脫出來，而去體味「詩人之意」和「聖人之志」。歐陽修奠定了《詩經》研究恢復本義、藉以寓道的理論基礎。他在《詩經》研究中涉及到部分理學問題，既表現了自己受孟荀學術影響的思想痕迹，同時也在一定程度上體現出與理學相近的旨趣，或對理學家的解《詩》不無影響。朱熹就曾高度評價過歐陽修《詩本末篇》（《朱子語類》卷八十）。歐陽修治學的理性精神和闕疑態度在宋代《詩經》學發展以及理學家的解《詩》原則上都有突出的反映。

蘇轍父兄的《詩經》學程度不同地體現了各自的學術思想。蘇轍繼承成伯璵裁剪《詩序》的做法，對後世《詩經》研究和《詩經》學的發展影響深遠，是自鑄新義、擺落漢唐的基礎。在思想上，蘇轍通過對性命理、「思無邪」的反思，涉及了一些與理學家近似的理論問題。蘇洵雖然重視「權」的思想，但其注重「禮」的特點與王安石、張載、程頤接近，將「六經」視爲統一而各有側重的典籍體系，是當時較有普遍性的認識。他重人情的觀點對蘇軾也有影響。蘇軾強調人情，肯定了詩歌自述的性質和未必皆爲「雅」詩的特點，客觀上爲「淫詩說」張本。

王安石和蔡卞的《詩經》學，在思想上體現了以陰陽二分爲基礎探究儒學經典義理的嘗試和努力，儘管這個過程還帶著較強的重禮重法色彩，但已比較明顯地涉及到天道人道、心性體用等問題，體現了漢宋《詩經》學演變的轉折脈絡。儘管他們的思想，尤其是割裂天人、體用、道器等思想受到程朱等人的批評，但同時對理學又不無啓發和促進。理學對宋代《詩經》學的

〔註4〕《毛詩玄談》，《宋志》作一卷，《經義考》作「佚」（〔清〕朱彝尊編，朱昆田校：《經義考》卷一百一十，乾隆四十二年（1777年）本，第11頁）。
〔註5〕〔清〕朱彝尊編，朱昆田校：《經義考》卷一百一十，乾隆四十二年（1777年）本，第3頁。

滲透在此已悄然亮相了。

張載的《詩經》學體現出心性義理的價值取向，通過解讀《詩經》來獲得「治心」途徑和「天地之道」。在他的《詩經》學中反映出一定的哲學思想，如文質相得、體用不離等。作爲理學家，探討「理」或「天理」的特點，指出「理」或「天理」的普遍性、根本性、倫理性，也是張載《詩經》學思想的鮮明特徵。

二程的《詩經》學在一定程度上體現了各自的學術思想和旨趣。程頤的《詩解》通過選詩隱藏著獨特的義理標準和價值取向。在解釋《詩經》詩篇中，程頤不僅強調了修身治學的重要，奠定了以《四書》尤其是《大學》解《詩》的基礎，而且表現了知行兼重的學術特徵。同時他在《詩經》闡釋中也滲透著對情性天理等問題的看法，雖然一些理學家奢談的問題已經得到關注，但程頤受禮法和《詩序》的影響，重比附，也體現出漢宋《詩經》學學術的過渡特徵，不過，理學色彩已很濃鬱和明顯了。

由兩宋之際王學和程學的興替，以及謝良佐、楊時、鄭樵、王質等人解《詩》的實際，約略可見該時期思想學術的變化和《詩經》學與理學之間的某種強烈糾葛。無論是對待《詩經》的觀念、解《詩》的方法和一些具體的學術觀點，都說明這個階段的《詩經》學在宋代《詩經》學發展中具有承前啓後的過渡作用。

從思想學術史角度分析，朱熹《詩經集傳》傳文與《詩序》之間的關係比較複雜，具有內在一致性的比例較高，從而認爲今本《詩經集傳》保留有《詩序》的「刪改未盡」說法需要作進一步反思。同時，在《詩經》闡釋中，因對「淫詩」的性質認定和義理賦予，朱熹對《詩經》的理學解讀體現的也很明顯。整體上，朱熹的《詩經》學重視「誠」和「敬」，對理欲天人也多有討論，與其思想狀況相吻合。

陸學的《詩經》學有大體近似的學術旨趣，儘管陸九淵、楊簡、袁燮（尤其是袁燮）之間還存在著一定的差異。這個旨趣即通過對《詩經》的涵泳來體悟本心，並將心學的「人同此心、心同此理」貫徹到對《詩經》的解讀中去，從而憑藉《詩經》來闡發陸學的心學思想。而在袁燮那裡，則帶有和同朱陸的傾向，這是不能不注意的。

呂祖謙《詩經》學在思想上也體現出和同朱陸的傾向。單純從對待《詩序》的態度將其劃爲「尊序」或「崇序」派是不很全面的。呂祖謙《詩經》

學調劑朱陸的學術思想特徵體現在對「則」和「心」的雙重肯定上，他主張在閱讀《詩經》詩篇中要「識見得正心」，又主張「準則在人心」，所以他的治學工夫論也集中在「中和爲則」與「復歸本心」上。呂祖謙的《詩經》學在思想上以調劑朱陸的面目出現，但更傾向於陸學。

隨著理學的變化，《詩經》學的義理解釋也在發生變化，即義理性不斷如縷，仍然得到關注和重視，但創新性已大不如前，文學體味的因素在不斷增加。王柏繼承朱熹衣缽，但又不受朱學範圍，他的《詩經》學重視詩篇的義理解說，將朱熹的「淫詩」說向前推進了一步，進一步明確了《國風》一些詩篇的民歌性質，儘管擬刪詩篇的主張屢受指責。值得注意的是，王柏所列擬刪詩目中「空白」（或改動）的一首應爲《王風·采葛》，體現了他較慎嚴的學術態度和理學思想。同時，在王柏《詩經》學中，對《詩經》的義理解說與文學體味同時並存，雖然多終歸宿於義理解說。

戴溪《詩經》學雖較典型理學家的《詩經》學所反映的學術思想要駁雜一些，但有明顯受到理學影響的因素。在天人關係上，重視天心、仁心、人心的三位一體格式，通過「效」和「齊」的方式使它們契合一致。戴溪對「情」有雙重理解，既肯定了情的合理性，又往往將其與「欲」混爲一談。其他諸如治學工夫及女性觀等方面都能反映出與理學的緊密關聯。段昌武、謝枋得的《詩經》研究也多受理學的影響。

通過對宋代《詩經》學的思想學術史考察，關於宋代《詩經》學與理學的關係認識就不僅僅是「理學化」所能概括的。從歐陽修等開始，在學者眼中，《詩經》就不只是文學的、章句的文獻，而是傳達「道」和承載「道」的方式，宋代《詩經》學學者的疑鄭、疑毛、疑《序》，進而廢《序》、疑經、改經，乃至否定《詩》爲徒歌、主張「淫詩」說等皆與這種「道」的觀念相關。甚至可以認爲，宋代《詩經》學的新氣象以及在今天依然閃耀著光輝的學術觀點也是在這種觀念和背景下催生的，儘管這些學者並非人人將《詩經》所有詩篇都打上「道」的烙印，他們通過涵泳而獲致心性之理、人倫之理以及對天人關係進行把握的義理解《詩》途徑，使宋代《詩經》學特色獨具，別樹一幟。宋代的疑古思潮和解經新風在現代以及當代《詩經》學研究中也得到一定的呼應和推進。

理學氣息在元明清《詩經》學中有較濃鬱的體現，與理學在這三代的地位有關。元代朱《傳》獨尊局面已經形成，而漢宋學術的再次分際則出現在

清初康熙乾隆年間。

　　與朱子學的命運相伴，以義理解《詩》在元至明前期還佔有主導或統治地位，至清漢學大行，始衰落不振，「獨立思考派」的《詩經》研究及「桐城派」文學主張依然繼承了其一定的精神，但義理創新已不如宋代〔註6〕。而文學鑒賞和文學研究的成分在不斷增加。至經學時代結束，尤其是「五四」後現代《詩經》及《詩經》學研究開始，《詩經》的文學研究和多樣化研究日漸展開。宋代《詩經》學的學術精神和學術觀點得到一定的借鑒和繼承，如胡適、顧頡剛、陳寅恪等。

　　通過對宋代《詩經》學思想學術史的簡要省察，我們會對學術史研究及思想學術史的流變有更深切的體會。學術研究的生命在自由辯論、百家爭鳴，學術獨尊既是學術衰落（或行將衰落）的表徵，宣示了一個學術階段的成熟和完成，同時也是學術衰落（或行將衰落）的產物，啓迪著新學術的孕育和再生。學術研究的邏輯在於「形成定型」與「打破定型」的漸次交替，暗合著分析與綜合的學術研究規律。《詩經》學的歷史也可以如此勾勒。孔子「思無邪」可視爲對春秋以前《詩》學研究成果的總結〔註7〕，是第一個階段。子思孟子、荀子分別沿著不同的方向解說，形成分立，後戰國末期至兩漢荀學獨盛，思孟一派成爲潛流，直至魏晉後至唐宋孟學復興而逐漸明朗，但是三家《詩》彼此之間及與後起《毛詩》之間的經今、古文爭論和融合，成就了《毛詩傳箋》（鄭《箋》）的獨尊，是第二個階段。魏晉南北朝的南學與北學，隨隋唐的統一而終結於《毛詩正義》（孔《疏》），是第三個階段。唐中葉後至兩宋，反思漢唐，新解迭出，爭鳴不已，南宋尤甚，逐漸形成《詩經》學上

〔註6〕 洪湛侯先生認爲由朱熹「開宗立派的『《詩經》宋學』，頗有一些革新傾向，但從實質來看，以義理爲特色的『詩經宋學』，和以訓詁爲特色的『詩經漢學』、以考據爲特色的『詩經清學』一樣，都是不折不扣的經學，只不過治學方法各有側重而已。朱熹解釋《詩經》，重視宣揚封建教化，著意維護經書權威，成爲他的《詩》學的重大缺憾，這是不能不指出的一點」（《詩經學史》，第378頁），但「看《詩》，義理外更好看他文章」（《朱子語類》卷八十，第2083頁），「程先生《詩傳》取義太多。詩人平易，恐不如此」（《朱子語類》卷八十，第2089頁），宋代《詩經》學注重經學價值和義理解說之外，注重文本體味是不言而喻的。

〔註7〕 「由『用詩』的外在目的轉移到人的內在目的（心靈建構等）的『詩教』，這是孔子《詩》學的核心問題」（鄔其昌：《「以〈詩〉說〈詩〉」與「以〈序〉解〈詩〉」──朱熹〈詩經〉詮釋學美學基本原則研究之二》，載中國詩經學會編：《詩經研究叢刊》（第六輯），學苑出版社，2004年，第126頁）。

的朱學與呂學，至元代，在朱學學者的努力和元代統治者的提倡下，朱學獨興，元延祐年間起，勒爲功令，綿互至明清，獨尊於《詩集傳》（朱《傳》），這是第四個階段。元明清三代，在與《詩集傳》的爭辯中，漢宋學術的爭鳴、經今古文研究的復興、三家《詩》的繁榮、文學解《詩》的萌芽和發展，則預示著一個新的解《詩》階段。「五四」運動以後，隨著經學時代的結束，《詩經》的文學性得到突顯，文學解《詩》與《詩經》學的多元化發展，開創了現當代《詩經》及《詩經》學研究的新階段。

1928 年 11 月 17 日，金公亮爲自己《詩經學 ABC》寫的《序》中說「《詩經》學上的問題很多，幾乎無論那一點都可以引起辯論的」〔註 8〕，這昭示了《詩經》及《詩經》學研究的難度。《詩經》難讀，爲六經之首，歧解紛出，難於裁酌，孟子譏笑「固哉，高叟之爲詩也」（《孟子・告子下》），董仲舒云「詩無達詁」（董仲舒《春秋繁露》卷第三），劉向曰「詩無通詁」（劉向《說苑》卷十二《奉使》），明袁仁《毛詩或問》譏朱子解《詩》如「盲人捫象」，今人顧頡剛改用清人崔述《考信錄提要》語云「瞎子斷匾」（《古史辨》第三冊下編），陳子展先生又有「詩者，絲也」的感慨，言研究《詩經》，猶如理亂絲（《詩經直解》）。均見治《詩》之難了。

但問題還不僅僅是如此簡單。「古義既亡，其僅存於今者，又未必皆詩之本義，說《詩》者雖以意逆志，亦苦無徵不信，安能起詩人於千載之上，而自言其義乎？此《詩》所以比他經尤難分明。即好學深思，亦止能通其所可通，而不能通其所不可通者」〔註 9〕，這是一段頗富闡釋學意味的精彩論說，解讀作品意義的價值和判斷標準，如果靜止地以作者的意圖判斷，既不能跨時空復起死者，同時即使死者能起，將意義固定爲一過去時形式，也是無意義的，因爲局限於特定的時空，就不可能不具有有限性，所以闡釋者的闡釋不僅很必要，在文化傳承中不可避免，而且也是作品意義形成的源泉之一，甚至可以說就是意義本身。因此，闡釋者也只能解釋自己所能解釋的現象，隱藏著自己特有的眼光，「止能通其所可通，而不能通其所不可通者」〔註 10〕，扼要而言，闡釋者及其闡釋的本質是歷史性和有限性，這愈益說明從歷史學

〔註 8〕 金公亮：《詩經學 ABC・序》，世界書局，1929 年，第 1 頁。

〔註 9〕 〔清〕皮錫瑞：《經學通論》二《詩經・論〈詩〉有正義有旁義即古義亦未盡可信》，中華書局，1954 年，第 3 頁。

〔註 10〕 〔清〕皮錫瑞：《經學通論》二《詩經・論〈詩〉有正義有旁義即古義亦未盡可信》，中華書局，1954 年，第 3 頁。

角度展開研究的合適性，容易形成理解和寬容，也就更容易捕捉到曾經存在的客觀之痕。我們能明晰地感到，宋代《詩經》學所體現的正是這種歷史性和有限性，因此才不斷地引起後人的指責，它沒有提供系統的如我們視野中的《詩經》文學闡釋圖景，這或許是後人希冀的「越位」和對有限的突破與欲望，但是在學術方法和學術思想上又何嘗沒有入其營壘、襲其戈矛的色彩？實際上，任何論著論文的形成也都是理解和闡釋的結果和體現，拙著也不例外，所以也很難擺脫這種尷尬的處境，也正因為如此，才更加準確地證明我們在理解和在闡釋。

參考文獻

1. 〔宋〕歐陽修撰《詩本義》,《四庫全書(文淵閣本)》(第 70 冊),上海: 上海古籍出版社 1987 年影印。

2. 〔宋〕蘇轍撰《蘇氏詩集傳》,《四庫全書(文淵閣本)》(第 70 冊),上 海:上海古籍出版社 1987 年影印。

3. 〔宋〕王安石著,邱漢生輯校《詩義鈎沉》,北京:中華書局 1982 年版。

4. 程元敏著《三經新義輯考彙評(二)—詩經》,臺北:國立編譯館 1986 年版。

5. 〔宋〕蔡卞《毛詩名物解》,《四庫全書(文淵閣本)》(第 70 冊),上海: 上海古籍出版社 1987 年影印。

6. 〔宋〕程頤著《詩解》,載〔宋〕程顥、程頤著《二程集‧河南程氏經說 卷第三》(第四冊),北京:中華書局 1981 年版。

7. 〔宋〕周孚《非詩辨妄》,叢書集成初編本,北京:中華書局 1985 年新 1 版。

8. 〔宋〕王質《詩總聞》,叢書集成初編本,北京:中華書局 1985 年新 1 版。

9. 〔宋〕朱熹撰《詩經集傳》,《四庫全書(文淵閣本)》(第 72 冊),上海: 上海古籍出版社 1987 年影印。

10. 〔宋〕朱熹集注《詩集傳》,北京:中華書局 1958 年版。

11. 〔漢〕毛萇傳述,〔宋〕朱熹辨說,《詩序》,叢書集成初編本,北京:中 華書局 1985 年新 1 版。

12. 〔宋〕楊簡撰《慈湖詩傳》,《四庫全書(文淵閣本)》(第 73 冊),上海: 上海古籍出版社 1987 年影印。

13. 〔宋〕呂祖謙撰《呂氏家塾讀詩記》,叢書集成初編本,北京:中華書局

1985 年新 1 版。

14. 〔宋〕戴溪撰《續呂氏家塾讀詩記》，叢書集成初編本，北京：中華書局 1985 年新 1 版。

15. 〔宋〕袁燮《絜齋毛詩經筵講義》，叢書集成初編本，北京：中華書局 1985 年新 1 版。

16. 〔宋〕段昌武撰《段氏詩義指南》，叢書集成初編本，北京：中華書局 1985 年新 1 版。

17. 〔宋〕王應麟撰《詩考》，叢書集成初編本，北京：中華書局 1985 年新 1 版。

18. 〔宋〕王應麟撰《詩地理考》，叢書集成初編本，北京：中華書局 1985 年新 1 版。

19. 〔宋〕張耒撰《詩說》，叢書集成初編本，北京：中華書局 1985 年新 1 版。

20. 〔宋〕程大昌撰《詩論》，叢書集成初編本，北京：中華書局 1985 年新 1 版。

21. 〔宋〕王柏撰《詩疑》，叢書集成初編本，北京：中華書局 1985 年新 1 版。

22. 〔宋〕王柏著，顧頡剛校點《詩疑》，北京：景山書社 1930 年版。

23. 〔宋〕謝枋得撰《詩傳注疏》，叢書集成初編本，北京：中華書局 1985 年新 1 版。

24. 〔唐〕孔穎達《毛詩正義》，〔清〕阮元校刻《十三經注疏》，北京：中華書局 1980 年影印。

25. 〔唐〕陸德明《毛詩釋文》，上海古籍出版社影印《經典釋文》本。

26. 〔唐〕成伯璵撰《毛詩指說》，《四庫全書（文淵閣本）》（第 70 冊），上海：上海古籍出版社 1987 年影印。

27. 〔清〕王夫之著，王孝魚點校《詩廣傳》，北京：中華書局 1964 年版。

28. 〔清〕戴震撰《毛鄭詩考證》，清經解本。

29. 〔清〕戴震撰《杲溪詩經補注》，清經解本。

30. 〔清〕朱右曾撰《詩地理徵》，清經解續編本。

31. 〔清〕陳喬樅撰《四家詩異文考》，清經解續編本。

32. 〔清〕范家相撰，錢熙祚校《三家詩拾遺》，叢書集成初編本，北京：中華書局 1985 年新 1 版。

33. 〔清〕馬瑞辰撰，陳金生點校《毛詩傳箋通釋》，北京：中華書局 1989 年版。

34. 〔清〕方玉潤撰，李先耕點校《詩經原始》，北京：中華書局 1986 年版。

35. 〔清〕魏源撰《詩古微》，嶽麓書社本。

36. 〔清〕王先謙撰，吳格點校《詩三家義集疏》，北京：中華書局 1987 年版。

37. 聞一多著《風詩類鈔》，載聞一多著《詩選與校箋》，北京：古籍出版社 1956 年版。

38. 朱自清著《詩言志辨》，北京：古籍出版社 1956 年版。

39. 于省吾著《澤螺居詩經新證》，北京：中華書局 1982 年版，2003 年新 1 版。

40. 黃焯撰《毛詩鄭箋平議》，上海：上海古籍出版社 1985 年版。

41. 黃焯撰《詩疏平議》，上海：上海古籍出版社 1985 年版。

42. 張西堂著《詩經六論》，上海：商務印書館 1957 年版。

43. 陳子展撰述《詩經直解》，上海：復旦大學出版社 1983 年版。

44. 陳子展撰述《詩三百解題》，上海：復旦大學出版社 2001 年版。

45. 余冠英注譯《詩經選》，北京：人民文學出版社 1979 年第 2 版。

46. 朱東潤著《詩三百篇探故》，上海：上海古籍出版社 1981 年版。

47. 高亨注譯《詩經今注》，上海：上海古籍出版社

48. 藍菊蓀著《詩經國風今譯》，成都：四川人民出版社 1982 年版。

49. 屈守元著《韓詩外傳箋疏》，成都：巴蜀書社 1996 年版。

50. 程俊英、蔣見元著《詩經注析》，北京：中華書局 1991 年版。

51. 費振剛、趙長征、廉萍、檀作文著《詩經詩傳》，長春：吉林人民出版社 2000 年版。

52. 謝无量著《詩學指南》，上海：中華書局 1918 年版。

53. 謝无量著《詩經研究》，上海：商務印書館 1923 年初版，1935 年第 1 版。

54. 胡樸安著《詩經學》，上海：商務印書館 1928 年初版，1933 年第 1 版。

55. 金公亮著《詩經學 ABC》，上海：世界書局 1929 年版。

56. 朱志泰編著《詩的研究》，上海：中華書局 1948 年版。

57. 中國詩經學會編《詩經研究叢刊》（第三輯），北京：學苑出版社 2002 年版。

58. 中國詩經學會編《詩經研究叢刊》（第五輯），北京：學苑出版社 2003 年版。

59. 中國詩經學會編《詩經研究叢刊》（第六輯），北京：學苑出版社 2004 年版。

60. 趙沛霖著《詩經研究反思》，天津：天津教育出版社 1989 年版。

61. 傅斯年著《詩經講義稿》（含《中國古代文學史講義》），北京：中國人民

大學出版社 2004 年版。

62. 夏傳才著《〈詩經〉研究史概要》，鄭州：中州書畫社 1982 年版。

63. 林葉連著《中國歷代詩經學》，臺北：臺灣學生書局 1993 年版。

64. 戴維著《詩經研究史》，長沙：湖南教育出版社 2001 年版。

65. 洪湛侯編著《詩經學史》，北京：中華書局 2002 年版。

66. 夏傳才著《思無邪齋詩經論稿》，北京：學苑出版社 2000 年版。

67. 劉毓慶著《從經學到文學——明代〈詩經〉學史論》，北京：商務印書館 2001 年版。

68. 劉毓慶著《歷代詩經著述考（先秦——元代）》，北京：中華書局 2002 年版。

69. 譚德興著《漢代詩學研究》，貴州人民出版社 2003 年版。

70. 檀作文著《朱熹詩經學研究》，北京：學苑出版社 2003 年版。

71. 蔡方鹿著《朱熹經學與中國經學》，北京：人民出版社 2004 年版。

72. 杜海軍著《呂祖謙文學研究》，北京：學苑出版社 2003 年版。

73. 張建軍著《詩經與周文化考論》，濟南：齊魯書社 2004 年版。

74. 周光慶著《中國古典解釋學導論》，北京：中華書局 2002 年版。

75. 洪漢鼎主編《中國詮釋學》（第一輯），濟南：山東人民出版社 2003 年版。

76. 蔣見元、朱傑人著《詩經要籍解題》，上海：上海古籍出版社 1996 年。

77. 霍松林著《唐宋名篇品鑒》，北京：中國社會科學出版社 1999 年版。

78. 袁行霈著《中國詩歌藝術研究》，北京：北京大學出版社 1987 年版。

79. 李元洛著《詩學漫筆》，廣州：花城出版社 1983 年版。

80. 佛雛著《王國維詩學研究》，北京：北京大學出版社 1987 年版。

81. 金性堯著《閒坐說詩經》，南京：江蘇古籍出版社 1991 年版。

82. 戈仁著《詩學札記》，香港：金陵書社出版公司 1996 年版。

83. 張晶、白振奎、劉潔著《中國古典詩學新論》，北京：北京廣播學院出版社 2002 年版。

84. 謝思煒著《唐宋詩學論集》，北京：商務印書館 2003 年版。

85. 蕭華榮著《中國詩學思想史》，上海：華東師範大學出版社 1996 年版。

86. 鄭振鐸編《中國文學研究》：上海：商務印書館 1927 年版。

87. 鄭振鐸編《文學大綱》（彩圖本）（上冊），上海：商務印書館 1927 年版，後上海書店影印。

88. 劉師培著《中國中古文學史講義》（含《漢魏六朝專家文研究》、《經學教科書》、《兩漢學術發微論》），北京：中國人民大學出版社 2004 年版。

89. 郭紹虞著《中國文學批評史》，上海：新文藝出版社 1955 年版。

90. 游國恩、王起、蕭滌非、季鎮淮、費振剛主編《中國文學史》，北京：人民文學出版社 1963 年版。

91. 錢基博著《中國文學史》，北京：中華書局 1993 年版。

92. 〔梁〕劉勰著，詹鍈義證《文心雕龍義證》，上海：上海古籍出版社 1989 年版。

93. 〔梁〕鍾嶸著，曹旭集注《詩品集注》，上海：上海古籍出版社 1994 年版。

94. 〔宋〕嚴羽著，郭紹虞校釋《滄浪詩話校釋》，北京：人民文學出版社 1961 年版。

95. 錢鍾書《管錐編》，北京：中華書局 1986 年第 2 版。

96. 錢鍾書《談藝錄》（補訂本），北京：中華書局 1984 年版。

97. 王國維著，滕咸惠校注《人間詞話新注》（修訂本），濟南：齊魯書社 1986 年版。

98. 陸侃如、馮沅君《中國詩史》，山東大學出版社 1996 年版。

99. 許總著《宋詩史》，重慶：重慶出版社 1997 年版。

100. 季羨林，張燕瑾，呂薇芬主編《20 世紀中國文學研究—宋代文學研究》，北京：北京出版社 2001 年版。

101. 《歷史語言研究所集刊》第六本第四分冊。

102. 《民國叢書》第二編第 2 冊、第 6 冊，上海：上海書店影印。

103. 〔宋〕孫復撰《孫明復小集》，《四庫全書（文淵閣本）》（第 1090 冊），上海：上海古籍出版社 1987 年影印。

104. 〔宋〕石介撰《徂徠集》，《四庫全書（文淵閣本）》（第 1090 冊），上海：上海古籍出版社 1987 年影印。

105. 《通書》，上海：上海古籍出版社

106. 〔宋〕邵雍撰《皇極經世》，《道藏》（第 23 冊），文物出版社、上海書店、天津古籍出版社 1986 年聯合出版。

107. 〔宋〕李覯《直講李先生文集》，四部叢刊初編本。

108. 《臨川先生文集》，四部叢刊初編本。

109. 〔宋〕蘇軾撰《東坡全集》，《四庫全書（文淵閣本）》（第 1107 冊），上海：上海古籍出版社 1987 年影印。

110. 〔宋〕張載著《張載集》，北京：中華書局 1978 年版。

111. 〔宋〕程顥、程頤著，王孝魚點校《二程集》（共四冊），北京：中華書局 1981 年版。

112. 〔宋〕郭雍撰《郭氏傳家易說》,《四庫全書(文淵閣本)》(第 13 冊),上海:上海古籍出版社 1987 年影印。

113. 〔宋〕黎靖德編,王星賢點校《朱子語類》,北京:中華書局 1986 年版。

114. 〔清〕張伯行輯訂《朱子語類輯略》,叢書集成初編本,北京:中華書局 1985 年新 1 版。

115. 〔宋〕楊時撰《龜山集》,《四庫全書(文淵閣本)》(第 1125 冊),上海:上海古籍出版社 1987 年影印。

116. 束景南著《朱熹年譜長編》,上海:華東師範大學出版社 2001 年版。

117. 〔宋〕陸九淵著,鍾哲點校《陸九淵集》,北京:中華書局 1980 年版。

118. 〔宋〕呂祖謙撰《東萊呂太史集附錄》,續金華叢書本。

119. 〔宋〕呂祖謙撰《東萊呂太史別集》,續金華叢書本。

120. 〔宋〕呂祖謙撰《左氏傳說》,通志堂經解本。

121. 〔宋〕呂喬年編《麗澤論說集錄》,《四庫全書》本。

122. 〔宋〕陳亮著《陳亮集》,北京:中華書局 1974 年版。

123. 〔宋〕陳傅良撰,曹叔遠編《止齋集》,《四庫全書(文淵閣本)》(第 1150 冊),上海:上海古籍出版社 1987 年影印。

124. 〔宋〕葉適著《習學記言序目》,北京:中華書局 1977 年版。

125. 〔宋〕員興宗撰《九華集》,《四庫全書》本。

126. 〔宋〕楊簡撰《慈湖遺書》,《四庫全書(文淵閣本)》(第 1156 冊),上海:上海古籍出版社 1987 年版。

127. 《二十二子》,上海:上海古籍出版社 1986 年版。

128. 〔宋〕劉敞撰《七經小傳》,《四庫全書》本。

129. 〔宋〕陳淳著,熊國禎、高流水點校《北溪字義》,北京:中華書局 1983 年版。

130. 〔清〕皮錫瑞著《經學通論》,北京:中華書局 1954 年版。

131. 皮錫瑞著,周予同注釋《經學歷史》,北京:中華書局 1959 年版。

132. 〔明〕危素撰《危太僕集》,劉氏嘉業堂 1914 年刊本。

133. 〔清〕朱彝尊編,朱昆田校《經義考》,乾隆四十二年(1777 年)本。

134. 〔清〕翁方綱撰《經義考補正》,載《蘇齋叢書》(十九種),上海博古齋 1924 年影印。

135. 〔清〕黃宗羲、全祖望撰《宋元學案》,上海:商務印書館 1934 年版。

136. 〔清〕王引之著《經義述聞》,上海:商務印書館 1936 年初版,1937 年再版。

137. 馬宗霍著《中國經學史》,北京:商務印書館 1936 年第 1 版,1998 年影

印第 1 版。

138. 顧頡剛著《漢代學術史略》,上海:東方書社 1941 年版。

139. 蔣伯潛著《十三經概論》,上海:上海古籍出版社 1983 年版。

140. 朱維錚編《周予同經學史論著選集》,上海:上海人民出版社 1983 年版。

141. 王葆玹著《今古文經學新論》,北京:中國社會科學出版社 1997 年版。

145. 《經學今詮初編》,瀋陽:遼寧教育出版社 2000 年版。

146. 《經學今詮續編》,瀋陽:遼寧教育出版社 2001 年版。

147. 朱維錚著《中國經學史十講》,上海:復旦大學出版社 2002 年版。

148. 嚴正著《五經哲學及其文化學的闡釋》,濟南:齊魯書社 2001 年版。

149. 吳雁南、秦學頎、李禹階主編《中國經學史》,福州:福建人民出版社 2001 年版。

150. 馮天瑜、鄧建華、彭池編著《中國學術流變》,上海:華東師範大學出版社 2003 年版。

151. 鄭鶴聲編《近世中西史日對照表》,北京:中華書局 1981 年版。

152. 《中國歷史年代簡表》,北京:文物出版社 1994 年第 2 版。

153. 〔清〕郝懿行、王念孫、錢繹、王先謙著《爾雅廣雅方言釋名》(清疏四種合刊),上海:上海古籍出版社 1989 年版。

154. 〔漢〕許慎撰,〔清〕段玉裁注《說文解字注》,上海:上海古籍出版社 1988 年第 2 版影印。

155. 漢語大字典編輯委員會編《漢語大字典》(三卷本),四川辭書出版社、湖北辭書出版社 1995 年版。

156. 張相著《詩詞曲語辭彙釋》,北京:中華書局 1955 年第 3 版。

157. 〔清〕王引之撰《經傳釋詞》,南京:江蘇古籍出版社 2000 年影印。

158. 向熹編《詩經詞典》,成都:四川人民出版社 1997 年第 2 版。

159. 鄭鶴聲、鄭鶴春《中國文獻學概要》,上海:上海古籍出版社 2001 年版。

160. 王欣夫《王欣夫說文獻學》,上海:上海古籍出版社 2000 年版。

161. 趙希弁編《郡齋讀書志》,《四庫全書(文淵閣本)》(第 674 冊),上海:上海古籍出版社 1987 年影印。

162. 〔清〕永瑢等撰《四庫全書總目》,北京:中華書局 1965 年版。

163. 〔清〕永瑢、紀昀主編《四庫全書總目提要》,海口:海南出版社 1999 年版。

164. 中國科學院圖書館整理《續修四庫全書總目提要》,北京:中華書局 1993 年版。

165. 孫殿起撰《販書偶記(附續編)》,上海:上海古籍出版社 1999 年版。

166. 寇淑慧編《二十世紀詩經研究文獻目錄》，北京：學苑出版社 2001 年版。

167. 《尚書正義》，〔清〕阮元校刻《十三經注疏》，北京：中華書局 1980 年影印。

168. 〔戰國〕左丘明撰，〔西晉〕杜預集解《左傳》（《春秋經傳集解》），上海：上海古籍出版社 1997 年版。

169. 〔漢〕司馬遷撰《史記》，北京：中華書局 1982 年第 2 版。

170. 〔漢〕班固撰，〔唐〕顏師古注《漢書》，北京：中華書局 1962 年版。

171. 〔漢〕班固撰《白虎通德論》，上海：上海古籍出版社 1990 年版。

172. 〔唐〕魏徵、令狐德棻撰《隋書》，北京：中華書局 1973 年版。

173. 〔元〕脫脫等撰《宋史》，北京：中華書局 1985 年版。

174. 〔宋〕李燾撰《續資治通鑑長編》（第 2 冊），北京：中華書局 1979 年版。

175. 〔宋〕李燾撰《續資治通鑑長編》（四冊），上海：上海古籍出版社 1985 年版。

176. 〔清〕畢沅編著《續資治通鑑》，北京：中華書局 1957 年版。

177. 〔宋〕鄭樵撰《通志》，北京：中華書局 1987 年版。

178. 〔明〕陳邦瞻編《宋史紀事本末》，北京：中華書局 1977 年版。

179. 〔宋〕蔡絛撰，馮惠民、沈錫麟點校《鐵圍山叢談》，北京：中華書局 1983 年版。

180. 〔宋〕洪邁著《容齋隨筆》，上海：上海古籍出版社 1996 年版。

181. 〔宋〕俞文豹撰，張宗祥校訂《吹劍錄全編》，上海：古典文學出版社 1958 年版。

182. 〔宋〕王應麟撰，翁元圻注《困學紀聞》（三冊），上海：商務印書館 1935 年版。

183. 《五朝名臣言行錄》，四部叢刊初編本。

184. 《三朝名臣言行錄》，四部叢刊初編本。

185. 〔宋〕李心傳撰《建炎以來朝野雜記》，叢書集成初編本，北京：中華書局 1985 年新 1 版。

186. 〔清〕李慈銘著，由雲龍輯，上海書店出版社重編《越縵堂讀書記》，上海：世紀出版集團上海書店出版社 2000 年版。

187. 〔元〕馬端臨《文獻通考》，北京：中華書局 1986 年影印。

188. 謝筆豐標點，方秩音校閱《標點王陽明全書》（全四冊），上海：東方文學社 1935 年版。

189. 〔清〕王夫之著，章錫琛校點《張子正蒙注》，北京：古籍出版社 1956 年版。

190. 〔清〕章學誠著，葉瑛校注《文史通義校注》，北京：中華書局 1994 年版。

191. 〔宋〕朱熹撰《四書章句集注》，北京：中華書局 1983 年版。

192. 〔清〕劉寶楠撰，高流水點校《論語正義》，北京：中華書局 1990 年版。

193. 〔清〕孫詒讓撰《周禮正義》，北京：中華書局 1987 年版。

194. 楊伯峻譯注《論語譯注》，北京：中華書局 1958 年版。

195. 楊伯峻譯注《孟子譯注》，北京：中華書局 1960 年版。

196. 〔清〕王先慎撰，鍾哲點校《韓非子集解》，北京：中華書局 1998 年版。

197. 〔清〕王先謙撰，沈嘯寰、王星賢點校《荀子集解》，北京：中華書局 1988 年版。

198. 高亨著《周易大傳今注》，濟南：齊魯書社 1998 年版。

199. 梁啟超著《中國近三百年學術史》，成都：中華書局 1943 年版。

200. 梁啟超著《論中國學術思想變遷之大勢》，上海：上海古籍出版社 2001 年版。

201. 章太炎著《國學概論》，上海：上海古籍出版社 1997 年版。

202. 柳詒徵著《中國文化史》，上海：上海古籍出版社 2001 年版。

203. 顧頡剛編著《古史辨》（第三冊），北京：樸社 1931 年版。

204. 侯外廬、趙紀彬、杜國庠著《中國思想通史》（第一卷），北京：人民出版社 1957 年版。

205. 侯外廬主編，侯外廬、趙紀彬、杜國庠、邱漢生、白壽彝、楊榮國、楊向奎、諸青執筆《中國思想通史》（第四卷上冊），北京：人民出版社 1959 年版。

206. 侯外廬、邱漢生、張豈之主編《宋明理學史》，北京：人民出版社 1997 年第 2 版。

207. 王國維著《觀堂集林》（四冊），北京：中華書局 1959 年版。

208. 王國維著，彭林整理《觀堂集林》（外二種），石家莊：河北教育出版社 2001 年版。

209. 季羨林主編《胡適全集》第 6 卷，第 8 卷，合肥：安徽教育出版社 2003 年版。

210. 陳寅恪著《陳寅恪集·元白詩箋證稿》，北京：生活·讀書·新知三聯書店 2001 年版。

211. 陳寅恪著《陳寅恪集·金明館叢稿初編》，北京：生活·讀書·新知三聯書店 2001 年版。

212. 陳寅恪著《陳寅恪集·金明館叢稿二編》，北京：生活·讀書·新知三聯書店 2001 年版。

213. 李澤厚著《中國古代思想史論》,合肥:安徽文藝出版社 1994 年版。

214. 蕭萐夫、李錦全主編《中國哲學史》,北京:人民出版社 1983 年版。

215. 李澤厚著《己卯五說》,北京:中國電影出版社 1999 年版。

216. 葛兆光著《中國思想史》,上海:復旦大學出版社 2001 年版。

217. 楊向奎著《宗周社會與禮樂文明》(修訂本),北京:人民出版社 1997 年第 2 版。

218. 侯外廬著《中國近世思想學說史》,重慶:三友書店 1945 年版。

219. 侯外廬著《中國古代社會史論》,石家莊:河北教育出版社 2000 年版。

220. 郭沫若著《中國古代社會研究》,北京:人民出版社 1954 年版。

221. 郭沫若著《青銅時代》,北京:人民出版社 1954 年版。

222. 郭沫若著《奴隸制時代》,北京:人民出版社 1954 年版。

223. 翦伯贊著《先秦史》,北京:北京大學出版社 1999 年第 2 版。

224. 呂振羽著《殷周時代的中國社會》,北京:生活·讀書·新知三聯書店 1962 年版。

225. 孫作雲著《詩經與周代社會研究》,北京:中華書局本。

226. 侯外廬著《中國封建社會史論》,北京:人民出版社 1979 年版。

227. 錢穆著《朱子學提綱》,北京:生活·讀書·新知三聯書店 2002 年版。

228. 錢穆著《宋代理學三書隨箚》,北京:生活·讀書·新知三聯書店 2002 年版。

229. 張岱年著《中國古典哲學概念範疇要論》,北京:中國社會科學出版社 1989 年版。

230. 蒙培元著《理學範疇系統》,北京:人民出版社 1989 年版。

231. 陳鍾凡著《兩宋思想述評》,上海:商務印書館 1933 年版。

232. 夏君虞著《宋學概論》,上海:商務印書館 1937 年版。

233. 《鄧廣銘治史叢稿》,北京:北京大學出版社 1997 年版。

234. 漆俠著《宋學的發展和演變》,石家莊:河北人民出版社 2002 年版。

235. 張其凡、范立舟主編《宋代歷史文化研究》(續編),北京:人民出版社 2003 年版。

236. 張豈之主編《中國儒學思想史》,西安:陝西人民出版社 1990 年版。

237. 張豈之著《儒學·理學·實學·新學》,西安:陝西人民教育出版社 1994 年版。

238. 張豈之主編《中國近代史學學術史》,北京:中國社會科學出版社 1996 年版。

239. 韓鍾文《中國儒學史》(宋元卷),廣州:廣東教育出版社 1998 年版。

240. 徐復觀著《兩漢思想史》（第三卷），上海：華東師範大學出版社 2001 年版。

241. 王汎森著《中國近代思想與學術的系譜》，石家莊：河北教育出版社 2001 年版。

242. 朱維錚著《晚清學術史論》，上海：上海古籍出版社 1996 年版。

243. 李學勤著《古文獻叢論》，上海：上海遠東出版社 1996 年版。

244. 李學勤主編，朱漢民等著《中國學術史》（宋元卷），南昌：江西教育出版社 2001 年版。

245. 余英時著《中國近世宗教倫理與商人精神》，合肥：安徽教育出版社 2001 年版。

246. 余英時著《論戴震與章學誠》，北京：生活・讀書・新知三聯書店 2000 年版。

247. 余英時著《士與中國文化》，上海：上海人民出版社 2003 年版。

248・任繼愈主編《「儒教問題」爭論集》，北京：宗教文化出版社 2000 年版。

249. 蔡尚思著《中國思想研究法》，上海：復旦大學出版社 2001 年版。

250. 張岱年等著《國學今論》，瀋陽：遼寧教育出版社 1991 年版。

251. 黃俊傑著《孟子思想史論》（卷一），臺北：東大圖書公司 1991 年版。

252. 黃俊傑著《孟子思想史論》（卷二），臺北：中央研究院中國文哲研究所籌備處 1997 年版。

253. 王元化主編《學術集林》（卷六），上海：上海遠東出版社 1995 年版。

254. 任繼愈主編《「儒教問題」爭論集》，北京：宗教文化出版社 2000 年版。

255. 褚斌傑等著《儒家經典與中國文化》，武漢：湖北教育出版社 2000 年版。

256. 崔大華著《儒學引論》，北京：人民出版社 2001 年版。

257. 楊朝明著《儒家文獻與早期儒學研究》，濟南：齊魯書社 2002 年版。

258. 田文棠著《中國文化源流視野》，西安：陝西人民出版社 2003 年版。

259. 陳鼓應著《老子注譯及評介》，北京：中華書局 1984 年版。

260. 崔大華著《莊學研究》，北京：人民出版社 1992 年版。

261. 瞿林東著《中國史學史綱》，北京：北京出版社 1999 年版。

262. 何衛平著《通向解釋學辯證法之途——伽達默爾哲學思想研究》，上海：上海三聯書店 2001 年版。

263. 張哲俊著《吉川幸次郎研究》，北京：中華書局 2004 年版。

264. 劉俊文主編，黃約瑟譯《日本學者研究中國史論著選譯》（第一卷 通論），北京：中華書局 1992 年版。

265. 〔日〕本田成之著，孫俍工譯《中國經學史》，上海：上海書店出版社

2001 年版。

266. 〔日〕今關壽麿編撰《宋元明清儒學年表》，北京：北京圖書館出版社 2002 年版。

267. 〔美〕艾爾曼（Benjamin A. Elman）著，趙剛譯《經學、政治和宗教——中華帝國晚期常州今文學派研究》，江蘇人民出版社 1998 年版。

268. 〔美〕郝大維（Hall，D. L.）、安樂哲（Ames，R. T.）著，施忠連譯《漢哲學思維的文化探源》，江蘇人民出版社 1999 年版。

269. 〔美〕費正清（John King Fairbank）、賴肖爾（E. O.Reischauer）著，張沛、張源、顧思兼譯《中國：傳統與變遷》，世界知識出版社 2002 年版。

270·〔美〕列文森（Levenson）著，鄭大華、任菁譯《儒教中國及其現代命運》，北京：中國社會科學出版社 2000 年版。

271. 〔美〕郝伯特·芬格萊特（Herbert Fingarette）著，彭國翔、張華譯《孔子：即凡而聖》，江蘇人民出版社 2002 年版。

272. 〔美〕顧立雅（Herrlee Glessner Creel）著，高專誠譯《孔子與中國之道》，大象出版社 2000 年版。

273. 〔英〕葛瑞漢（A. C. Graham）著，程德祥等譯《中國的兩位哲學家：二程兄弟的新儒學》，大象出版社 2000 年版。

274. 李零著《郭店楚簡校讀記》（增訂本），北京：北京大學出版社 2002 年版。

275. 上海大學古代文明研究中心、清華大學思想文化研究所編《上博館藏戰國楚竹書研究》，上海：上海書店出版社 2002 年版。

276. 胡平生、韓自強著《阜陽漢簡詩經研究》，上海：上海古籍出版社本。

277. 《阜陽漢簡詩經》，載《文物》1984 年第 5 期。

278. 於茀著《金石簡帛詩經研究》，北京：北京大學出版社 2004 年版。

279. 〔德〕黑格爾著，賀麟譯《小邏輯》，北京：商務印書館 1980 年第 2 版。

280. 〔德〕漢斯—格奧爾格·加達默爾著，洪漢鼎譯《真理與方法——哲學詮釋學的基本特徵》，上海：上海譯文出版社 1999 年版。

281. 洪漢鼎《詮釋學——它的歷史和當代發展》，北京：人民出版社 2001 年版。

282. 〔美〕成中英主編《本體與詮釋》，生活·讀書·新知三聯書店 2000 年版。

283. 〔美〕成中英著，〔中〕李志林編《論中西哲學精神》，東方出版中心 1991 年版。

284. 〔英〕湯因比等著，張文傑編《歷史的話語：現代西方歷史哲學譯文集》，桂林：廣西師範大學出版社 2002 年版。

285. 張豈之《五十年中國古代思想史研究》，載《中國史研究》1999 年第 4

期。

286. 陳植鍔《宋學通論》，載《中國社會科學》1988 年第 4 期。

287. 金春峰《朱熹晚年思想》，載《山東大學學報》（哲學社會科學版），2005年第 1 期。

288. 朱漢民《朱熹〈四書〉學與儒家工夫論》，載《北京大學學報》（哲學社會科學版），2005 年第 1 期。

289. 夏傳才《論宋學〈詩經〉研究的幾個問題》，載《文學遺產》1982 年第 2期。

290. 夏傳才《現代詩經學的發展與展望》，載《文學遺產》1997 年第 3 期。

291. 白新良《〈詩經‧閟宮〉的寫作年代及其史料價值》，載《南開史學》1984年第 2 期。

292. 莫礪鋒《朱熹〈詩集傳〉與〈毛詩〉的初步比較》，載《中國古典文學論叢》第 2 輯，北京：人民文學出版社 1985 年版。

293. 《宋代詩經學研究》，見《廈門大學學報》1985 年第 4 期。

294. 石文英《宋代學風變古中的〈詩經〉研究》，載《廈門大學學報》1985年第 4 期。

295. 馮寶誌《宋代〈詩經〉學概論》，載《古籍整理與研究》1986 年第 1 期。

296. 常森《論〈詩經〉漢宋之學的異同》，載《文史哲》1999 年第 4 期。

297. 向熹《宋人筆記與〈詩經〉研究》，載北京大學中國傳統文化研究中心編《文化的饋贈：漢學研究國際會議論文集》（語言文學卷），北京：北京大學出版社 2000 年版。

298. 檀作文《漢宋詩經學的異同》，載《齊魯學刊》2001 年第 1 期。

附錄：宋代《詩經》學部分學者簡介

　　歐陽修（1007～1072），字永叔，自號醉翁，晚號六一居士，宋廬陵人，卒諡文忠。文學、史學、經學造詣宏深，尤以文學著稱，是北宋古文運動的領袖。

　　王安石（1021～1086）〔註1〕，字介甫，晚號半山，撫州臨川人，十一世紀的改革家。慶曆進士。嘉祐三年（1058）上萬言書，主張變法。神宗熙寧二年（1069）任參知政事，實行變法。熙寧七年辭退，居江寧（今南京）封舒國公，旋改封荊州，世稱荊公。

　　蘇轍（1039～1112），字子由，一字同叔，自號穎濱遺老，眉山人，卒諡文定。

　　蔡卞（1058～1117），字元度，興化仙遊人。

　　張載（1020～1077），字子厚，鳳翔郿縣橫渠鎮人。

　　程顥（1032～1085），字伯淳，河南（今洛陽）人，學者稱明道先生。

　　程頤（1033～1107），字正叔，河南（今洛陽）人，學者稱伊川先生。

　　楊時（1053～1135），字中立，號龜山，南劍將樂人。

　　謝良佐（1050～1103），字顯道，壽春上蔡人。

　　鄭樵（1104～1162），字漁仲，人稱浹漈先生，興化莆田人。

〔註1〕「王安石字介甫，撫州臨川人，生宋真宗天禧五年辛酉（公元一〇二一年），卒哲宗元祐元年（公元一〇八六年），年六十六。關於他的生卒年歲，依蔡上翔考證，見蔡著《王荊公年譜考略》；《宋史》本傳有誤，今不取。」（侯外廬主編，侯外廬、趙紀彬、杜國庠、邱漢生、白壽彝、楊榮國、楊向奎、諸青執筆《中國思想通史》（第四卷上冊），北京：人民出版社1959年版，第423～424頁）

　　王質（1127～1188），字景文，鄆州（今屬山東）人，後徙興國（今屬江西），紹興三十年進士。博通經史，官至樞密院編修，有《雪山集》、《詩總聞》等。

　　范處義（1131～1162），號逸齋，金華人，紹興中登進士第。

　　程大昌（1123～1195），字泰之，徽州休寧人，紹興進士，官至龍圖閣學士，卒諡文簡。

　　朱熹（1130～1200），字元晦，一字仲晦，號晦庵，別稱紫陽，徽州婺源（今屬江西）人，僑居建陽（今屬福建），曾任秘閣修撰等職，諡「文」。

　　李樗，自號迂齋，學者稱迂齋先生，閩縣人，受業於呂本中。

　　呂祖謙（1137～1181），字伯恭，學者稱東萊先生，婺州（今浙江金華市）人，寧宗嘉定八年諡曰「成」。有《東萊集》、《呂氏家塾讀詩記》等。

　　陸九淵（1139～1193）〔註2〕，字子靜，撫州（今江西）金溪人。

　　楊簡（1141～1226），字敬仲，慈谿人，學者稱慈湖先生。

　　袁燮（1144～1224），字和叔，鄞縣人，學者稱絜齋先生。

　　戴溪，字肖望，永嘉人。歷官工部尚書、文華閣學士，理宗紹定間賜諡文端。

　　嚴粲，生卒未詳，字明卿，一字坦叔，邵武（今屬福建）人，曾官清湘令。

　　輔廣，字漢卿，號潛庵，秀州（今浙江省嘉興市）崇德縣人。

　　朱鑒，字子明，朱熹嫡長孫，以蔭補迪功郎，官至湖廣總領。

　　陳傅良（1137～1203），字君舉，號止齋，宋瑞安人。

　　王柏（1197～1274），字會之，一字仲會，號魯齋。婺州金華（今浙江金華市）人。以《書疑》、《詩疑》最爲有名。

　　王應麟（1223～1296），字伯厚，號深寧居士。世居濬儀（今河南開封），後遷居慶元（今浙江鄞縣）。淳祐進士，官至禮部尚書。有《困學紀聞》、《漢書藝文志考》、《詩考》、《詩地理考》等。

〔註2〕陸九淵生於宋高宗紹興九年（年），卒於宋光宗紹熙三年（年）。紹興三年爲1192 年。包遵信先生根據《陸象山年譜》載陸氏卒於十二月十四日，即公曆1193 年的一月十八日。見《陸九淵哲學思想批判》一文。

後　記

　　我在博士生學習階段，有幸師從著名歷史學家、中國思想史研究專家張岱之教授，聆聽先生諄諄教導，沐浴先生道德文章，在思想學術和爲人修養上都多受啓迪。先生每次和我們幾個同級的學生交談，慈祥中不無峻嚴，談笑風生，時時有提醒之語，目光炯炯，讓人難忘。

　　選題階段，張先生告誡選擇難度較大、綿亙時間較長、有研究價值、經過自己努力能做的題目。先生認爲時間較長，能看出研究對象的鮮明變化，寫出歷史學意義上的思想史論文，且要經過不斷的提煉，形成一定的體系。最主要的是通過專題研究和論文寫作形成實事求是的學術態度和謹嚴的學術追求。

　　在張先生的點撥下，通過資料勘察，逐漸形成學位論文《宋代〈詩經〉學與理學——關於〈詩經〉學的思想學術史考察》。論文寫作中，先生多次教導要戒驕戒躁，逐漸積累，並在不同階段提出不同但呈逐步深入的要求。先生親自閱改了《大綱》及《細目》，對論文二稿作了仔細的審閱，提出一系列具體的指導意見，涉及材料考辨、剪裁處理、學術思想、論文結構、語體風格等，多費心血和辛勞。一次，張先生還給我講了治學和謀生的辯證關係，殷殷之中關切備至，其情其景，宛若在昨。

　　論文評審階段，得到著名學者陝西師範大學文學院霍松林教授、清華大學思想文化研究所李學勤教授、清華大學歷史系彭林教授、南京大學中國思想家研究中心周群教授、湖南大學嶽麓書院蕭永明教授、湖南師範大學文學院李生龍教授、西北大學文學院李浩教授的熱情鼓勵和指導，使我受益良多。還要感謝西北政法學院趙馥潔教授、西北大學龔傑教授、陝西師範大學劉學

智教授等的學術點撥和批評指導。

　　我要誠摯地感謝給我學術啓迪和人生教益，沉痾染身還牽掛我論文的著名學者趙吉惠教授，並謹表心祭。

　　讀博士學位的三年中，得到西北大學中國思想文化研究所師生不少熱情幫助和鼓勵。劉寶才教授的細密講解、黃留珠教授的個案培訓、陳國慶教授的娓娓講授、方光華教授的懇談點撥、張茂澤教授的批評指正、謝揚舉教授的哲學啓迪，給人留下了深刻的印象。劉薇和宋玉波老師的熱情也很令人感動。上一年級師兄江心力教授每見到我後，都要熱情洋溢地討論一些學術問題，暢談自己寫論文的經驗教訓；碩士陳景聚同學正好做清代“獨立思考派”的《詩經》學研究題目，在搜索資料階段提供了個別線索，還將《詩經學史》和一部分複印論文借給我，這些都不能不讓我心懷感激。同一年級十二位同學，相互切磋，互相激勵，書籍薄茗，談笑扶助，難以盡表。謹以一首七律總概三年求學經歷，其詞曰：

　　　　三年情誼不蒙塵，恍惚之間自有眞。
　　　　舉杯笑語有師友，掩卷靜思無古今。
　　　　莊子化蝶出彩夢，賈生陳諫入胸襟。
　　　　道德文字貴涵泳，詩解叢中覓宋心。

　　同時，也要特別感謝我的家人對我一如既往的支持和理解，尤其是妻子張娟輝女士、遠在海外的弟弟陳戰虎先生的理解和鼓勵。

陳戰峰

2005 年 4 月 25 日

於西北大學澡雪齋